『大和名所図会』のおもしろさ

森田恭二　編著

和泉書院

はじめに

『大和名所図会《やまとめいしよずえ》』は、秋里籬島《あきさとりとう》著・竹原信繁《たけはらのぶしげ》画により、寛政三年（一七九一）五月、京師書林（小川多左衛門・殿為八）と浪華書肆（柳原喜兵衛・高橋平助）の両書店より発行されたものである。

『大和名所図会』の構成は次の通りである。

六巻七冊

巻之一（添上郡）、巻之二（添上郡）、巻之三（添下郡、平群郡、広瀬郡、葛下郡、忍海郡）、巻之四（山辺郡、城上郡、城下郡、宇陀郡）、巻之五（葛上郡、宇知郡、高市郡）、巻之六乾（十市郡、芳野郡）、巻之六坤（吉野郡）

広く大和一国の名所・寺社・旧跡などを紹介したもので、奈良地域の歴史・地誌・文学研究になくてはならない資料となっている。

秋里籬島は京都の下京木屋町下ル付近の源融《みなもとのとおる》の六条河原院の旧跡、籬《まがき》の島に居住したといわれる文筆家で、号は籬島《りとう》、名は舜福《しゅふく》、字《あざな》は湘夕《しょうせき》という。『大和名所図会』・『都《みやこ》名所図会』をはじめ、『摂津《せっつ》名所図会』・『河内《かわち》名所図会』・『和泉《いずみ》名所図会』・『近江《おうみ》名所図会』・『東海道名所図会』・『伊勢名所図会』など五畿内内外から、関東・九州までも遊歴、多くの書物を残している。生没年は不詳であるが、文化十一年（一八一四）『近江名所図会』を出版してまもなく没したと思われる。

本書は、大和国内の名所・寺社・旧跡などを現代の目を通して解明することを目的とするが、有名な大寺社は別として、忘れられかけた名所・寺社・旧跡に極力目を向けた。

中でも春朝斎《しゅんちょうさい》竹原信繁の絵で紹介された歴史や文学に関係のある地をとりあげ、「絵解き」をしながら、伝説や歴史を紹介したい。

一枚の絵を解明して行くと、そこに歴史や文学、伝説が盛り込まれており、江戸時代の人々があこがれた「大和の魅力」を体感できるおもしろさがあると思う。

本書を手掛りに、読者諸氏のさらなる謎解きを期待したい。

凡例

1 『大和名所図会』の文章の翻刻は、漢字は新字体、仮名は旧仮名遣い、但し振り仮名のみ新仮名遣いとし適宜省略、句読点や送り仮名等を付加した。

2 本書では、『大和名所図会』（寛政三年刊）の、個人蔵版本の部分を選んで、全114項目の構成で紹介した。おおむね原本の順に配列している。

3 地名・人名解説は、『奈良県の地名』（平凡社）・『角川日本地名大辞典・奈良県』（角川書店）・『國史大辞典』（吉川弘文館）等を参照した。

『大和名所図会』のおもしろさ　目次

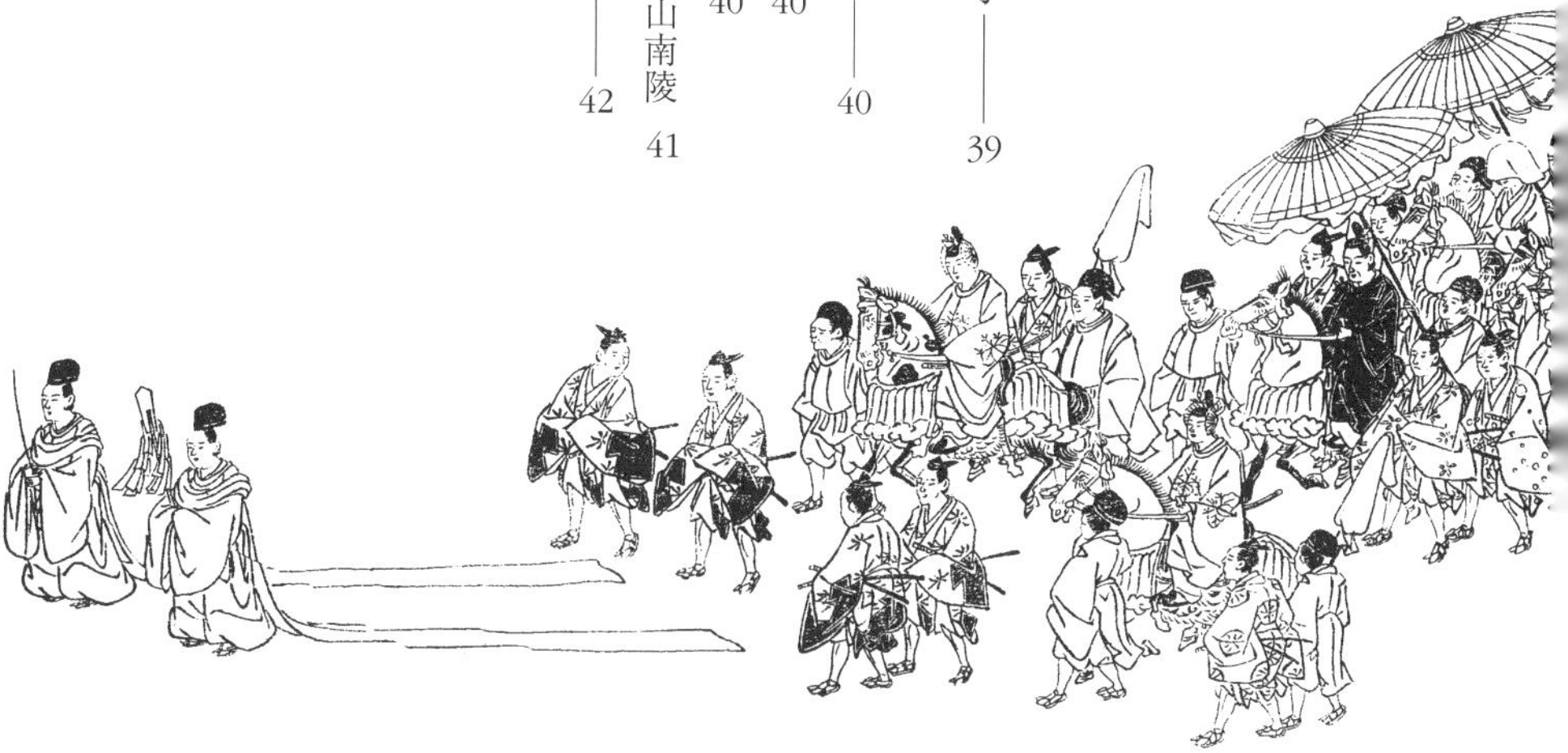

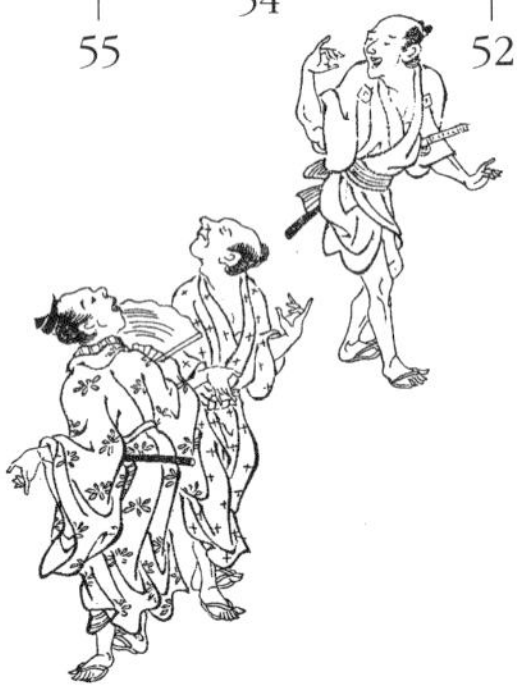

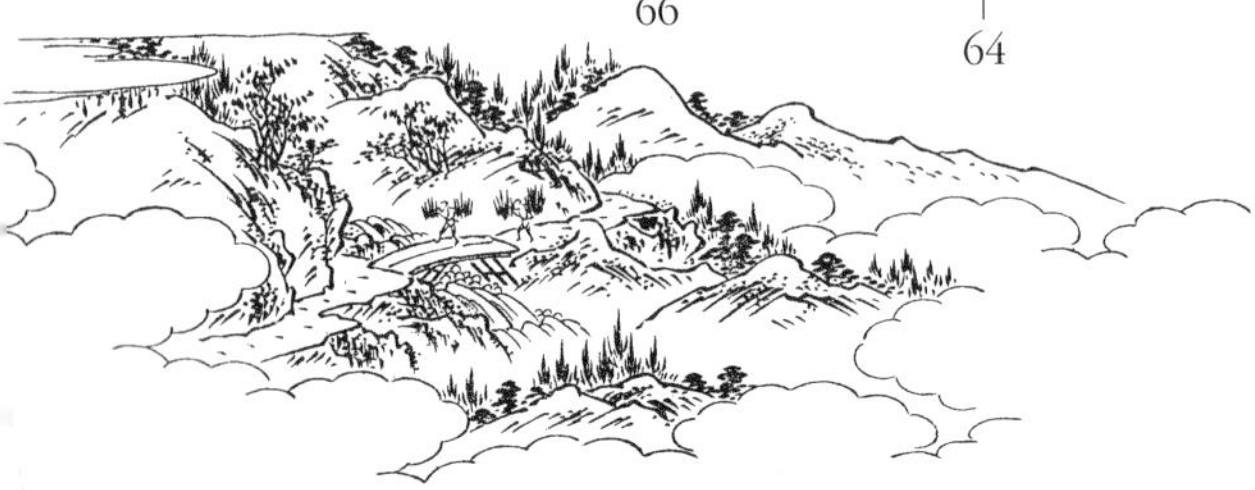

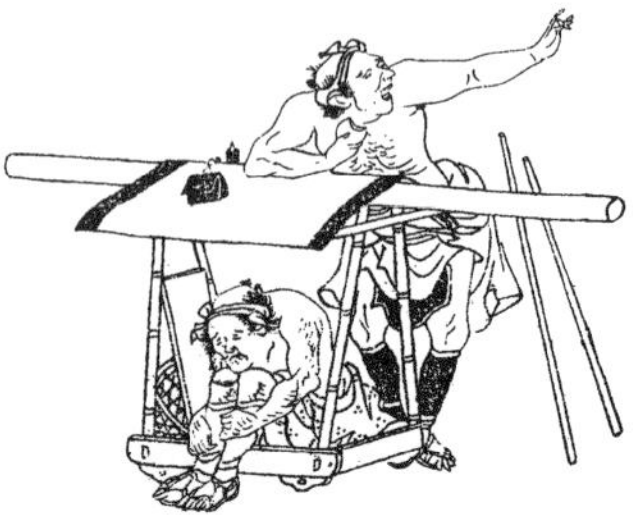

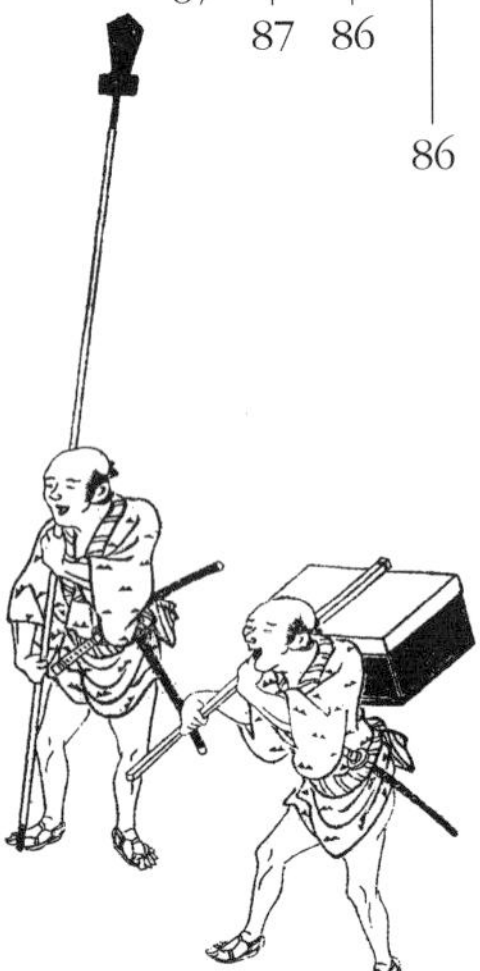

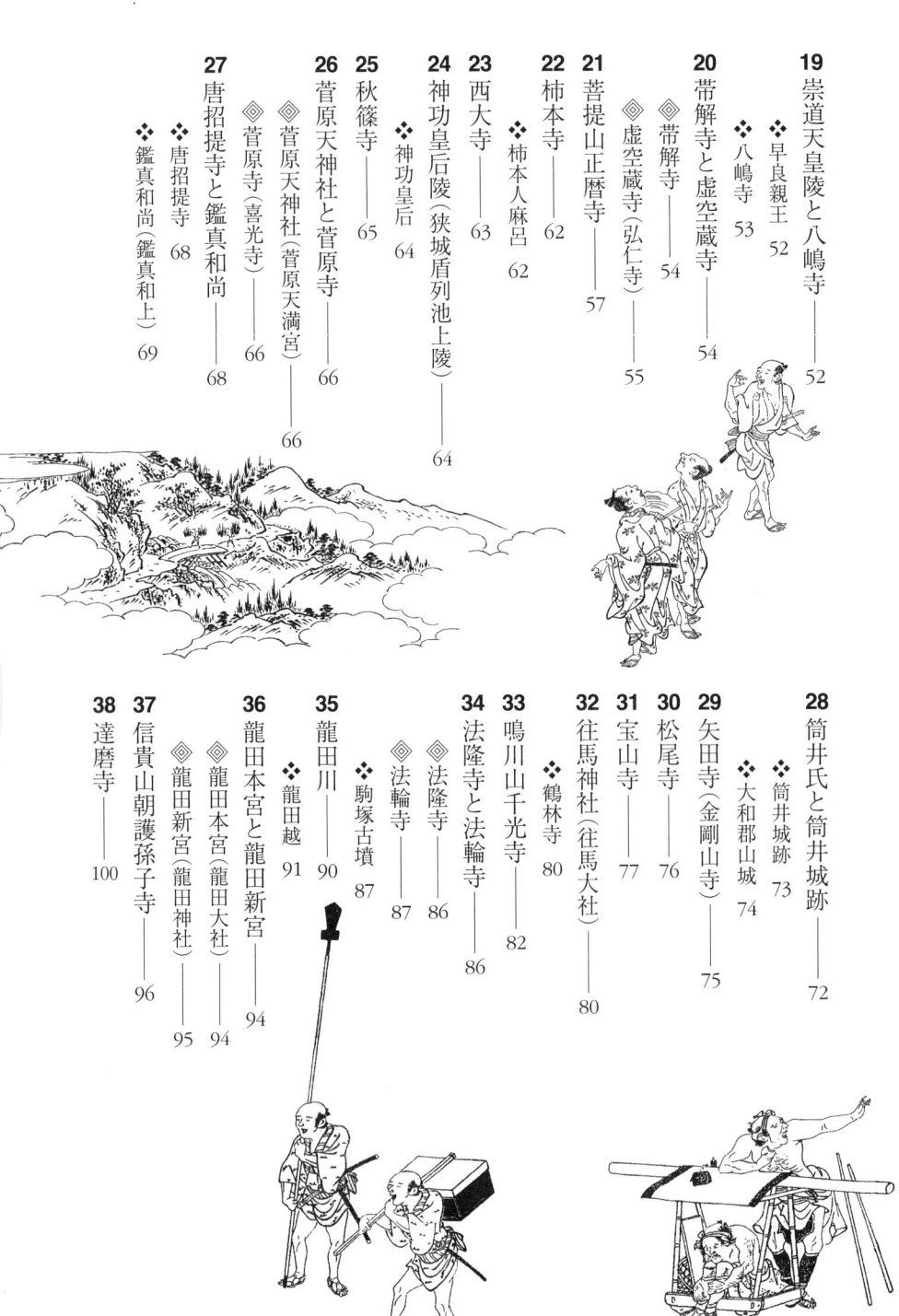

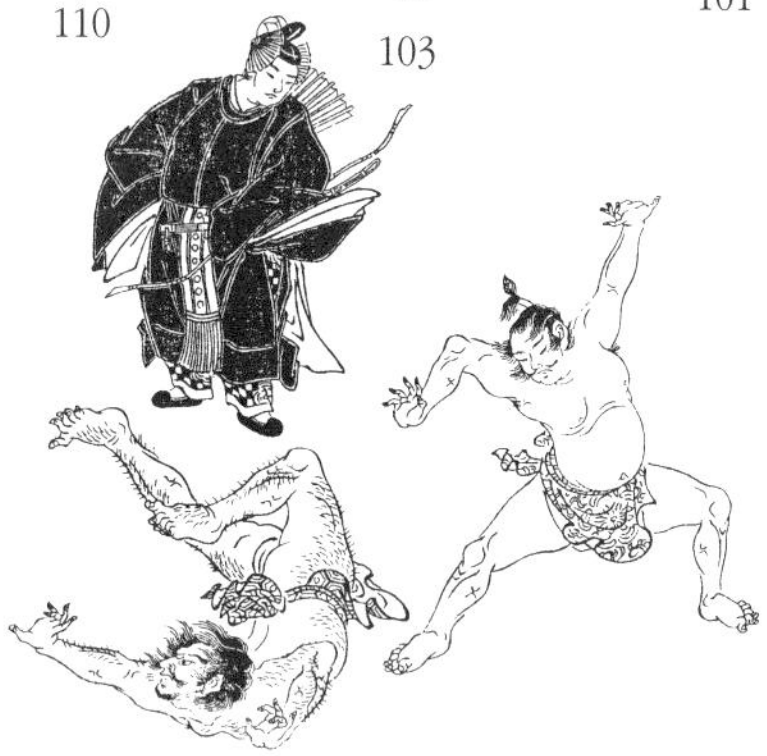

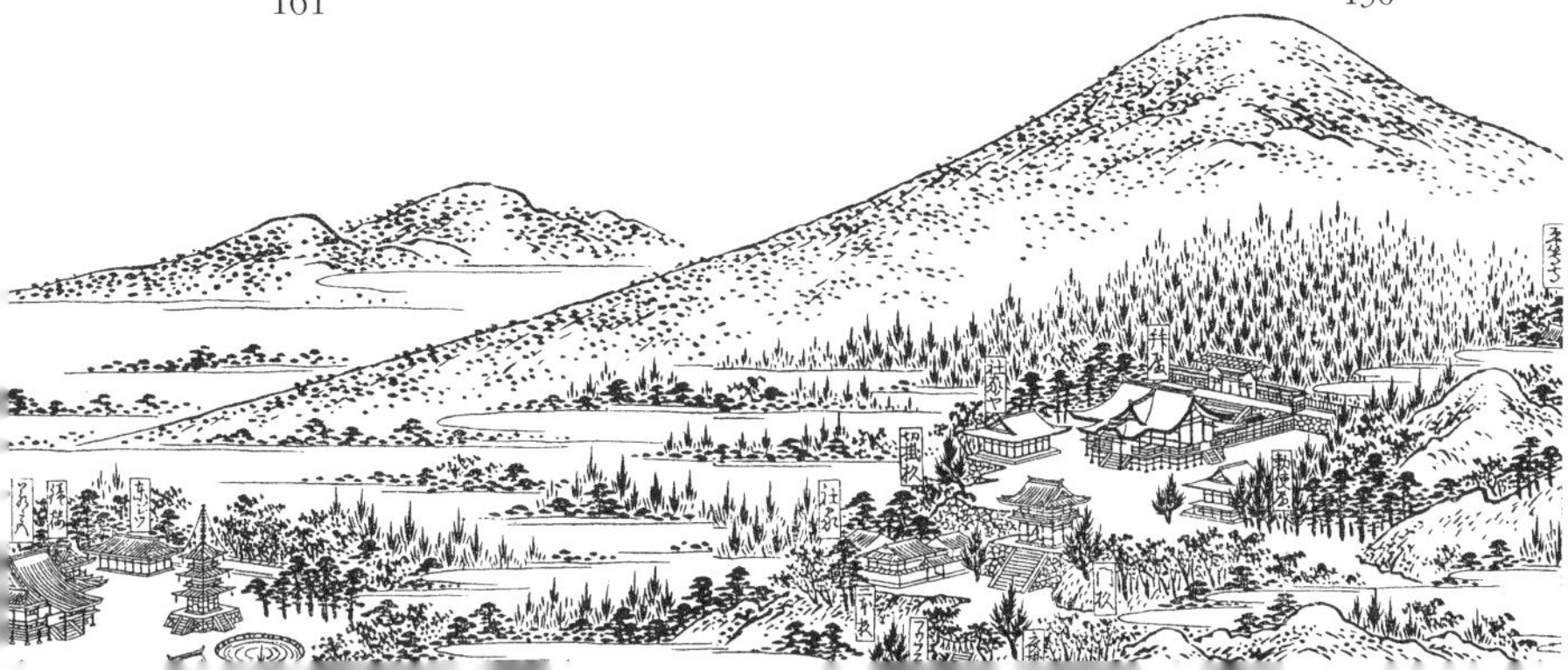

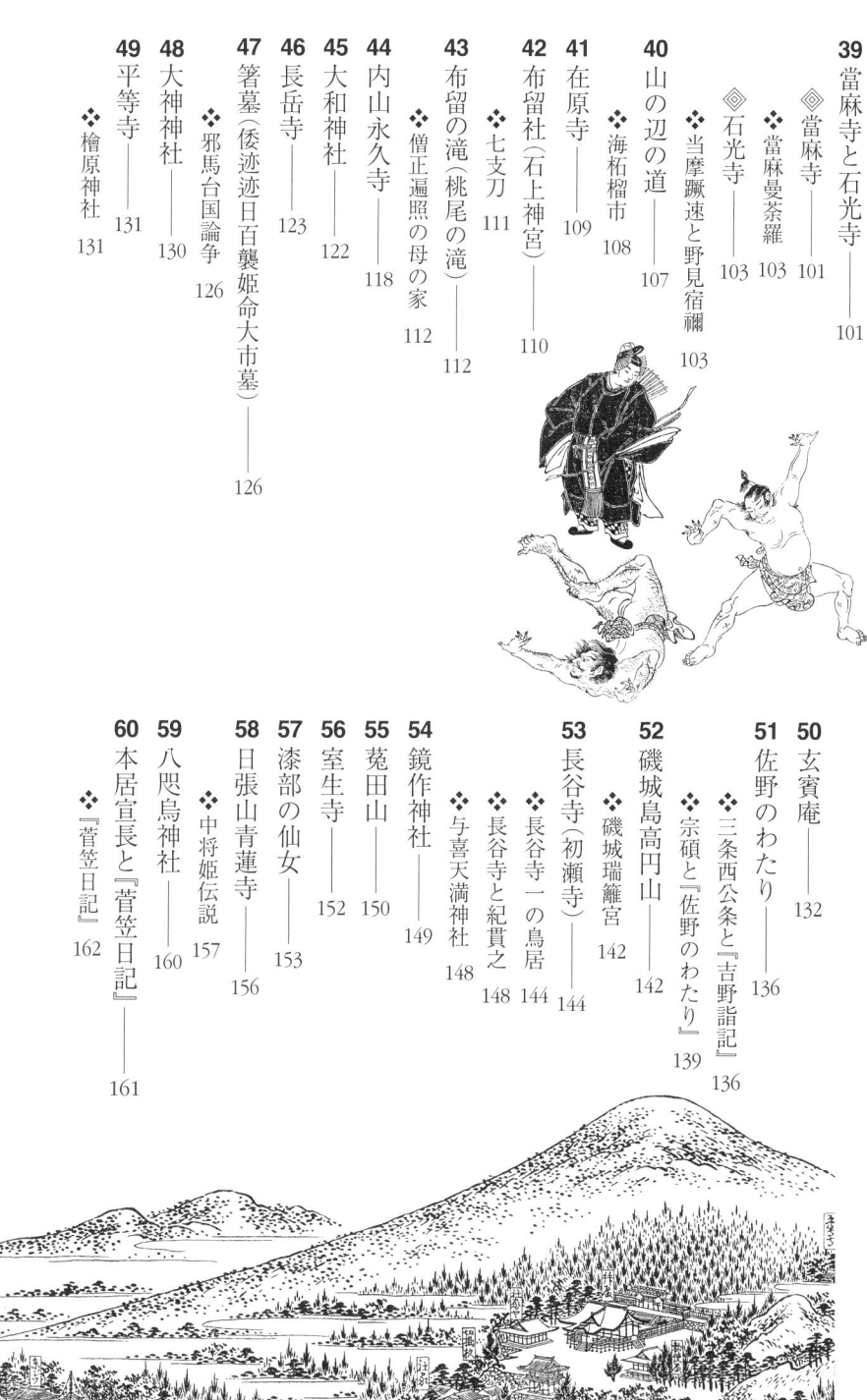

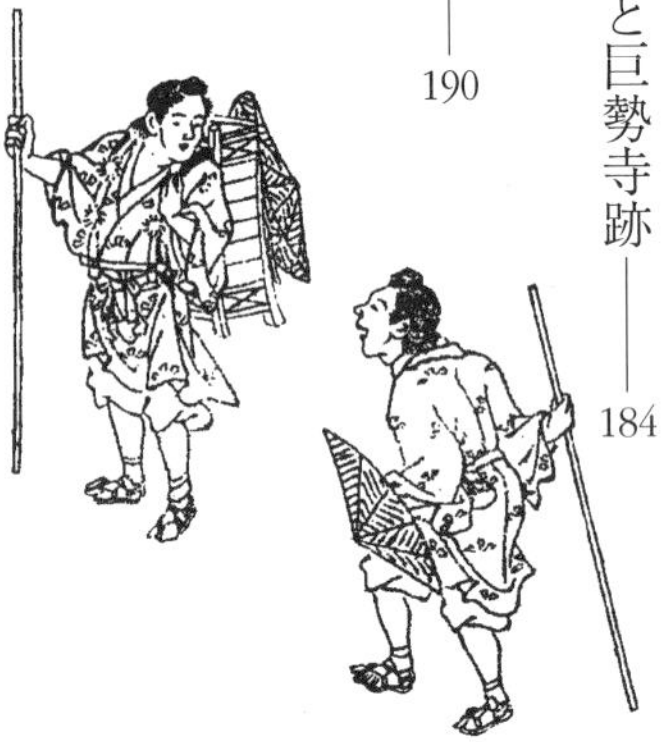

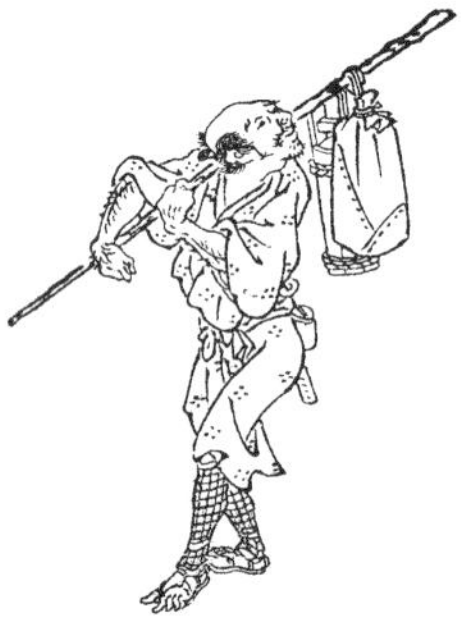

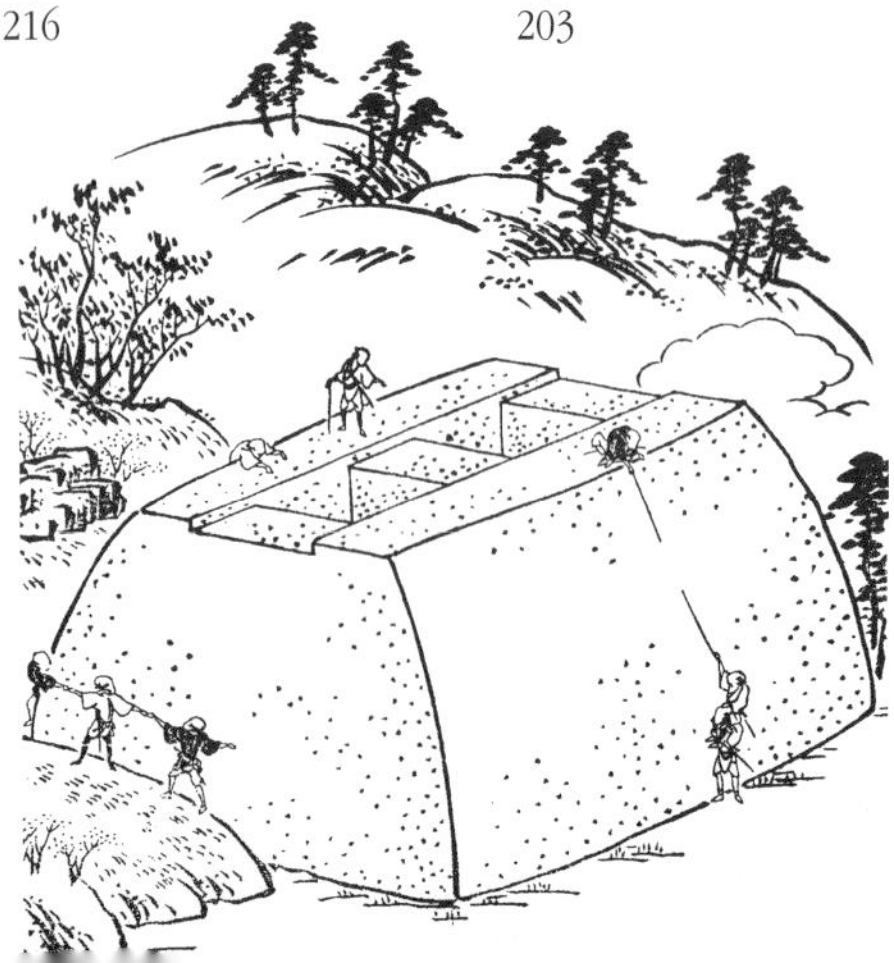

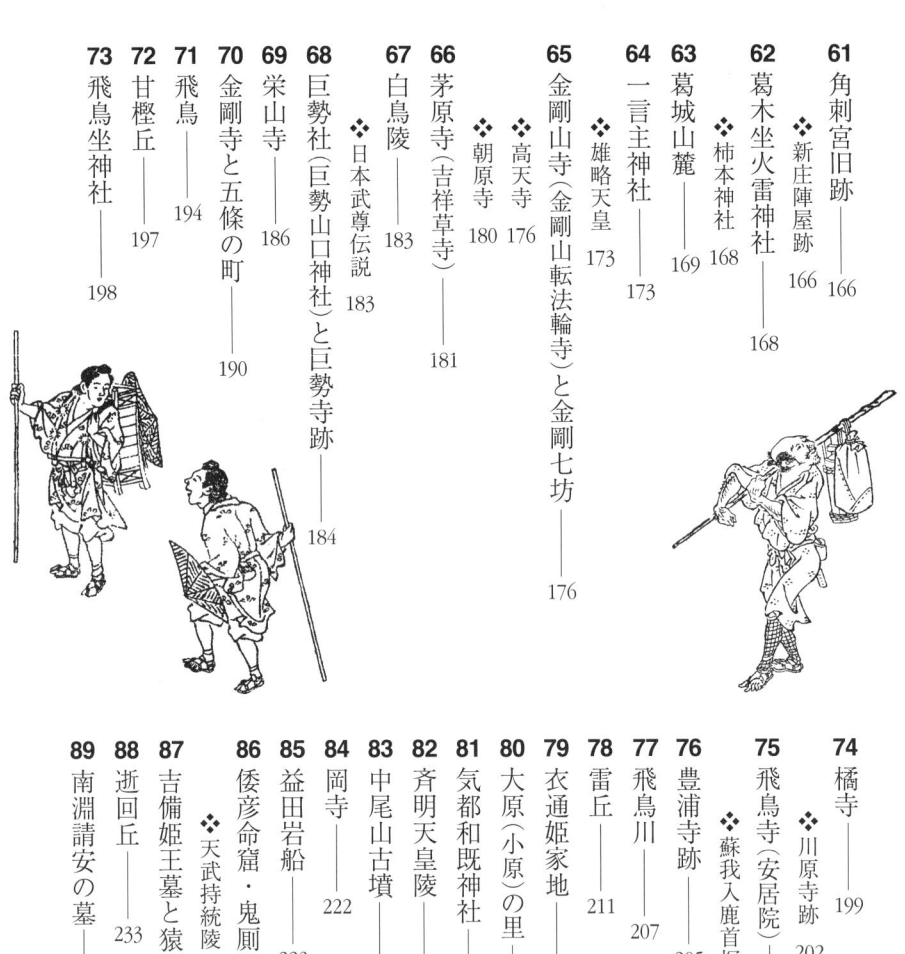

1 平城京

『大和名所図会』の天皇行幸を描いた絵には、『新千載和歌集』巻十二・恋二の次の歌が添えられている。

新千載

佐保過てならの手向にをく幣は妹にあひミん志るし也けり　聖武天皇

挿絵は聖武《しょうむ》天皇の一行が佐保《さほ》山から手向山八幡宮《たむけやまはちまんぐう》に行幸した時を描いていると考えられる。

奈良に都が置かれたのは、今を去ること一三〇〇年余の和銅三年（七一〇）元明《げんめい》天皇の時であった。二〇一〇年には大極殿《だいごくでん》が復元され、平城京の核とも言える遺跡がよみがえった。

周辺には春日の原生林や春日野などの古代大和の風景が残ったまま時代が推移し、現代においても、国の天然記念物となった春日山の鹿とともに、大和の不思議な魅力をもたらしている。大和には、間違いなく一三〇〇年余の歴史が残されている。

東大寺を建立したのは聖武天皇である。聖武天皇が発願した総国分寺としての東大寺、国分尼寺としての法華寺が現存する。『大和名所図会』は、東大寺大仏殿・興福寺などの大寺の紹介のほか、良弁杉《ろうべんすぎ》の伝説などを伝えている。

まずは、『大和名所図会』によりながら、平城京界隈の寺社や名所を訪ねてみよう。

平城京朱雀門

平城京（巻之二）

うゑの
みちに
さく幣を
妹にあひみん
志るし之なり
聖武天皇

2　春日野

春日野《かすがの》は、平城京の東郊、春日山の原生林にかけて、都のひらかれた頃はまだまだ草木のおいしげる原野であった。『大和名所図会』の挿絵には貴公子が姫君の館を訪れている様子が描かれている。お伴の童子が一人添っており、狩衣姿で、伴を連れた身分の高い人と思われる。

この絵の謎を解く鍵は、添えられた『新古今和歌集』巻十一・恋一の、

春日のゝわか紫のすり衣
忍ふのミたれかきり志られす　**在原業平朝臣**

にある。「春日野の若紫で摺った摺衣のような美しいお姿、私の心はこの信夫もじ摺りの乱れ模様のように人目を忍ぶ物思いで乱れに乱れています」（田中裕・赤瀬信吾校注『新古今和歌集』新日本古典文学大系、岩波書店、以下同じ）と詠んでいる。

在原業平は『伊勢物語』の主人公として知られ、『伊勢物語』初段は、春日野に狩に出た話であることから、

春日野（巻之一）

この絵はその場面を描いたものだと分かる。なお、この歌は『古今和歌集』巻十四・恋四の、

陸奥のしのぶもぢずり誰ゆゑに乱れむと思ふ我ならなくに　河原左大臣

という歌をふまえている。大意は、「陸奥の信夫で産するしのぶもじずりの模様のように、あなた以外の誰にも心を乱そうとするような私ではありません。あなたゆえに思い乱れているのです」（小沢正夫・松田成穂校注・訳『古今和歌集』新編日本古典文学全集、小学館、以下同じ）となる。

❖在原業平と伊勢物語

『伊勢物語』の主人公のモデルは、在原業平であるといわれる。しかし内容は各種の歌物語で、俗謡の類が物語を創作して語られてもいる。すなわち和歌とそれにまつわる伝説が先にあって、在原業平を主人公とした話が織りまぜられている。そこには、大和に住んでいた業平の恋物語として、創作された話が多くあり、後世大和の地域を舞台とした恋物語として人々に親まれたのである。

『伊勢物語』初段（渡辺実校注、新潮日本古典集成、新潮社、以下同じ）

むかし、男、うひかうぶりして、平城《なら》の京、春日の里にしるよしして、狩に往《い》にけり。その里に、いとなまめいたる女はらから住みけり。この男、かいまみてけり。おもほえず、古里にいとはしたなくてありければ、心地まどひにけり。男の着たりける狩衣の裾を切りて、歌を書きてやる。その男、しのぶずりの狩衣をなむ着たりける。

春日野の若紫のすり衣しのぶのみだれかぎり知られず

となむ、おいづきていひやりける。

ついでおもしろきことともや思ひけむ、

みちのくのしのぶもぢずり誰ゆゑにみだれそめにし我ならなくに

といふ歌の心ばへなり。むかし人は、かくいちはやきみやびをなむしける。

3 武蔵野

在原業平にまつわるもう一枚の絵がある。挿絵には、草むらを逃避行する二人の男女が描かれ、遠く松明《たいまつ》をかざして二人が追って来ている。この絵の謎を解く鍵は本文にあって、

武蔵野《むさしの》ハ若草山の麓《ふもと》松生茂《おいしげ》りたる所也、武蔵塚あれバかくいふとぞ、

伊勢物語

むさし野はけふハなやきそ若草のつまもこもれり我もこもれり

古今抄曰此うたハ業平朝臣二条の后をぬすみてならの京へ具しける時に后のよませられし歌也

とあって、業平と二条の后の逃避行が描かれていることがわかる。また挿絵には、次の文が添えられている。

業平朝臣《なりひらあそん》二条の后《きさき》をぬすみて平《たいら》の京よりならの故京へ具《ぐ》し奉りける程に、御せうと基経大臣・国経大納言此事をきゝてとりかへし奉らんと多くの人々を出し給ひける、さればいせ物語にハむさし野といひ、古今にハ春日野の中にあるによりて、かすか野とハなをし入られけるとなり、

この『大和名所図会』の挿絵は、『伊勢物語』の三つの段の話に基づいている。

○『伊勢物語』第三段

男は二条の后がまだ宮仕えする前に、懸想して女の許に、

思ひあらば葎《むぐら》の宿に寝もしなむひじきものには袖をしつつも

という歌を送った。

○『伊勢物語』第六段

男は女を盗み出して芥川という川の付近で女をかくまった。夜もふけて女をあばらなる蔵に隠したが鬼が出て一口に食べてしまった。男は、

白玉か何ぞと人の問ひしとき露とこたへて消えなましものを

と詠んだ。これは、男が二条の后を盗み出したが、御兄《せうと》堀河の大臣（基経）と太郎国経大納言が二条の后を取り返して連れ帰ったのを、鬼といったのである。

○『伊勢物語』第十二段

男が人の娘を盗みて武蔵野に隠していたが、道くる人が盗人がいると火を付けた。女は、

武蔵野は今日はな焼きそ若草のつまもこもれり我もこもれり

と詠んだ。女は助け出された。

これら三つの話がとり入れられて、『大和名所図会』の表現が成り立っていると理解できる。

『大和名所図会』では、

在原業平が二条の后に恋をして盗み出し、平安京より故京平城京へ連れて来るが、二条の后の兄人《せうと》基経・国経が多くの人々を出して取り返した。

むさし野はけふハなやきそ若草のつまもこもれり我もこもれり

この歌は業平が二条の后を盗み出して故京平城京の若草山の麓武蔵野へ来た時に詠んだ歌であろうか。

と、紹介している。つまり『大和名所図会』は、若草山の麓武蔵野にちなんで、『伊勢物語』より「二条の后と業平の恋物語」を持ち出したのである。『伊勢物語』では武蔵野というが、『古今和歌集』では春日野である。武蔵野も若草山の麓の名であるので、広義の春日野の一部であると『大和名所図会』は説明している。

武蔵野（巻之一）

4 春日大社

春日《かすが》大社の祭神は「武甕槌命《たけみかづちのみこと》」とされ、古く常陸国の鹿島神宮に起源があるとされる。鹿島神宮にもともと神鹿がいたと思われるが、その後途絶えて、現在は春日大社から送られた神鹿が存在する。神護景雲元年（七六七）年、祭神を御蓋山（春日山）に迎えた。その後、香取社の経津主《ふつぬしの》命《みこと》と枚岡社の天児屋根命《あめのこやねのみこと》・比売神《ひめのかみ》も勧請され、今に鎮座する。

藤原氏は旧姓中臣氏であり、その祖神が常陸国鹿島社に祀られていたのを、春日の森に勧請したのであろう。

『大和名所図会』の挿絵から次の二枚を紹介しよう。

春日大社の一の鳥居

❖春日若宮と春日若宮おん祭

春日若宮は、本社の南に天押雲根命《あめのおしくもねのみこと》を祀り保延元年（一一三五）に創建されたと伝えられる。翌年九月十七日に、「春日若宮おん祭」が始められた。「おん祭」は、藤原氏氏長者《うじのちょうじゃ》と興福《こうふく》寺別当《じべっとう》が参加してとり行なわれ、興福寺僧侶である大衆《だいしゅ》が一山あげて主催する祭礼となって、楽人や大和武士も参加し、大和一国の祭礼となって行く。その後祭日は、室町時代から十一月二十七日、明治十一年（一八七八）からは十二月十七日に実施されている。この祭は長年春日大社の春日祭とは別に、行なわれて来た。なお、春日山若宮の挿絵には次の芭蕉の句が添えられている。

菊の香やならにハ古き仏達　　はせを

春日若宮御祭の挿絵では、興福寺南大門付近を通過する行列の様子が記されている。戸上公人《とがみこうじん》・柏手《かしわで》（膳部）公人《こうじん》と称された神官の先払いを先頭に、公家や武家の行列が続き、見物の人々には、興福寺衆徒と児《ちご》や僧侶・仕丁《しちょう》・赤衣《せきえ》の神人など興福寺関連の人々が見える。

❖春日の担《にない》茶屋

春日大社境内の茶屋風景である。来客が茶を飲む傍に、三頭の鹿がいる。客が投げたせんべいを受ける鹿、せんべいを食べる鹿、子のさし出す紙を食べる鹿が描かれている。また、「すいつけたばこ無用」と書かれた木札の下で火吹き竹を使い茶を沸かしている姿も描かれている。

次の文がある。

玉葉

かすか野にまたうらわかきさいたつまつまこもるともいふ人やなき　　常盤井入道前太政大臣

新勅撰

かすか山杜の下道ふミ分ていく度なれぬさをしかの声　　後京極摂政

春日の担茶屋《にないちゃや》はむかしならの都の御時元旦に内裏へ奉りし余風《よふう》の今も遺《のこ》れるものならんか

春日大社から若草山山麓の道路沿いには、今も多くの茶店や土産物店が立ち並び、江戸時代の挿絵と同じ風景が展開する。食物をねだる鹿達の姿は今も変らない。

春日若宮御祭（巻之一）

仕丁赤衣
拍手公人
戸上公人

担茶屋（巻之一）

新勅撰
後京極摂政
春日御茶屋

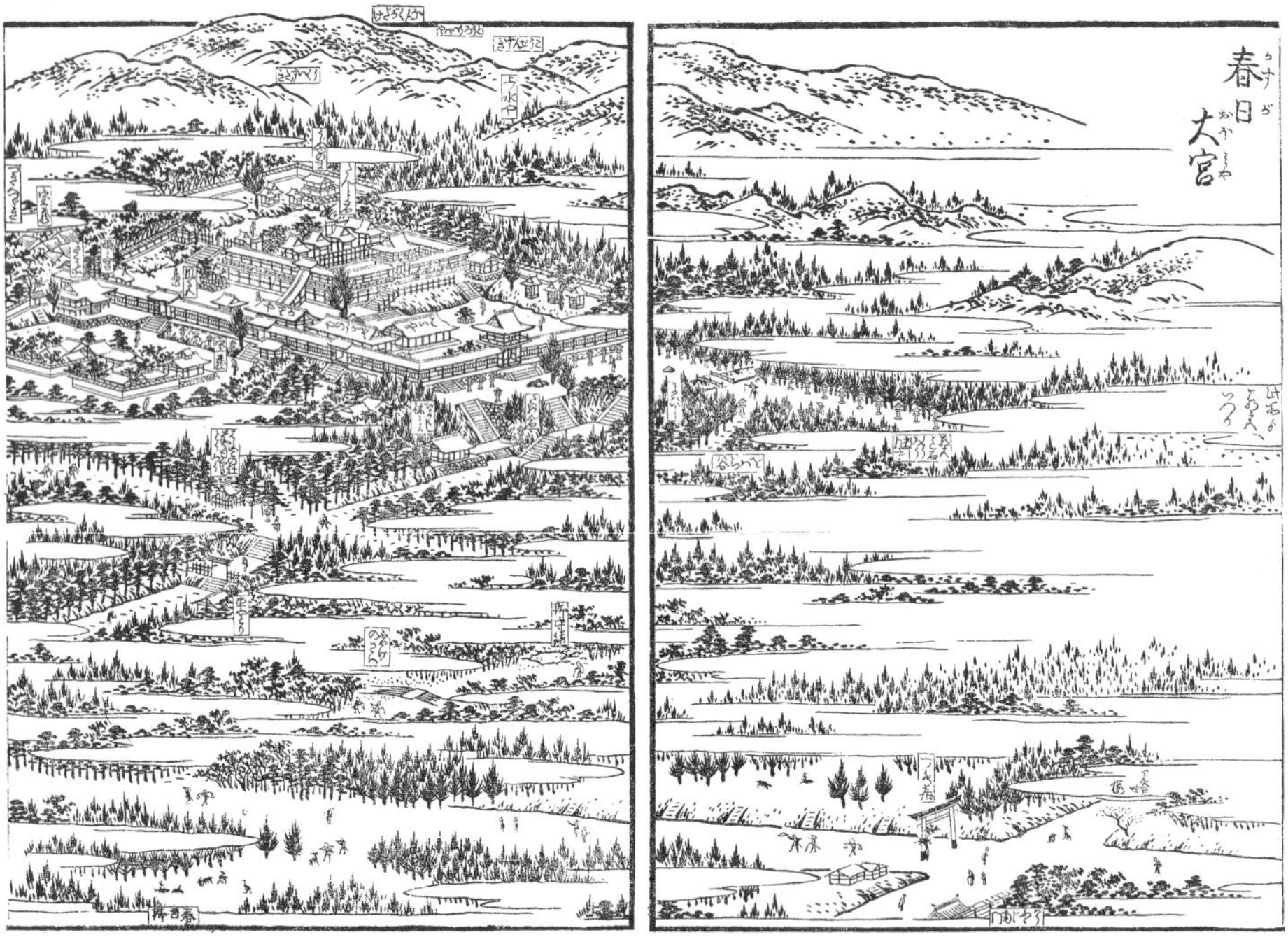

春日大宮（巻之一）

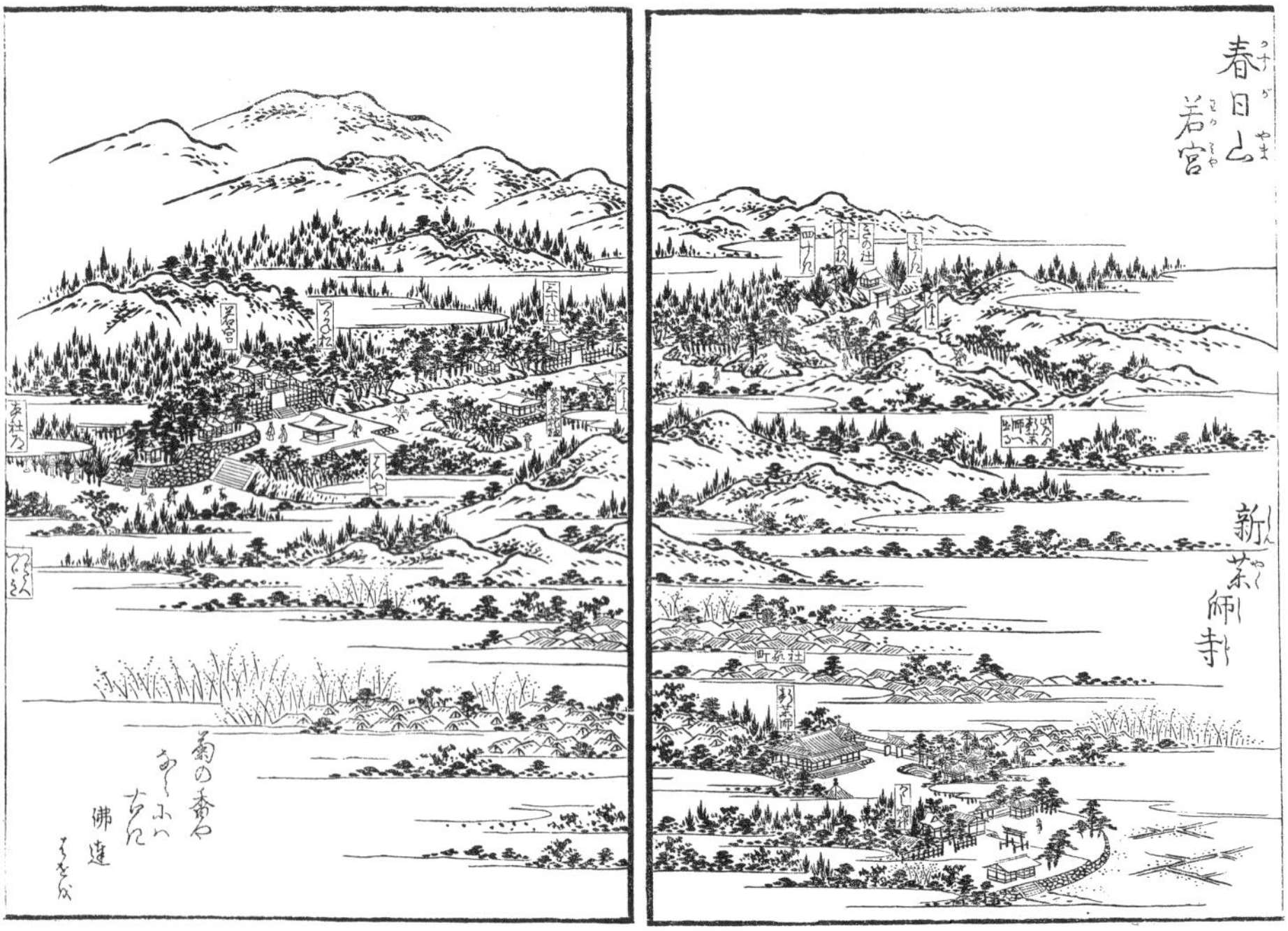

春日山若宮（巻之一）

5 東大寺と良弁杉

『大和名所図会』の挿絵に母子の姿と鷲一羽が描かれている。赤子はまだよちよち歩きも出来ない一歳前後と思われる。母が農作業をしている所を一羽の鷲が狙っている。

この絵を解くためには、次の本文を解読しなければならない。

良弁杉《りようべんすぎ》ハ良弁僧正幼童の時住給へる跡也、旧《もと》ハ櫟《いちい》の木にてありしが、鳥羽院《とばのいん》天永二年におのづから倒る、其跡に杉生たちけるより俗に良弁杉といふ御順礼記抑《そもそも》良弁僧正ハ近江国志賀郡《こおり》の人也、其母観音に祈りて男子を産ム、二歳の時母桑を取に木陰に子をぞすへ置けるが忽《たちまち》大鷲来たりて其子を抓《つか》ミ飛去る、あわやと走り行けども翅《つばさ》は軽《かろ》し見るがうちに雲に入にけり、母深く悲しめども其甲斐もなかりけり、其頃南都に義淵《ぎえん》僧正といふあり、春日明神に詣《もうで》たまふに鷲《わし》ひとりの児を弄《ろう》するに、人音にや驚《おどろき》けん、児を野に残して逃去りき、僧正怪《あやしみ》ながら児を拾ひとりて育《そだて》られしに、五才といふにハ経論を見するに、一を聞て十を知り、夫より法相《ほつそう》に入、華厳《けごん》の奥旨を得給ひ、聖武帝の帰依僧《きえそう》となり、東大寺大仏殿なども良弁の勧によりて也、（略）

良弁杉（二月堂前）

近江国出身であった良弁は、幼い頃母が野に出て、桑の葉を摘んでいる際に鷲にさらわれてしまう。その鷲が奈良の都まで飛来し、一本の杉の大木に、良弁を落とすが枝にひっかかって一命をとりとめたという。この幼な子を

良辨《りやうべん》僧正初めの名は
金鷲仙人《こんじゆせんにん》といふ
執金剛神《しゆこんがうじん》の像《ざう》を
本尊として華厳《けごん》
経を讀誦し側なる
石に上りて王城へ
向ひて金輪聖王《こんりんしやうわう》
天長地久と唱へ
其聲《こゑ》遥《はるか》に叡聞《えいぶん》に
達し紫雲《しうん》空に
聳《そび》へ皇居を照し
天皇怪《あや》しとおぼしめして
勅使を遣《つかは》され
金鷲《こんじゆ》仙人《せんにん》をぞ
めし給ひける

良弁僧正（巻之一）

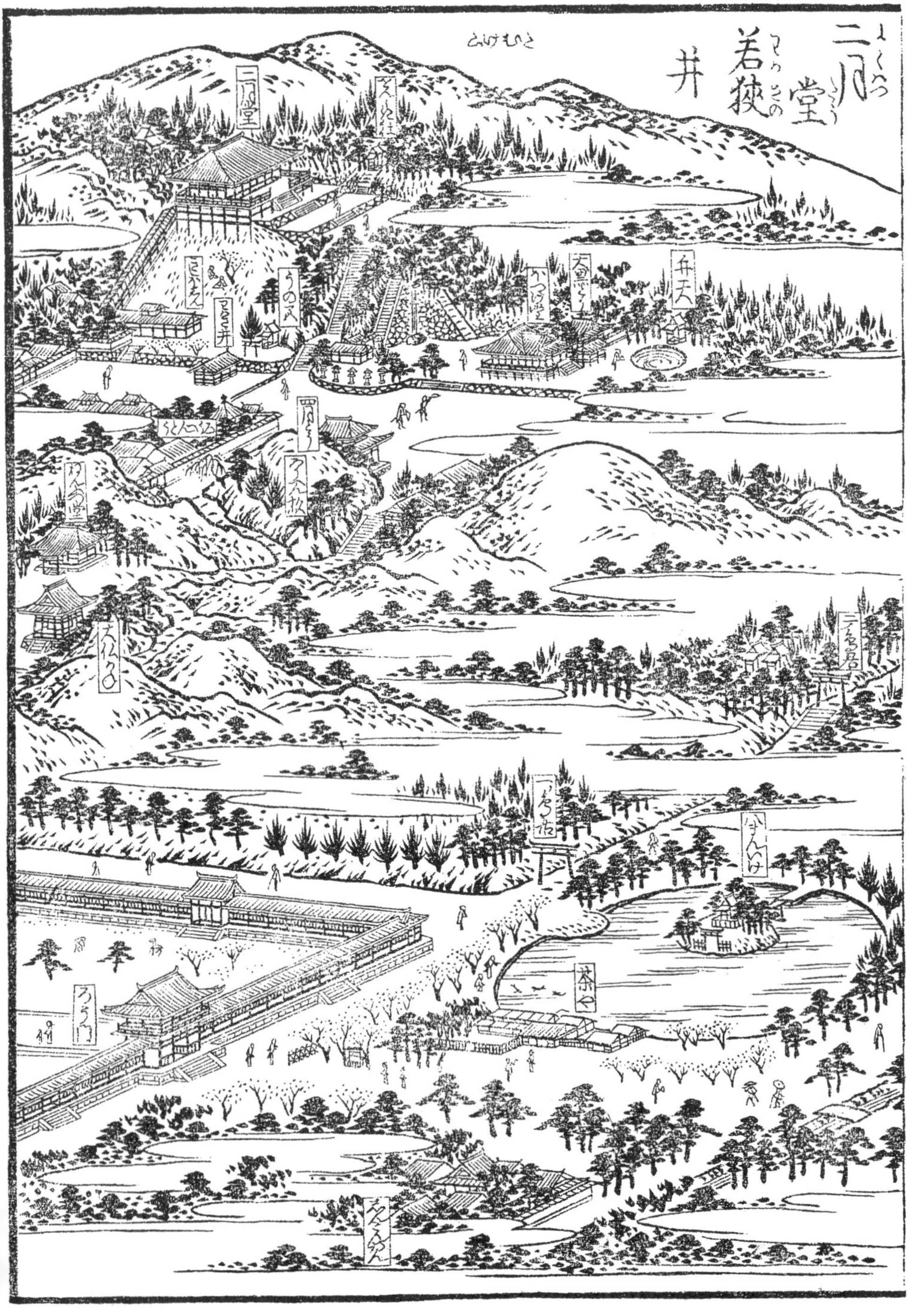

東大寺（巻之一）

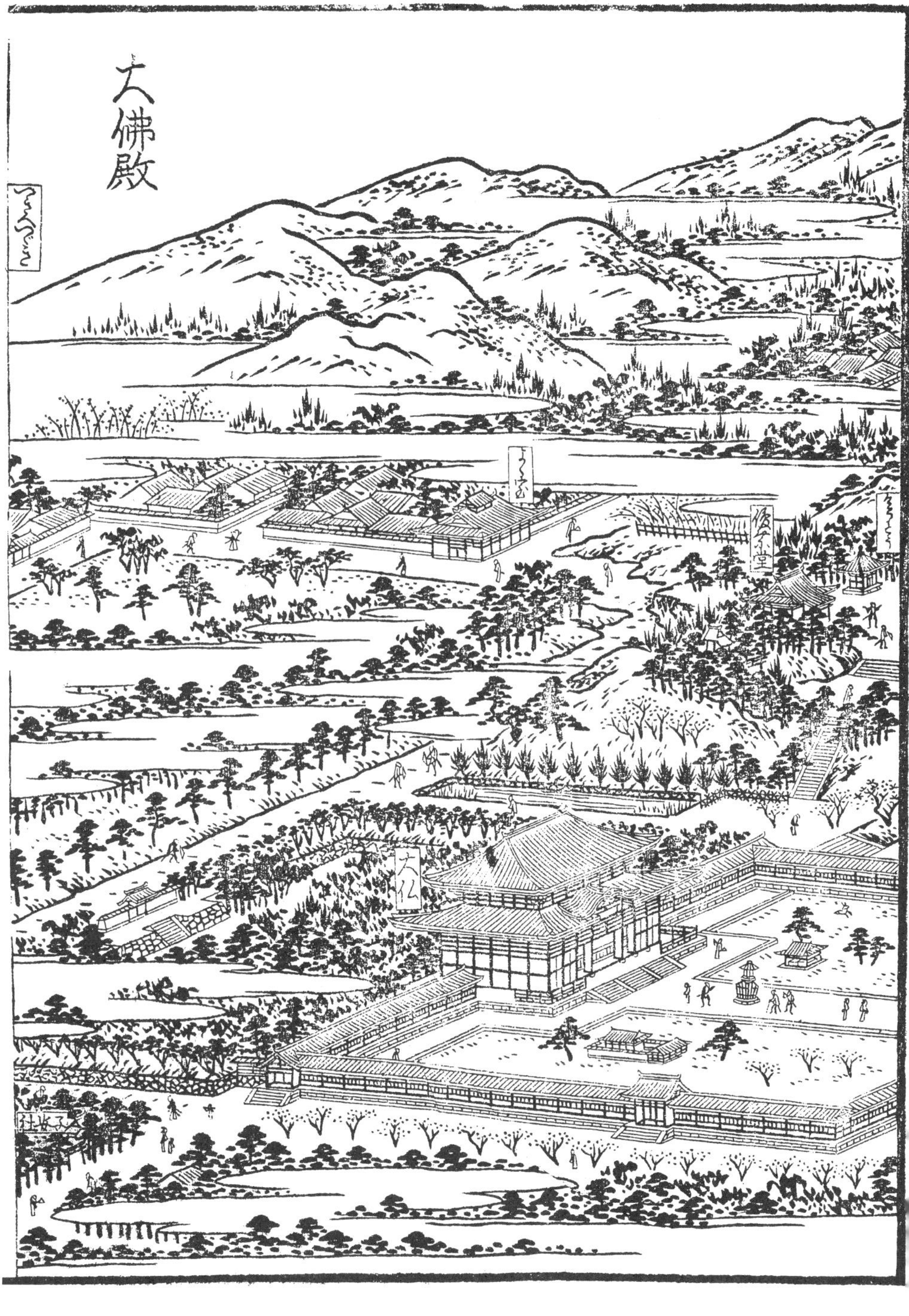

大佛殿
大仏

高僧義淵が拾って育てたのが良弁であるという伝説がある。五歳で経論を理解し、法相・華厳の仏学を極め、聖武天皇の帰依僧となり、東大寺大仏殿造営は良弁の勧めであると記している。

挿絵は、良弁の幼少の伝説を描いていることが分かる。良弁と母は、のちに奈良で再会、母に孝節を尽したという。

現在、東大寺二月堂の前には、良弁杉《ろうべんすぎ》がそびえている。たび重なる落雷で老木は絶え、その跡に幼木が植えられているが、良弁伝説にもとずき、良弁杉なるものが人口に膾炙《かいしゃ》されたのであろう。

❖良弁僧正

良弁（ろうべん＝りょうべんとも）僧正は、実在の人物で奈良時代の華厳宗の僧。帰化人の子孫とも、近江または相模の人ともいわれる。はじめ義淵に法相宗を学び、天平十二年（七四〇）金鐘寺（のちの東大寺）において、新羅《しらぎ》の審祥《しんじょう》を講師として華厳経講を開き、日本に華厳宗を広めた。東大寺建立に尽力し初代別当になった人物である。また、『大和名所図会』の本文によると宝亀四年（七七三）十一月（閏十一月）十六日入寂とある。毎年十二月十六日の良弁の命日には法要が営まれ、良弁僧正坐像（国宝）を拝観することができる。

先の挿絵に添えられた文には、

良弁僧正初メの名ハ金鷲仙人といふ、執金剛神の像を本尊として華厳経を読誦す、側《かたわら》なる石に上りて王城へ向ひつゝ、金輪聖王天長地久と唱ふ、其声遥に叡聞に達し、紫雲空に聳へ皇居を照す、天皇怪ミ給ひかしこへ勅使を遣《つかわ》され金鷲仙人をぞめし給ひける、

良弁僧正は、金鷲《こんじゅ》仙人ともいわれ、執金剛神《しっこんごうしん》を本尊として華厳経を読誦する高僧となった。「金輪聖王天長地久」の唱えが天皇の叡聞に達し勅使によって良弁を召されたという。

6 興福寺と薪能

法相宗大本山興福寺《こうふくじ》は、天智天皇八年（六六九）、藤原鎌足造立の釈迦如来三尊像を安置した山階寺《やましなでら》から始まる。その後、厩坂《うまやさか》（現橿原市）に移され厩坂寺と称されたが、和銅三年（七一〇）の平城遷都に際し、現在地に移され大規模な堂塔伽藍が整備された。時代のうつりかわりに栄枯盛衰もあったが、藤原氏の氏寺として法灯が守られて来た。

『大和名所図会』には、興福寺の堂塔伽藍の挿絵と並んで、「薪の能」を描いている。これは現在「薪御能《たきぎおのう》」と称される演能で、江戸時代、南大門前で多くの僧達の前で薪能が行なわれている様子が伺われる。

薪能の歴史は古い。薪能は、奈良興福寺・春日大社の新春の行事で、古くは「薪猿楽」と呼ばれたが現在では毎年五月の第三金曜・土曜日に行なわれている。

薪猿楽は、古くは修二会《しゅにえ》に付随した行事に起源を持つといわれる。東西金堂《こんどう》で行なわれた修二会に用いた神聖な薪を迎え、それをかがり火として燃やし、その光の中で猿楽を演じたのが始まりとされる。

猿楽は古くは「散楽《さんがく》」といわれ滑稽な曲芸的な芸能であったといわれるが、法会の中の神事として猿楽が上演されるようになると、神事猿楽として発展し、興福寺を活動の場とする大和四座等の猿楽座が発展した。

『衆徒記鑑古今一濫』によると、毎年二月一日から十四日に行なわれた修二会において、呪師の代りとして寄人であった四座猿楽が行法を代行したことに薪猿楽の起源があるという。

この行事は、室町時代には修二会と切り離れて、薪猿楽とよばれ、二月五日頃「呪師走《しゅしはしり》」が行なわれ、二月六日頃から薪能が上演されるようになった。

「**薪の能**」の挿絵には次のように書かれている。

紀事ニ曰
南大門に於て薪の能のはしまりハ興福寺二月《きさらぎ》の法会《ほうえ》夜陰《よいん》なれば寺僧《じそう》春寒《しゅんかん》に堪《たえ》ずして門前に於て薪を焼《やき》、其光《ひかり》に就《つい》て俳優《はいゆう》をなし長夜《ちょうや》の戯《たわむれ》とす、其後四座《よざ》の猿《さる》楽これを勤む、二月七日より十四日に至る芝生《しばふ》に紙を敷て雨の降《ふ》る事を様《ため》す、若紙湿ざる時ハはじむるなり、此時若宮にても能あり、九日十日の両日四座かハる〳〵相勤る也、

舞ふて出る采女《うねめ》やそこの柳より　涼帒

薪能のいわれを、「春寒にたえずして、二月の法会に薪を焼き、その光において能が舞われるようになった」と記している。続いて、二月七日より十四日に雨の有無をためし、紙が湿らざる時に始めたとか、若宮にても能があり、九日・十日は四座が代るがわる演能したとも書いている。

古代呪師の舞に代り、猿楽師が演能するようになり、大和では四座と呼ばれる坂戸《さかと》（金剛《こんごう》）座・外山《とび》（宝生《ほうしょう》）座・円満井《えんまんい》（金春《こんぱる》）座・結崎《ゆうざき》（観世《かんぜ》）座が発展した。

現在も、演能の前に興福寺衆徒（僧兵）による「舞台あらため」が行なわれている。

「舞ふて出る采女やそこの柳より　涼帒」の句は、薪能の舞に采女が猿沢の池の柳のもとより現われるかのようだと「采女伝説」をふまえているのであろう。

興福寺

興福寺五重塔と猿沢池

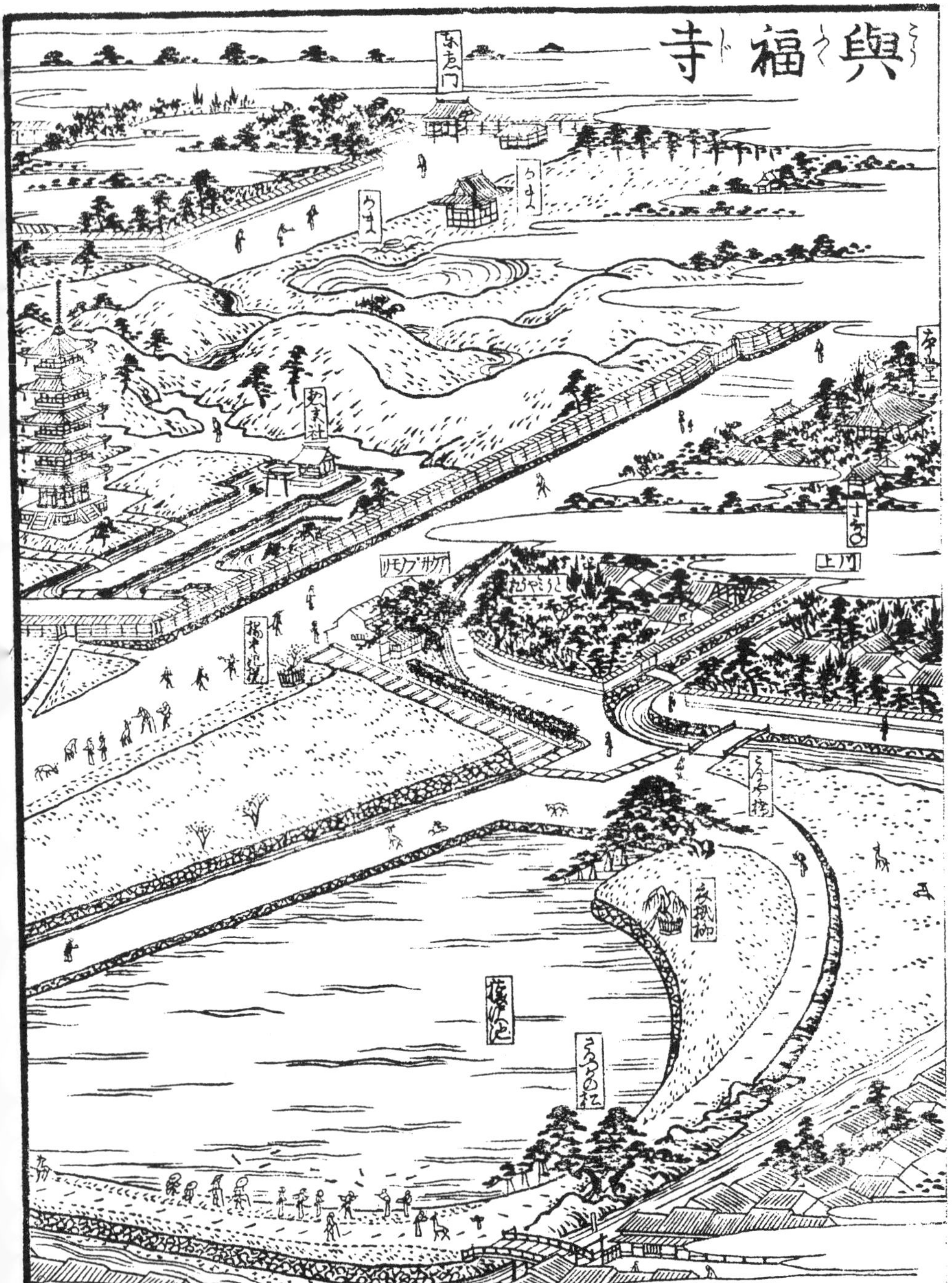

興福寺（巻之二）

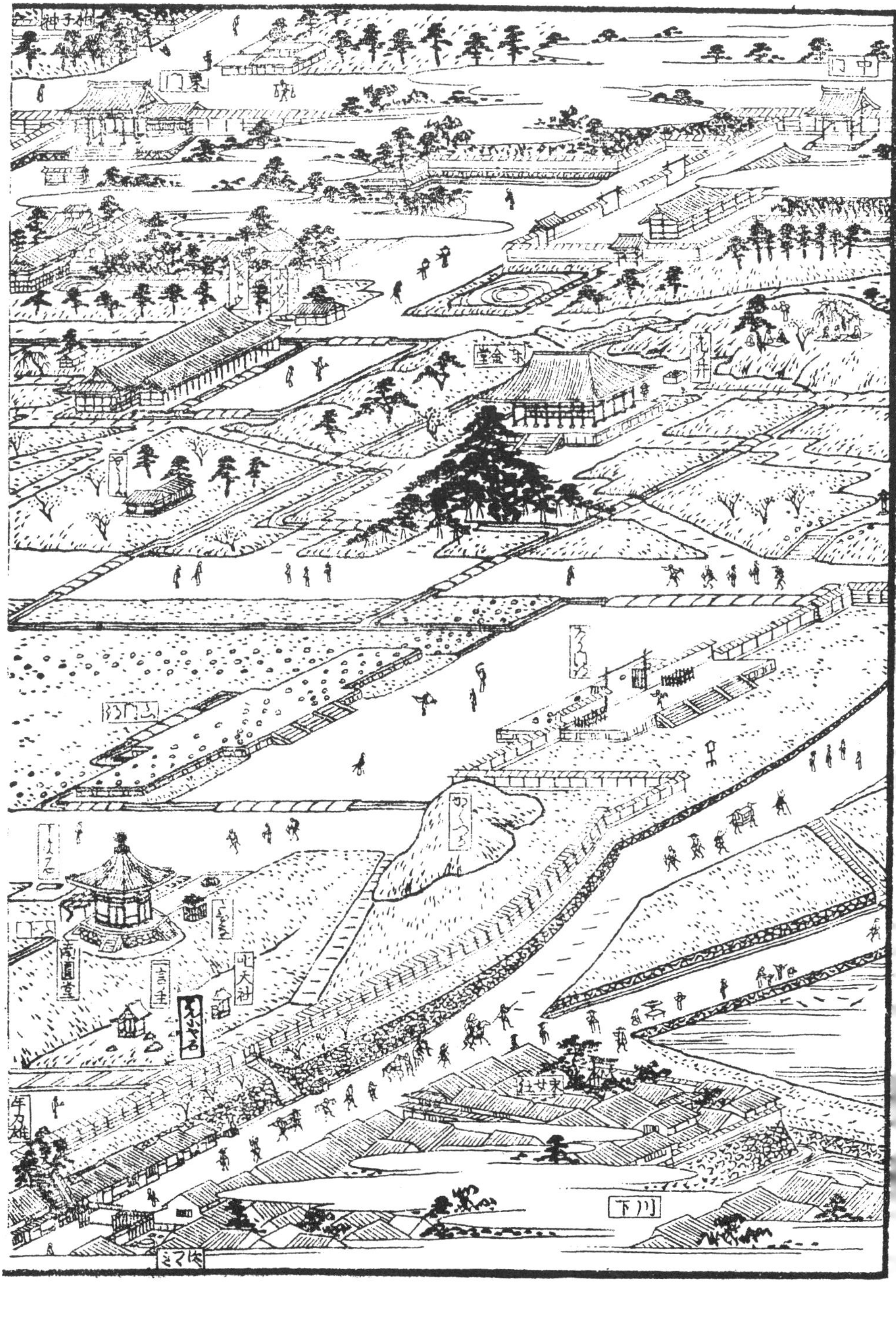

東門
中門
東金堂
南圓堂
一言主

薪能

紀事三日

南大門に於て薪能の
ある也、奥祕ち二月の
法會表法うれを寺僧
春ち小謠シく、內お
徐く薪が燒まし光シ就て
俳優となし長表の戲
其後四座の猿楽うたと
云む二月七日より
十四日に至る共に小
紙が黃く雨の降シ
るが樣にち小紙
湿ざるはなきとる
うり山畑お宮をそ

薪の能（巻之二）

能あり九月十日の
毎日四度ならし
お祢ろへ
舞ゝて出る
巫女やそこの
柳より
涼帒

7 猿沢池と采女神社

興福寺五重塔の東方、一段低くなった所に猿沢池が存在する。池に映る興福寺五重塔は、奈良を代表する美しい眺めの一つである。現在は亀が多く生息するこの猿沢池は、悲しい伝説の池でもある。

平城天皇に仕えた采女《うねめ》が、帝の寵愛が衰えたのを憂い悲しみ、この池に身を投げたという。「興福寺」の挿絵には采女が入水する時衣を掛けたという柳が猿沢池の東側に描かれており、現在の池の畔にも「きぬがけやなぎ」の石碑がある。

猿沢池には、龍が住むという伝説もある。池に辻風が吹き、池水が巻き上げられたという。また池が赤変すれば凶事の前兆という言い伝えもあって恐れられたが、現在では植物プランクトンによる変化と考えられている。

❖采女神社

猿沢池の傍らに采女神社がひっそりと立っている。

采女とは、天皇のおそばに仕え給仕をする後宮の女官で、律令時代には、郡が貢進することになっており、地方豪族の娘たちで、美しき女性が遣わされたという。伝説の采女もこのように平城天皇に仕えた者であろうか。

現在も中秋の名月の夜、神前での行事のあと、采女の出身地と伝えられる福島県郡山《こおりやま》と地元奈良の女性たちが、扇を水面に投げながら管絃船で猿沢池を巡る祭礼が行なわれている。

8
奈良坂と般若寺

大和国・山城《やましろ》国の国境に京街道がある。この京街道は北山越・奈良坂越とも称し、西の歌姫越に対する東の京街道であった。この街道は、京都から奈良を通り南へ下って上街道から伊勢街道に入る。初瀬寺や吉野山への参詣や、さらに伊勢への道として利用された。この京都方面と奈良市中の境界が奈良坂である。奈良坂の中央部付近には、般若寺がある。般若寺は春秋の草花の美しい寺で、特に秋のコスモスに人気がある。

治承四年（一一八〇）には、南都大衆（僧兵）と平家軍がこの般若寺付近で合戦、戦場となった地でもある。

鎌倉時代以降、興福寺と奈良の町の発展にともない、交通量が増加、奈良坂を通る人々が宿泊する旅宿も多くなり、奈良坂の入口にあたる手掻郷《てがいごう》は、「旅宿郷」ともいわれるほどとなったという。近代の鉄道発展まで、奈良坂は京都方面と奈良市中の結節点として栄えていた。

『大和名所図会』の「**奈良坂《ならさか》・般若路《はんにゃじ》・酒野在家《さかやざいけ》**」の挿絵は街道を行き来する旅人と籠屋の客、それに茶店で休憩する旅人を描いていて、のどかな江戸時代の峠の茶屋を見ることができる。『万葉集』巻四・三七二八の歌が添えられている。

青丹吉《あおによし》ならのおほちハゆきよけど《（行き良けど）》此山道ハゆきあハしけり《（行き悪しかりけり）》　宅守

奈良坂

奈良坂（巻之二）

万葉
青丹吉《あをによし》ならのおほちはゆきよけど
この山道はゆきあしかりけり
宅守

❖北山十八間戸

鎌倉時代、南都で旧仏教の革新運動がおこる。その先頭に立ったのが、法相《ほっそう》宗の貞慶《じょうけい》、華厳《けごん》宗の高弁《こうべん》、律《りつ》宗の叡尊《えいそん》と、忍性《にんしょう》らであった。忍性は西大寺律宗の僧であり、各地で貧民救済・道路や橋の改修、悲田《ひでん》院・施薬《せやく》院の建設を行なった。

その一つが、ここ奈良坂に建設した「北山十八間戸」である。これは、ハンセン病患者の救済施設であり病院であった。現在の建物は、江戸時代の再建で、南面する東西に十八間の切妻造・本瓦葺の建物である。

❖般若寺

奈良坂の中央部にある般若寺《はんにゃじ》は、真言律宗の寺院であり、山号を法性山という。舒明天皇元年（六二九）、高句麗の僧慧灌《えかん》が建立したと伝えられる。一方孝徳天皇の白雉五年（六五四）十月に、蘇我日向《そがのひむか》が天皇の病気平癒を祈って建立したという説もある。

『大和名所図会』は、

般若寺　般若寺町東側にあり、聖武帝の御建立にして勅書の大般若経を地底《ちてい》に納め、其上に十三重の塔を立給ひしより般若寺と称す、本尊文殊大士　忍性律師の作也、十三重石塔婆　廿五菩薩石像、観音堂　本堂の傍にあり、此堂ハ延徳二年の火災を免《まぬか》れいにしへのまゝ也、

と、般若寺の名の由来を紹介している。

北山十八間戸

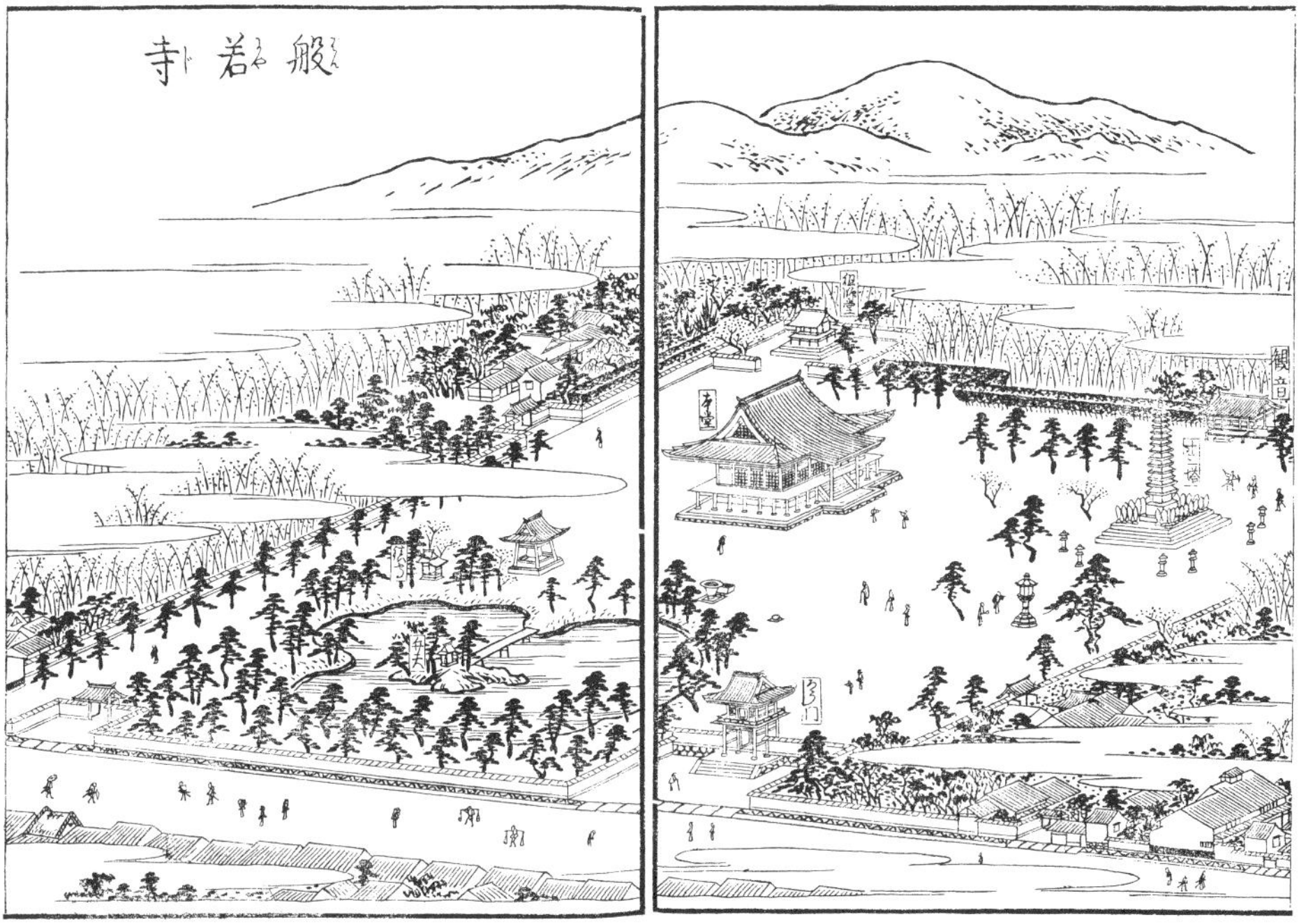

般若寺（巻之二）

般若寺山門

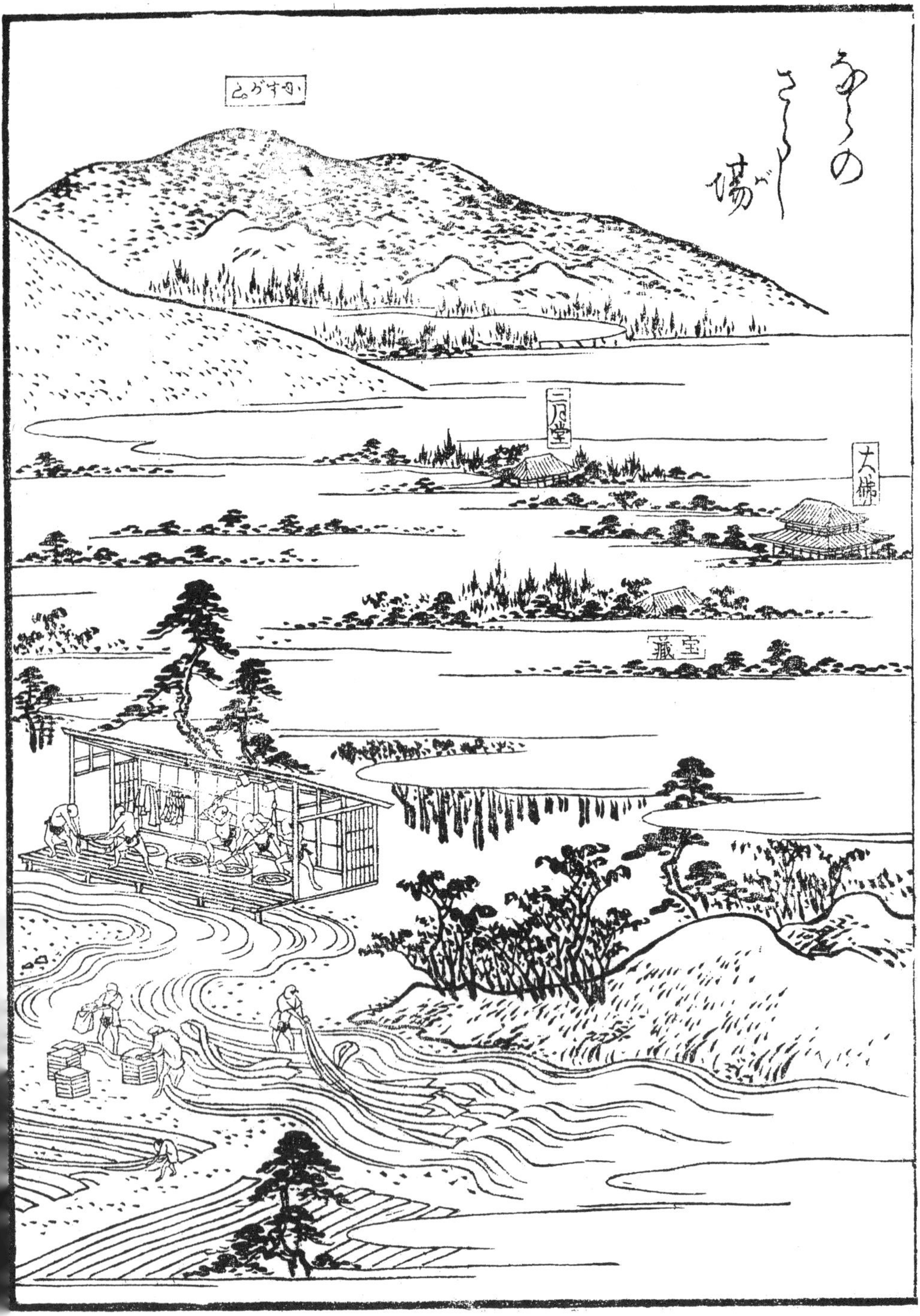

奈良のさらし場（巻之二）

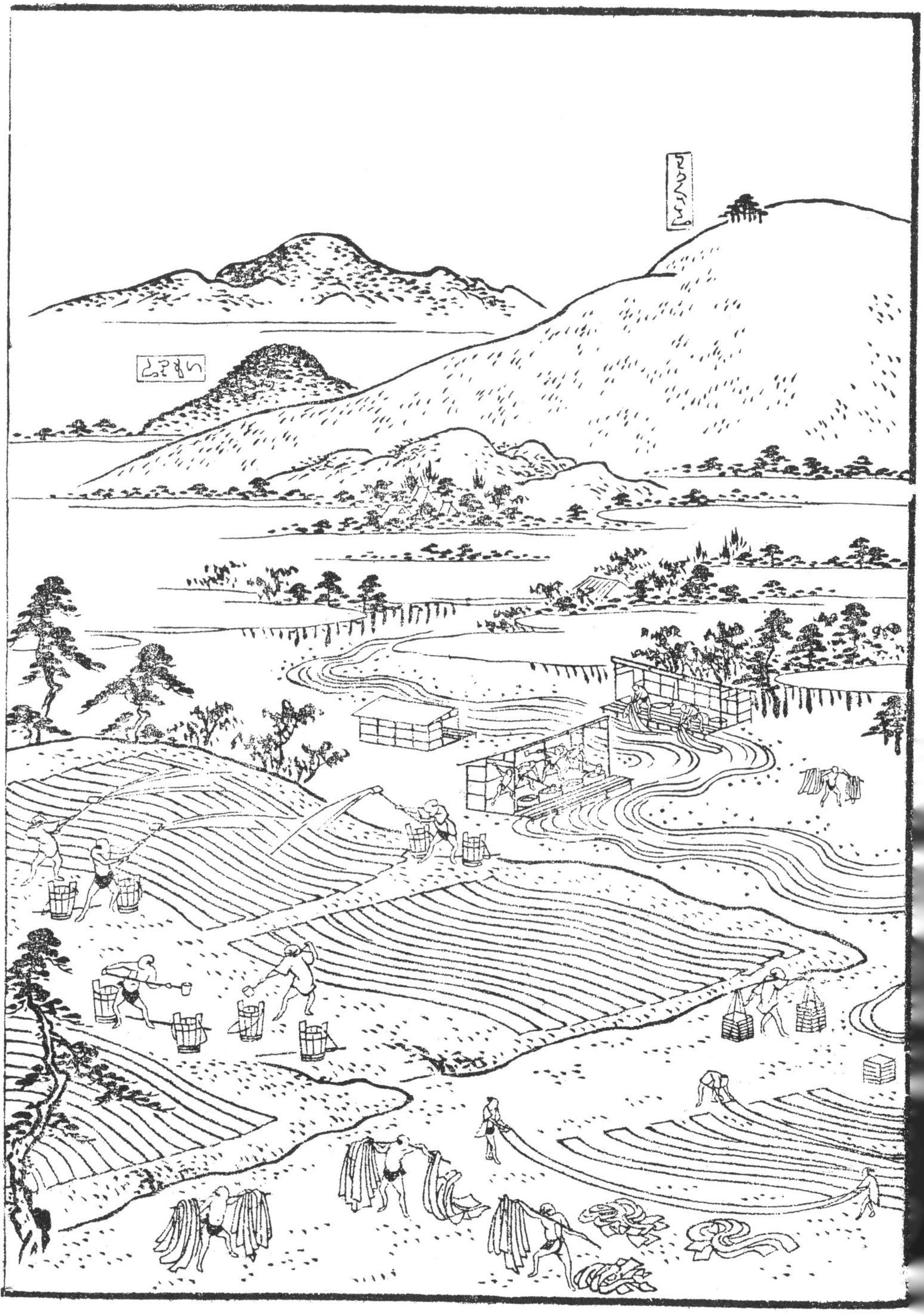
いもせ山

9 奈良晒

『大和名所図会』の挿絵には、「ならのさらし場」が描かれており、これによって江戸時代の奈良の晒産業を偲ぶことができる。

画面には灰汁をかけながら、麻布を日光に晒す場面があり、丘陵地の広場に何十枚もの晒布を干している。次に川の中で水に晒す人々が描かれている。川沿いには、木臼で晒布をつく人々が描かれており、その作業場が数棟の小屋として描かれている。画面下部の方では、晒布を広場にひろげて乾燥させていると思われる。

挿絵では、晒布作りに携わる人々が、二十五、六人描かれているが、江戸時代には晒産業は、一種の工場制手工業にまで発展していたといわれ、ふつうでも二、三十人、多い所では数十人の奉公人をかかえていたといわれる。

背後には春日山・若草山が遠景となっており、奈良近郊の農村産業となっていたと考えられる。

奈良晒の起源は、鎌倉時代に、法華寺の尼衆や西大寺近辺の婦女子が織ったのが始まりと伝えられる。慶長（江戸時代の初め）以降、裃や帷子・幕に重用されたため、奈良市中より大和のみならず、山城・伊賀の農村へと生産地域がひろがった。原料の青苧《あおそ》（苧麻）は出羽地方から送られて来たという。明治維新後は需用が減ったため、晒産業も衰退した。東部の山間に残る技術が、現在県指定の無形文化財となっている。

10

村田珠光と称名寺

茶祖村田珠光ゆかりの寺が、奈良市菖《しょう》蒲《ぶ》池《いけ》町の日輪山称名寺《しょうみょうじ》である。浄土宗西山派で本尊は阿弥陀如来、創建は鎌倉時代の文永二年（一二六五）、興福寺の学僧が常行念仏の道場として建立したといわれる。室町時代、村田珠光が入寺し、茶室獨盧庵《どくろあん》で有名である。

『大和名所図会』は、「珠光之茶室」と題して次のように書いている。

天蓋《てんがい》町土門氏の家にあり、珠光翁茶を好んで足利義政公に仕《つかえ》世に鳴《なる》、其後南都帰水門といふ所に居す、此茶室永禄の兵火にハまぬかれたれ共、惜哉《おしいかな》寛文年中の火災に罹《かかり》て焼亡す、今の土門氏が茶室《ちゃしつ》ハ再ひ金沢の茶室を移すと云云、

とある。土門氏は南都の豪商で塗師屋の松屋。三代に亘り記した茶会の記録『松屋会記』で有名である。

称名寺

❖村田珠光

珠光はもともと奈良中御門郷の生まれだという。京都で活躍するが、応仁の乱を避けて奈良に疎開称名寺に入寺した。一休禅師とも交流があり、大徳寺の「天祐和尚識語」に伝えられる「この道の一大事は和漢のさかいをまぎらかすこと」が珠光の有名な言葉である。（永島福太郎氏『初期茶道史覚書ノート』淡交社より）

11 眉間寺と多聞城

◎眉間寺

『大和名所図会』は、「眉間寺」について次のように記している。

眉間寺　同所にあり、佐保山と号す律宗にして聖武帝の御願也、長寛年中村上帝の御宇、化人現れ眉間《みけん》より光明を放つ事半時《はんじ》はかりにして化す、其跡に舎利二粒あり、それより勅して此号を賜ふ、いにしへハ眺望寺といふ、開基ハ行階僧都也、

すなわち聖武天皇の御願寺とも伝え、眉間寺の号は本尊の眉間から舎利が出たとの伝説を書いている。明治の廃仏毀釈によって、本尊や四聖御影は東大寺に移され、廃寺となった。

◎多聞城

眉間寺の背後の多聞山には、松永久秀《まつながひさひで》の居城多聞城《たもんじょう》があった。現在奈良市立若草中学校の辺りである。

戦国武将松永久秀は、天文二十三年（一五五四）には、信貴山城を居城とし、筒井順慶《つついじゅんけい》を破ったあと、永禄三年（一五六〇）、この地に多聞城を築いた。久秀は信貴山多聞天を信仰していたため、多聞城と名付けたと伝える。『大和名所図会』眉間寺の挿絵には「**多門山は松永久秀の城跡也**」と記す。

この多聞城では日本で最初といわれる天守閣を持つ城郭が築かれた。永禄八年（一五六五）、松永久秀が多聞城で行なった茶会には千利休（宗易）や松屋久政らの堺・奈良商人も招待されている。

❖聖武天皇佐保山南陵

多聞山の西南、佐保川《さほがわ》の北にある。

天平勝宝八年（七五六）崩御した聖武天皇の遺骸を佐保山に葬った。これを佐保山南陵という。また佐保山南陵の東北＝佐保山東陵に光明皇后が葬られた。

聖武天皇・同皇后陵

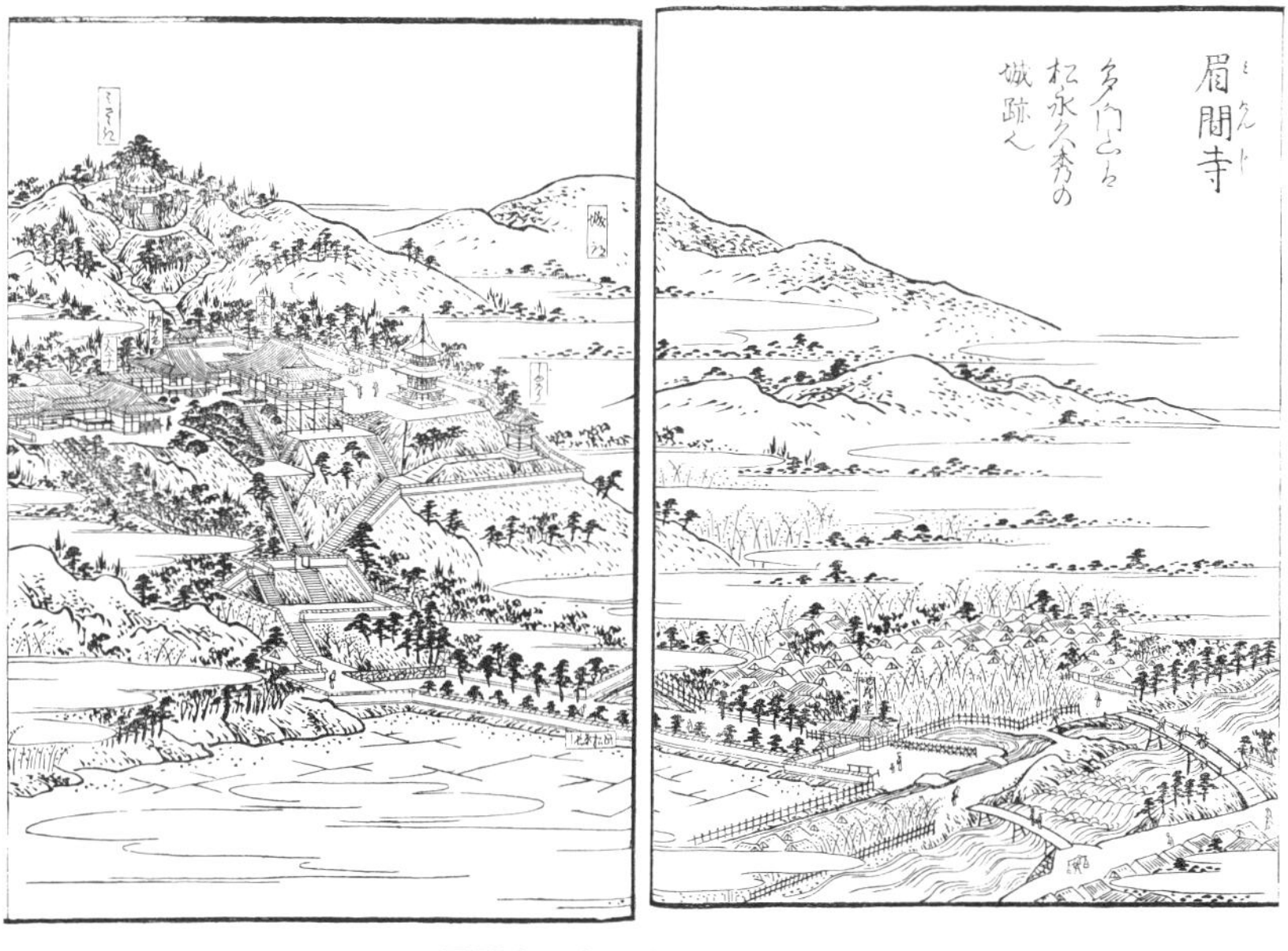

眉間寺・多聞城跡（巻之二）

12 中将姫と誕生寺

大和當麻寺に「當麻曼荼羅」を残したと伝えられる中将姫《ちゅうじょうひめ》は、今なお多くの人々に親しまれている。その中将姫誕生伝承地が誕生寺《たんじょうじ》である。

誕生寺について『大和名所図会』に次のようにある。

三棟町にあり、伝云《（つたえいう）》此所ハ横佩《よこはぎ》右大臣豊成《とよなり》公の殿舎也、中将姫此地において誕生し給ふ、其後寺となし誕生寺と号し今女僧《あま》住職す、

本尊は中将姫坐像。異香山法如院と号する浄土宗の尼寺である。天平十二年（七四〇）に光明皇后が祈願した断簡、中将姫産湯の井戸と、姫が蓮糸で織った曼荼羅と伝えられる断片が残る。

付近は旧奈良町の一角で、古い商家や土産店が立ち並ぶが、その一角に「中将姫誕生霊地」の石標が立っている。すなわちこの付近に「横佩右大臣豊成公」の屋敷があったと伝えられる。

継母にうとまれ殺害されかけた中将姫は、「雲雀山」という山に隠まわれるが、『大和名所図会』では「日張山」として紹介している。この「日張山」は宇陀郡の青蓮寺の地として伝えられる。のちに出家した寺院が當麻寺とされ、姫の織った蓮糸の曼荼羅が有名な「當麻曼荼羅」と伝えられる（「中将姫伝説」については項目58「日張山青蓮寺」を参照）。

中将姫誕生伝承地

13 紹巴屋敷

称名寺の近くには、連歌師里村紹巴《さとむらじょうは》の屋敷跡があると『大和名所図会』は、次のように記している。

紹巴屋敷

南市町夷祠の巽の方也とぞ、人物志云、紹巴法橋ハ南都の人にして連歌を好み新式を定め句法を立《たて》、厥后《そののち》秀吉公に召出され皇都に住す云云。

南市町夷祠の巽の方にあると記すが、現在は所在地は不明となっている。南都の人であることにより、その屋敷跡が言い伝えられていたと思われる。

❖里村紹巴

里村紹巴は、安土桃山時代に活躍した連歌師である。中世・近世に流行した連歌は和歌から派生した文芸で、連歌師は、古典を研究したり紀行文も著す大文化人だった。

大永五年（一五二五）奈良で生まれたと伝えられる紹巴は、周桂に師事し里村昌休・三条西公条《さんじょうにしきんえだ》らにもついて、連歌・和歌などを学んだ。三条西公条は京都の公家三条西実隆《さねたか》の息で、天文二十二年（一五五三）の紀行文『吉野詣記《よしのもうでき》』の作者である。この吉野詣でには、紹巴が随行していた。その後も近衛稙家・三好長慶・細川藤孝・明智光秀・豊臣秀吉ら多くの人々と交流したが、文禄四年（一五九五）の豊臣秀次事件で三井寺門前に蟄居となる。のち許されるが、慶長七年（一六〇二）に没した。

14 元興寺

元興寺《がんごうじ》は飛鳥の地に創建された法興寺に始まる。平城遷都にともなって養老二年（七一八）に奈良に移った。現在の元興寺極楽堂の屋根瓦には、法興寺のものが運び移され、時代を越えて葺かれている。

『大乗院寺社雑事記』文明十五年（一四八三）九月十三日条に、元興寺について「当時ハ南北四町、南大門南方也、北至猿沢池之南、東西二町」と記されている。南都における敷地が広大なものであったことをしのぶことができる。

また、『大乗院寺社雑事記』長禄三年（一四五九）九月三十日条には、興福寺大乗院主の尋範《じんぱん》が、元興寺禅定院主もかねていたことが記されており、尋範の没年、承安四年（一一七四）頃には、元興寺は興福寺の支配下に入っていたと考えられる。のちの大乗院門跡の住地は、もと元興寺禅定院であったと伝えられることからも、裏付けられる。

しかし元興寺は、次第に縮小されてゆく。室町時代の宝徳三年（一四五一）土一揆での火災以降、元興寺の寺地も狭まり、時代が下って安政六年（一八五九）には、挿絵に描かれている五重大塔が観音堂と共に焼失した。

現在元興寺と名乗る寺院は次の二つである。一つは奈良市芝新屋町の元興寺塔跡を中心とする華厳宗元興寺。本尊は十一面観音。もう一つは、奈良市中院町の極楽堂を中心とする真言律宗元興寺。本尊は智光曼荼羅。

中世以来町屋化して行った旧元興寺境内地は、近世になると、現在奈良町と呼ばれる町人の町として発展した。旧奈良市街の中で、江戸時代の面影を伝えるのがこの奈良町界隈で、土産物店、食堂、喫茶店のほか、仏具屋・染物等工芸品店・紙店・墨屋など奈良の伝統産業にかかわる店舗も発見することができる。

元興寺禅定院跡（のちの興福寺大乗院門跡）は、現在市営の「大乗院庭園」として公開されている。

元興寺について『大和名所図会』は、次のように記す。

日本紀ニ曰推古天皇四年に聖徳《しょうとく》太子守屋を討て、飛鳥《あすか》地に此寺を草創し給ふ、初メハ法興寺といふ、玉林抄云四門の額ハ南に元興寺北に法満寺東に飛鳥《あすか》寺西に法興寺とかけられたり、いにしへハ伽藍《がらん》魏々《ぎぎ》たり、今ハをとろへて五重塔に大日如来を安置す、又一宇に観世音をすへられたり、此観音の像ハ長谷《はせ》の本尊を作りし霊木《れいぼく》のきれにて彫刻しぬれハ、長谷にまうでぬる人ハ先《まず》此観音に詣《もうで》、万の事を願ひ其後長谷へまいれハ事の叶ふよし御順礼記に見へたり、昔此塔に鬼の棲ける由いひ伝へたり、

すなわち『日本書紀』に推古天皇四年に聖徳太子が物部守屋を討って飛鳥の地にこの寺を草創したと書かれる。初めの名を法興寺といった。往時は四門にそれぞれ元興寺・法満寺・飛鳥寺・法興寺の額がかけられ大規模な寺院であったが、おとろえて五重塔に大日如来、観音堂などを安置するのみであるが観音像は、長谷の観音の霊木で作られたと伝えている。塔には鬼が棲んでいたという伝説がある。

挿絵には秋里の、

美しい女《おんな》を鬼ときく物を元興寺《がごじ》にかまそといふは寺の名　　蕣福

の狂歌を載せ、鬼を意味する「がごじ」というのはこの元興寺が由来だとしている。

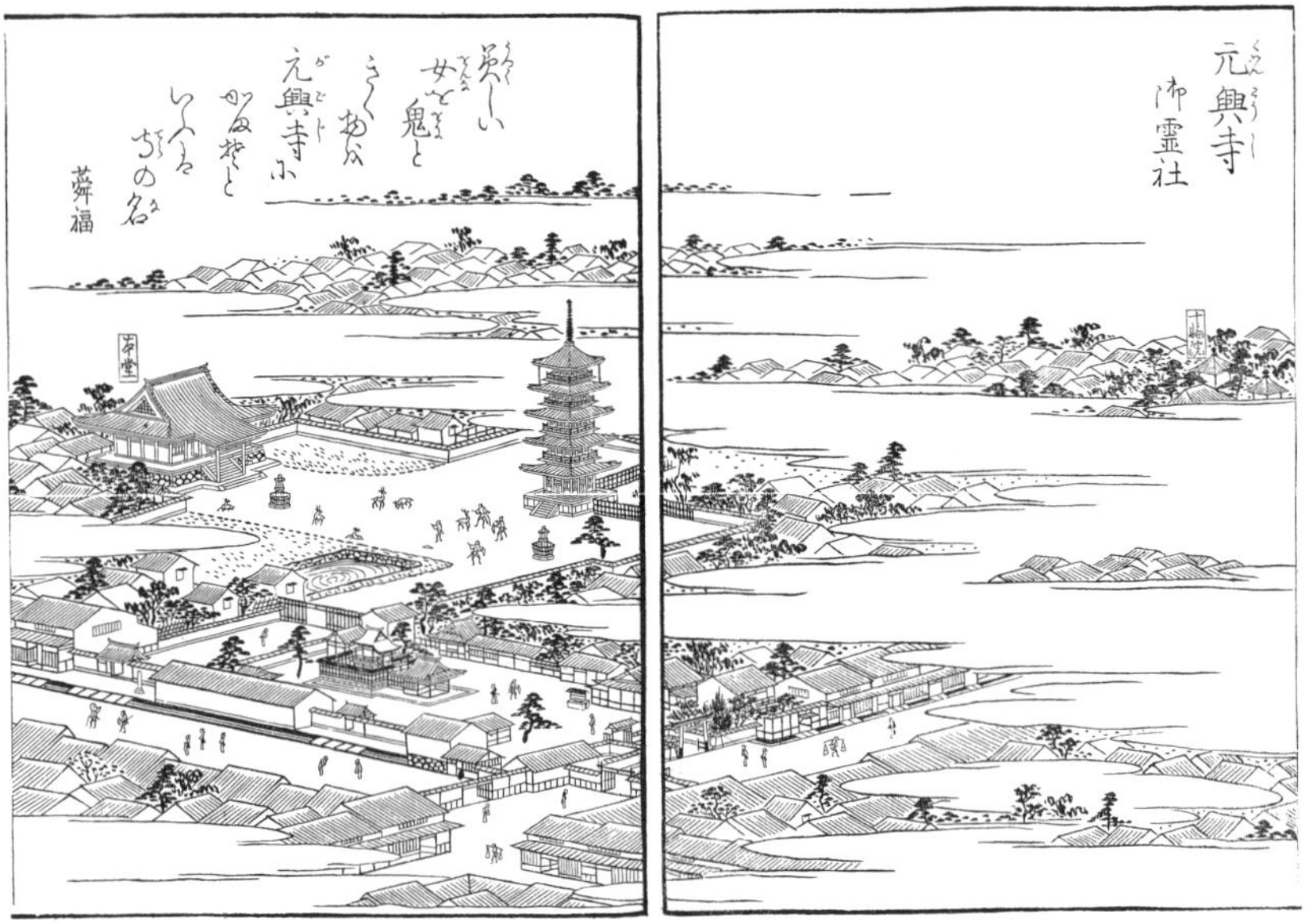

元興寺（巻之二）

15

不退寺

奈良市法蓮東垣内町にある不退寺は正式には金龍山不退転法輪寺と言う。『伊勢物語』の主人公在原業平《ありはらのなりひら》ゆかりの寺である。

この地は、大同四年（八〇九）平城上皇が平安京から平城旧京に戻り、「萱《かや》の御所」と称したのが始まりとする。その後皇子の阿保《あぼ》親王、その子の在原業平と引き継がれ、業平が父の菩提を弔うため承和十四年（八四七）に自ら聖観音像（重要文化財）を刻み、安置して寺としたと伝えられる。

平城京旧跡から西大寺に向う古道沿いに木々に囲まれてひっそりとたたずんでいる。

本堂は、室町時代初期の様式で、重要文化財である。『大乗院寺社雑事記』寛正五年（一四六四）に、「今夜（四月二十三日）不退寺炎上了」とある。この後再建した本堂が現在のものだと思われる。

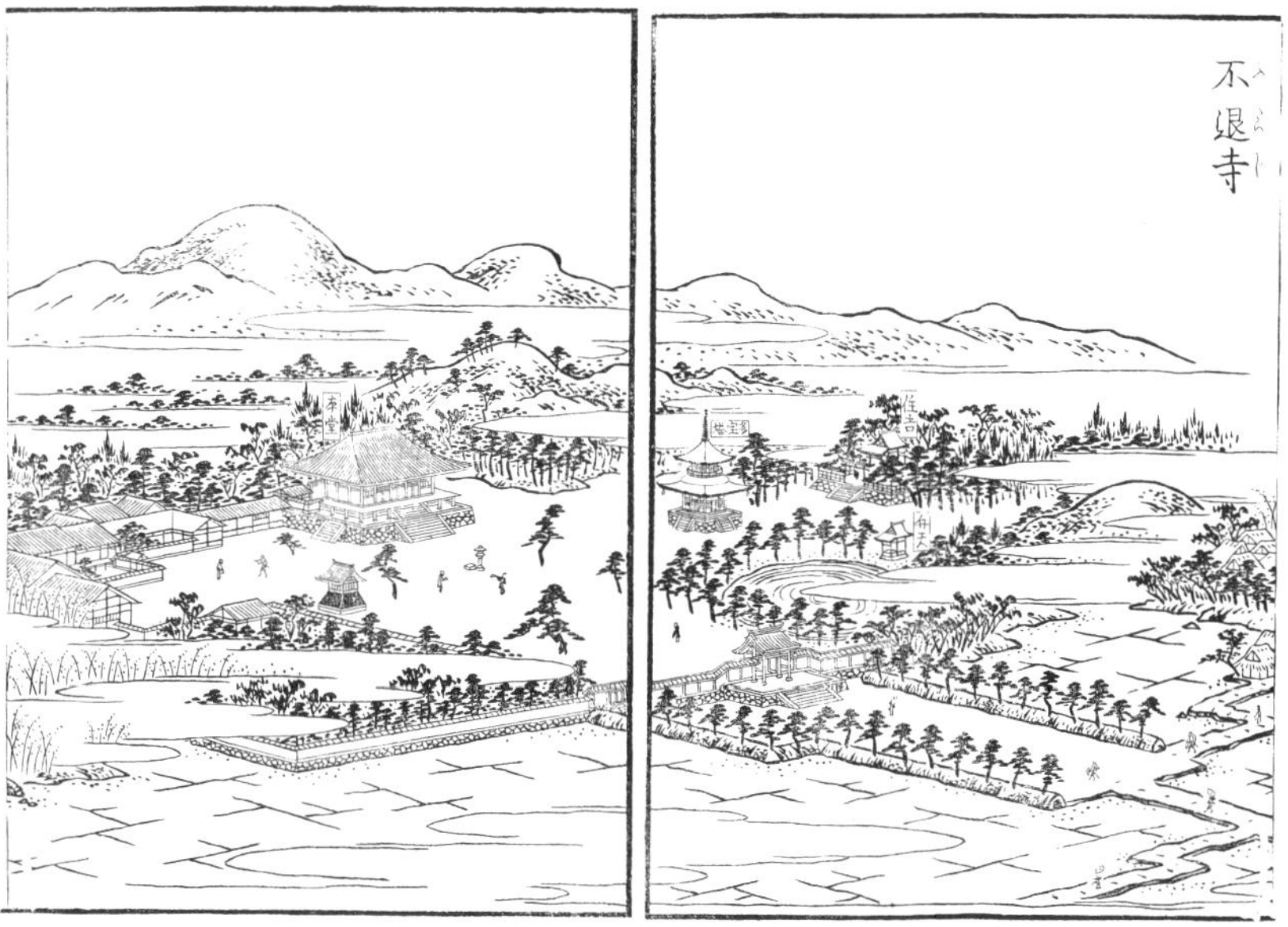

不退寺（巻之二）

16 法華寺

奈良市法華寺町の光明宗法華寺《ほっけじ》は大和の三門跡《もんぜき》寺院の一つ（他は中宮寺と円照寺）。藤原不比等《ふひと》の娘光明皇后が、天平十七年（七四五）五月に不比等の旧宅を宮寺としたのに始まる。やがて大和国の国分尼寺として位置付けられた。本尊は国宝の十一面観音像。

法華寺として『大和名所図会』は、次のように書いている。

法華寺村にあり、律宗《りつしゅう》にして尼《あま》の国分寺《こくぶんじ》と申也、往昔淡海公《そのかみたんかいこう》（藤原不比等）**の旧宅《きゅうたく》たりしを光明皇后此寺を草創し給ふ、又の説ハ栄花物語《えいがものがたり》うたかひの巻に左大臣正二位藤原朝臣道長《みちなが》公霊山浄土釈迦《しゃか》尊の前にむかひて申給ふ詞に淡海公興福寺法華寺を建立と見へたり、抑其もとを尋れハ聖武帝東大寺御造営《ぞうえい》まし〱て内陣に女身を詣《もうで》させ給ハざりしかバ后《きさき》も亦此寺を建立し給ひて男を詣させ給ふ事なしといふ、今公卿の尼公御住職し給ふ**

（略）

『大和名所図会』には、「律宗にして尼の国分寺」と記しているが、聖武天皇の命で全国に建立された「国分尼寺」の一つである。

治承四年（一一八〇）平重衡による南都焼き討ちの折、法華寺も被害に遭い、それ以降荒廃していた。

『奈良県の地名』（平凡社）によると、法華寺の復興に最初に手を差し伸べたのは東大寺の再建を為した重源《ちょうげん》で、法華寺の堂一宇・塔二基を修理した。その後、西大寺の僧叡尊《えいそん》が復興に力を尽した。叡尊はたびたび法華寺へ参向し、尼僧たちに授戒を行ない、真言律宗の戒律をひろめた。近世初頭には、豊臣秀頼の母淀殿の発願によって、奉行片桐且元《かたぎりかつもと》のもと、本堂・南門・鐘楼の建立などの再興が行なわれたという。

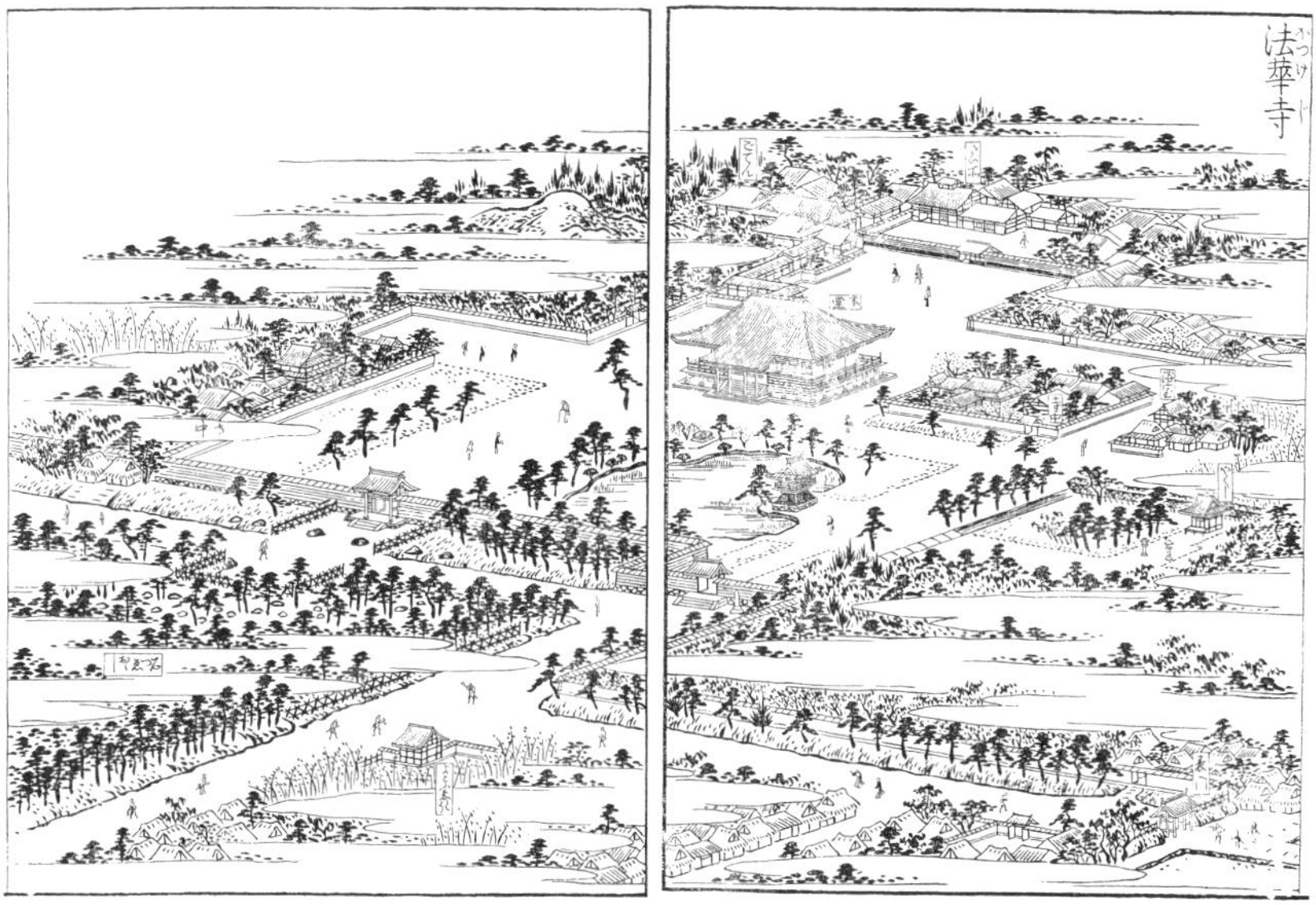

法華寺（巻之二）

17

海龍王寺

海龍王寺《かいりゅうおうじ》は、奈良市法華寺町の法華寺東北に隣接する真言律宗の寺院である。本尊は十一面観音菩薩立像（重要文化財）。天平三年（七三一）光明皇后の本願により建立されたと伝える。

平安時代には、興福寺の僧が別当に任じられている。鎌倉時代には叡尊《えいそん》が、この寺に止宿したり、授戒を行なったりしたという。

『大和名所図会』は海龍王寺について次のように書く。

法華寺の東北の方也、律宗天平《てんぴょう》三年光明皇后の建立、又曰玄昉僧正の草創《そうそう》ともいふ、弘法大師も此所ニ止住《しじゅう》し給ふ、

法華寺の東北に、光明皇后が建立、玄昉《げんぼう》僧正が草創したとも、弘法大師（空海）が住んでいたとも伝えている。

挿絵左、本堂を挟んで両側に西金堂、東金堂が見える。現在は西金堂のみ残るが、その内に国宝の五重小塔が収められている。

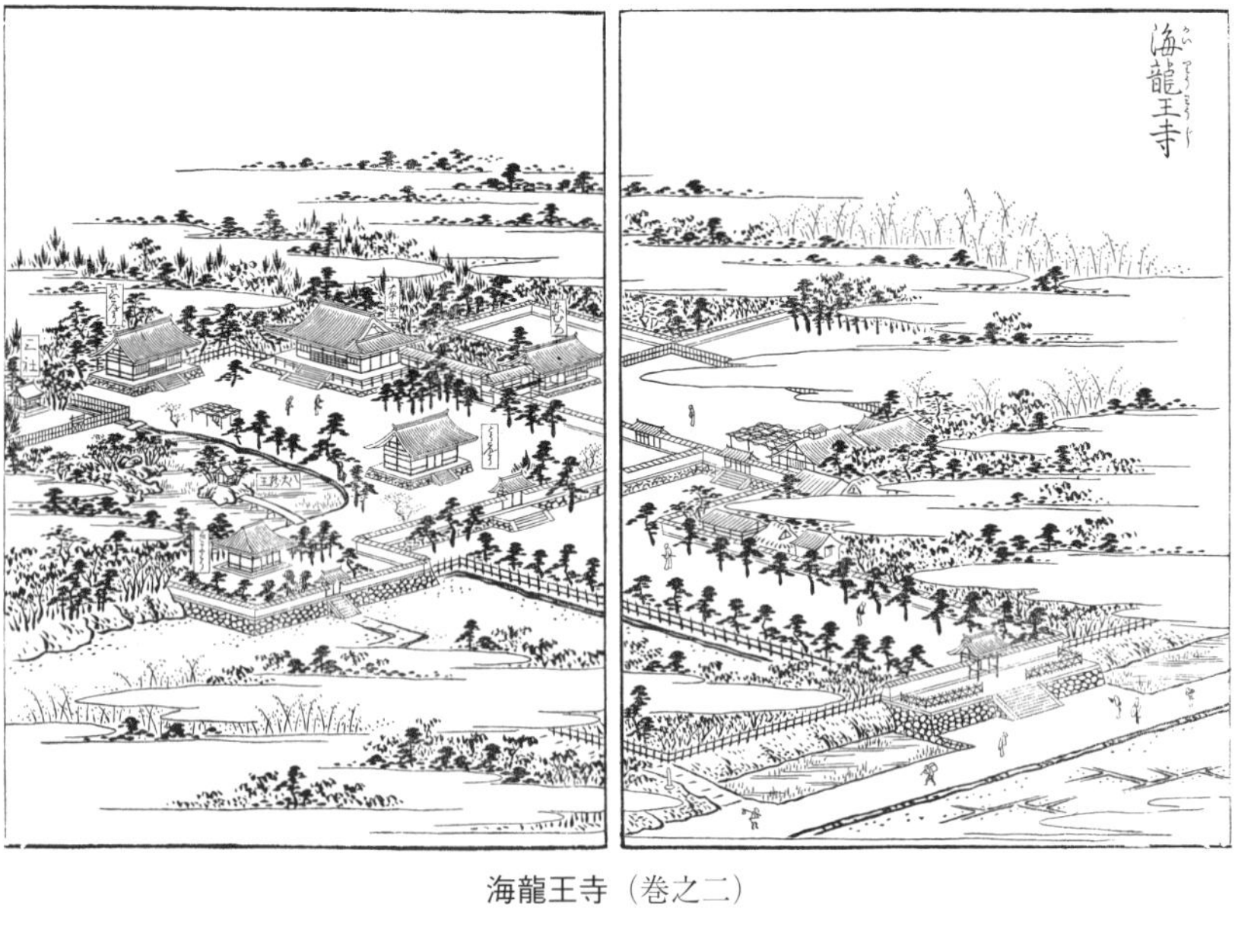

海龍王寺（巻之二）

18 円成寺

円成寺《えんじょうじ》は奈良市忍辱山《にんにくせん》町に所在する、真言宗御室派の寺院である。草創は、天平年間に鑑真《がんじん》の弟子虚瀧《ころう》が建立したと伝えられている。しかし境内に奈良時代の遺物や遺跡がないことから、万寿三年（一〇二六）命禅が十一面観音を祀る堂を建立したことに始まるのではないかと考えられている。

室町時代の『大乗院寺社雑事記』文正元年（一四六六）閏二月十日条に、「夜前忍辱山本堂塔以下悉皆炎上、於本尊奉取出了」とあることにより、この年焼失したことが知れる。その後再建され、『大和名所図会』に「**正堂、護摩堂、多宝塔、昭堂、宝蔵、俗室等あり**（略）**僧院二十四宇、幽邃閑寂《ゆうすいかんじゃく》の地なり**」とあるように、江戸時代には一大霊場として栄えた。

焼失を免れた春日堂と白山堂は国宝、本尊の阿弥陀如来坐像は重要文化財である。

忍辱山円成寺（巻之二）

19 崇道天皇陵と八嶋寺

光仁天皇の皇子早良《さわら》親王（崇道天皇）の陵とされる崇道《すどう》天皇陵は奈良市八島町から藤原町へ通ずる道の南に位置する。

崇道天皇陵として『大和名所図会』には、次のように記している。

古市村にあり、此天皇ハ桓武帝の皇弟にして早良《そうら》親王とぞ申奉りき、春宮《とうぐう》に立せ給ひしがよしなき御業《わざ》侍りて遂に淡路国にながされ配所にてかくれさせ給ふ、御憤《いきどおり》ふかきによりて疫病流行《はやり》て世の人多く死せり、帝驚き給ひて勅使を淡路国へ遣し親王の骨《こつ》をむかへとりて大和国此陵に収められきと水鏡に見へたり、これを八嶋の陵といふ、

『延喜式』の「八嶋陵」には「崇道天皇、在大和国添上郡、兆域東西五町、南北四町、守戸二烟」とある。

崇道天皇陵

❖早良親王

長岡京造営事業の中心であった藤原種継《たねつぐ》が、延暦四年（七八五）九月、暗殺された。犯人として大伴継人らが捕えられ、糺問の結果事件直前に死去した大伴家持が中心犯で早良《さわら》親王も承知していたことがわかった。そのため死者にむちうって家持の官位剥奪、天応元年（七八一）に皇太子となっていた早良親王は皇位剥奪、乙訓寺に幽閉された。抗議した親王は十日以上も絶食、淡路に流される途中で衰弱死し、遺体は淡路に埋葬された。

この事件の結果、桓武天皇の子安殿《あて》親王（後の平城天皇）が皇太子に立ったが、桓武天皇は早良親王の怨霊に苦しめられた。そのため早良親王の遺骸は淡路島の御陵から掘り出され、平城京の郊外に改めて御陵が造られた。これが崇道天皇陵であり、早良親王は延暦十九年（八〇〇）崇道天皇として追号され、御陵は崇道天皇陵と呼ばれることになった。

❖八嶋寺

早良親王（崇道天皇）の霊を慰めるために建立された寺。早良親王の陵は八嶋陵（崇道天皇陵のこと）と呼ばれ、その傍らに八嶋寺が建立された。当初寺は現在の陵の北にあったと思われる。

『奈良県の地名』（平凡社、一九八一年）では、次のように紹介している。

「元亨釈書」には同二五年条に「山階地建八嶋寺、勅天下、分州租入別倉、運納八嶋寺」と記し、延暦二五年創建説をとるが、『帝王編年記』には、これより以前の同一九年七月、淡路にある早良親王の墓に勅使を派遣して参拝せしめ、親王の骨を分け、「大和国八嶋寺」に奉納せしめたと記している。（略）

「東市村誌」に「八島寺廃趾（中略）村ノ南方崇道天皇御陵ノ西ニ在リ、東西十三間南北二十二間五尺余ナリ、明治八年廃寺トナル」とある。

『大和名所図会』は八嶋寺について次のように記す。

今さたかならず、延暦《えんりやく》五年に造営ありて勅をくたし給ひ、国々の稲を別ち此寺におさめて崇道天皇にはつ穂ものを捧け給ふよし釈書に見へたり

延暦五年に造営された寺院で、崇道天皇陵近くに存在して、初穂物を捧げていたと推定されるが、江戸時代にすでに「今さだかならず」とあり、所在地さえ不明となっていた。

20 帯解寺と虚空蔵寺

◎帯解寺

安産祈願で名高い帯解寺《おびとけでら》は、奈良市今市町の上街道に面して存在する。奈良町を通り抜けて、上街道を天理市の方向へ進み、古い宿場の面影を残す集落を通り抜けると、『大和名所図会』に描かれる帯解寺門前に辿り着く。三百年前の景観とさほど変化はない。それが奈良から天理への伊勢街道の魅力でもある。

文徳天皇の后染殿の安産にちなみ、建立されたと伝えていて、今なお安産祈願の人々が絶えない古刹である。

『奈良県の地名』（平凡社）によれば、永禄十年（一五六七）松永久秀の兵火にかかり堂宇を焼失したが、寛永年間（一六二四～四四）に再建されたとのことである。

本尊の地蔵菩薩像は鎌倉後期の作で重要文化財。

『大和名所図会』は次のように記す。

帯解《おびときの》地蔵《ちぞう》 今市村にあり 俗に帯解寺といふ

本尊ハ地蔵菩薩春日の作也、むかし文徳帝《もんとくてい》の后《きさき》染殿《そめどのの》皇后御懐胎《かいたい》あつ

帯解寺

て三十三月御誕生ましまさず、去程に医陰《いいん》の両道に術をつくし天下の霊仏霊社に奉幣を立られ御禱《おんいのり》ありしか共其験《しるし》さらになし、寔に春日明神后の御夢に告させ給ふハ、和州添上郡に裙帯《くんたい》の形《かたち》を顕《あらわ》したる地蔵尊あり、是を念《ねん》せは其難《なん》を遁《のが》れて安からんと告させ給へり、やがて此よしを奏聞ありしかば、帝叡感《みかどえいかん》あつて急き勅使を立させ御祈誓ありしに程なく皇子御誕生ありし也、是則惟仁《これひと》親王と仰き奉り後に清和天皇と申奉る、それより伽藍を御建立ありて、平産御歓《おんよろこび》の寺なれバとて帯解寺《おびときてら》と号《ごう》を賜《たまわ》り詣人《けいじん》市をなしけるゆへに里を今市とぞ名づけける、

◎虚空蔵寺（弘仁寺）

崇道天皇陵から山道を越えて虚空蔵山に入ると山麓に弘仁寺《こうにんじ》（虚空蔵《こくうぞう》寺《じ》）が所在する。「高樋《たかひ》の虚空蔵《こくうぞう》さん」と通称される。高野山真言宗。本尊は虚空蔵菩薩。

山門をくぐりぬけると緑の木々に囲まれて堂舎が存在する。『大和名所図会』では、弘仁五年（八一四）嵯峨天皇勅願によって創建されたと伝えるが、弘法大師空海自ら虚空蔵の像を造り、小野篁が建立したという伝説も紹介している。元亀三年（一五七二）松永久秀の兵火により大部分の伽藍は焼失したという。寛永六年（一六二九）に宗全によって再建された。

挿絵には次の文が添えられている。

添上郡虚空蔵如意山弘仁寺　当山ハ嵯峨の天皇の勅願寺、日本三虚空蔵也、弘仁五甲午年造立

弘仁寺山門（ハイキング仲間と共に）

帯解寺（巻之二）

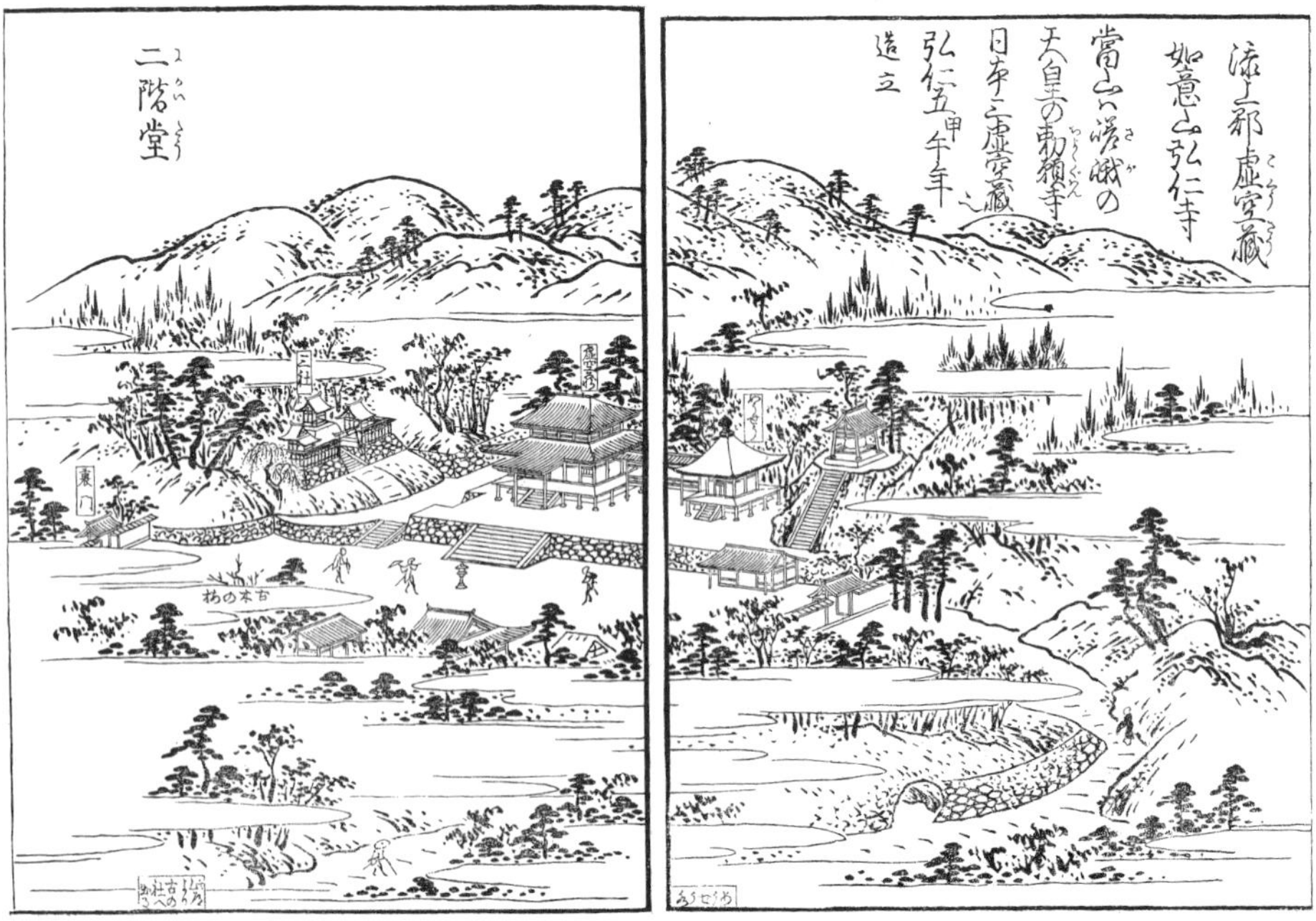

弘仁寺（巻之四）

21 菩提山正暦寺

佐保川上流菩提仙川上流域に菩提山正暦寺《ぼだいせんしょうりゃくじ》が存在する。真言宗大本山で竜華樹院と号す。

菩提山川に沿って上って行くと僧坊跡が点在し、『大和名所図会』に「**寺中四十二坊あり**」と書かれるように往時は大規模な寺院であったことがしのばれる。山上に本堂がある。寺号は、正暦三年（九九二）に建立されたことに由来する。『角川日本地名大辞典・奈良県』によれば、山号の菩提山は、奈良の東山一帯にインドの仏跡地にちなんで、鹿野苑・誓多林・大慈山・忍辱山・菩提山と名付けた内の一つ、とのことである。

菩提山正暦寺は中世には多くの子院を有し、菩提仙川の清流を使って銘酒「菩提仙酒」を産していた。「菩提仙酒」は、夏に強い酒として、奈良をはじめ京都内外でももてはやされ、京の幕府や朝廷に献じられたとのことである。

『大乗院寺社雑事記』によると、「菩提仙酒」は京都で人気を博し、その酒税分が興福寺に献上されている。

たとえば、明応七年（一四九八）七月十八日条に、

菩提山壺銭且九貫文到来し了んぬ

とあり、ほぼ毎年壺銭が献上されていた。

菩提山正暦寺本堂

菩提山（巻之二）

ツキへ
ツヽキ

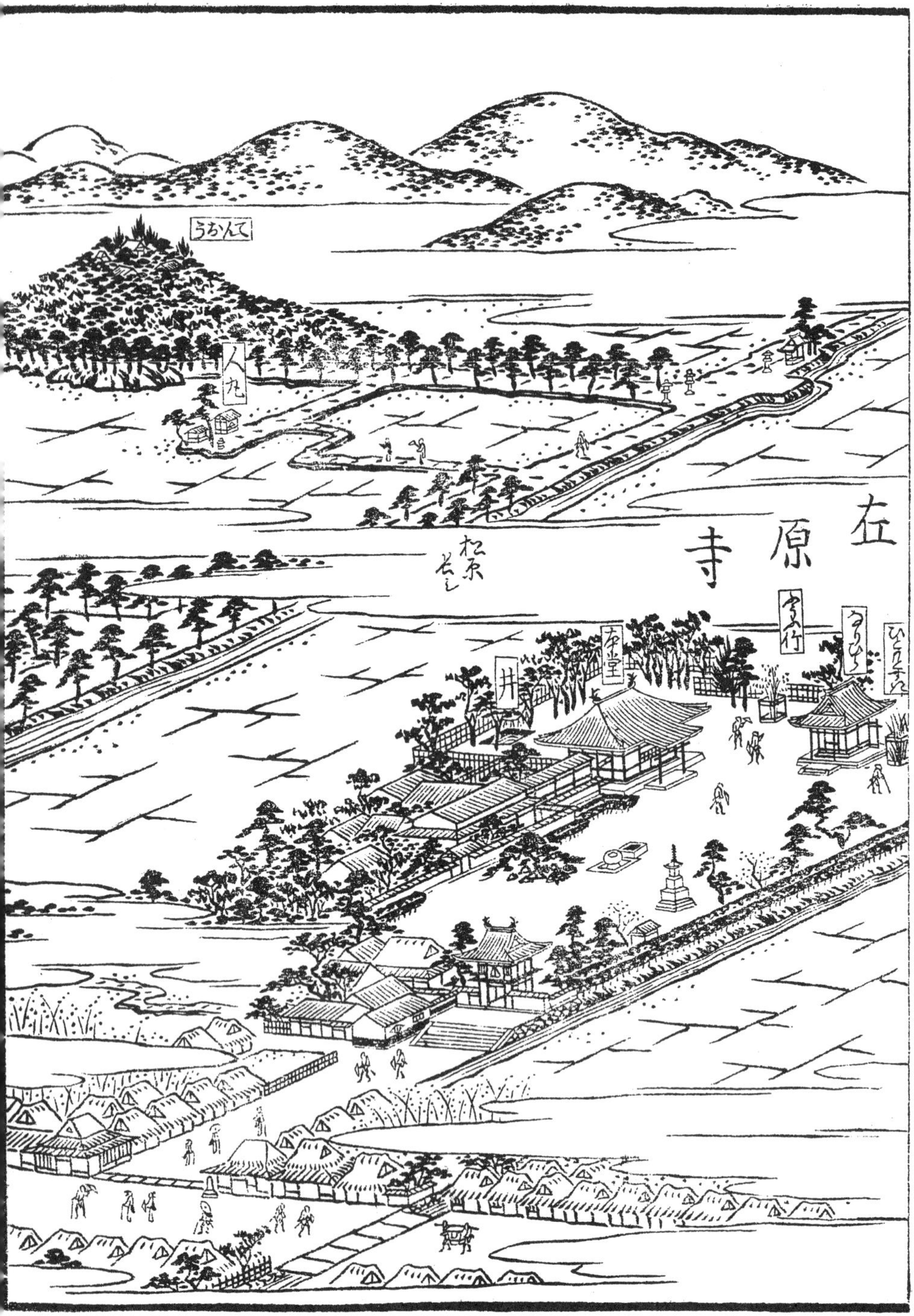

柿の本（巻之二）

柿《かき》の本
古社
堂

22 柿本寺

天理市櫟本《しいがもと》町の柿本寺《かきのもとでら》（しほんじとも読む）跡は、和爾下《わにした》神社（上治道社《かみはるみちしゃ》）境内に存在する。そこには人麻呂塚（歌塚）があり、かつては人麻呂信仰とともに多くの人が訪れた。年次は定かでないが寂蓮《じゃくれん》法師が当地を訪れたとも伝える。『大和名所図会』では、

吉野詣日記云消遥院西三条右大臣実隆公天文二十二年二月二十六日紹巴の案内にて此所にまうて給ひて

けふそ見る言葉は筆にかきの本もとより朽す残るすかたを

と、室町時代後期の公家三条西公条（西三条右大臣実隆公は三条西公条の誤り）がこの地を訪れたと紹介している。

『吉野詣記』（続群書類従完成会、以下同じ）を見ると、天文二十二年二月に、

廿六日は、在原寺、柿本寺人丸塚と号す、木像の人丸おはしけり、

けふぞみることばは筆に柿の本もとより朽ちず残る姿を

とあり、人丸塚とも称し人丸（人麻呂）の像があると記している。

『大和名所図会』は柿本寺跡に近接して在原寺（項目41参照）を描いている。

❖柿本人麻呂（生没年不詳）

『万葉集』を代表する歌人で、『万葉集』には、人麻呂作とされたものは、或本の歌を含め長歌十八首、短歌六十六首が掲載されている。『柿本朝臣人麿歌集』には、長歌・施頭歌・短歌合計三百六十五首が収められている（『國史大辞典』による）。生地は大和・近江・石見など諸説があり、墓所も大和・石見両説がある（項目62のコラム参照）。

23

西大寺

西大寺は、近鉄大和西大寺駅前に所在する真言律宗総本山の古刹である。南都七大寺（大安寺、薬師寺、興福寺、元興寺、東大寺、西大寺、法隆寺を指す）の一つに数えられる。平城京の東外に東大寺、西（右京）の北方に西大寺が位置した。

天平宝字八年（七六四）九月の恵美押勝《えみのおしかつ》（藤原仲麻呂）の乱の翌年、称徳天皇が国家の安定を祈って四天王像を祀り、創建した。鎌倉時代は真言律宗の中心寺院となり、叡尊《えいそん》・忍性《にんしょう》らの律僧が出て、社会事業に貢献した。室町時代に堂宇は火災で焼失し、江戸時代に再建されたものが今に至る。

挿絵には『夫木《ふぼく》和歌抄』より次の和歌が添えられている。

夫木
さりともと西の大寺頼む哉
そなたの願ひともしからしを
殷富門院

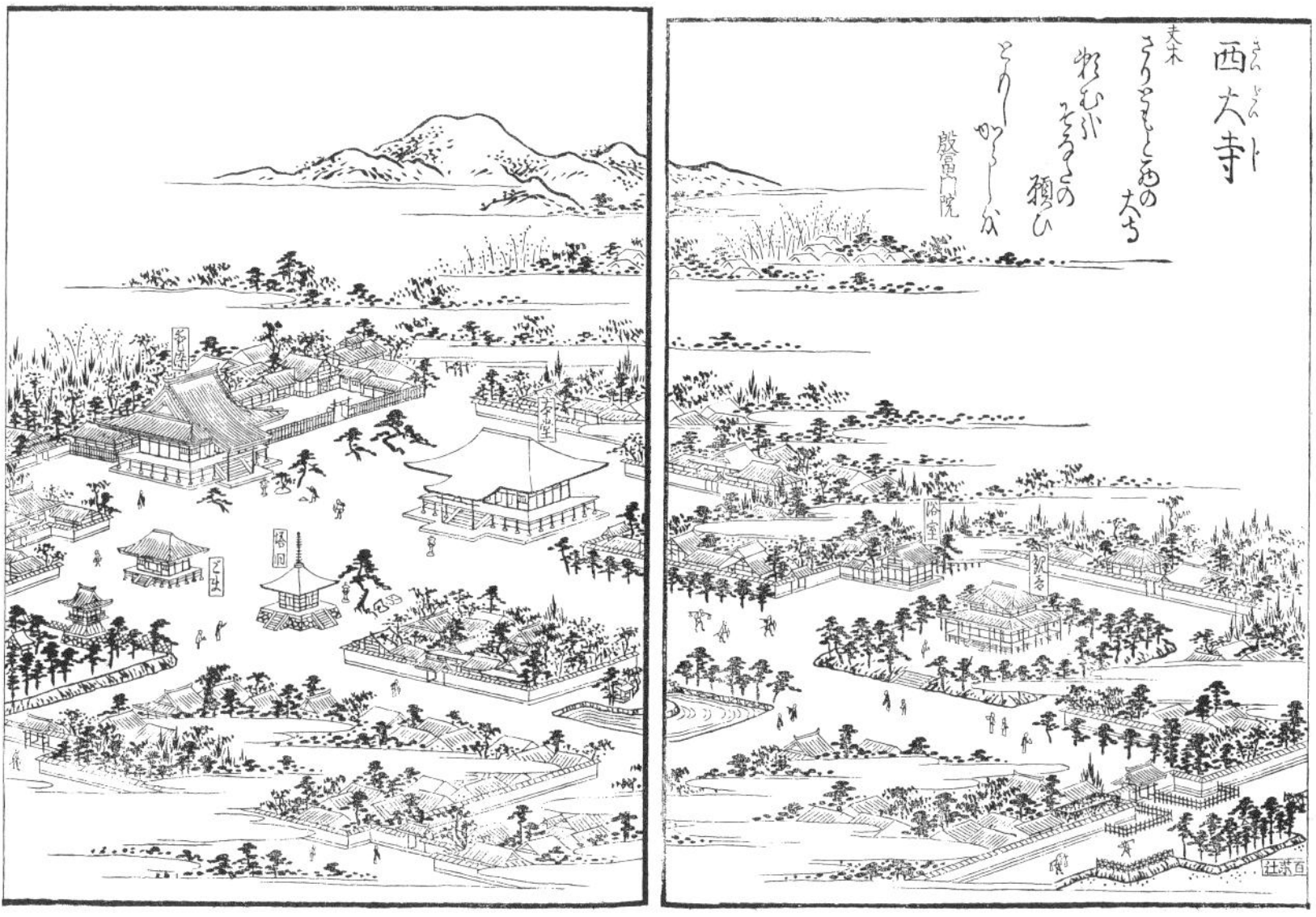

西大寺（巻之三）

24 神功皇后陵（狭城盾列池上陵）

奈良市山陵町にある前方後円墳。神功皇后は、仲哀天皇皇后で古墳時代の人物である。狭城盾列池上陵《さきのたたなみのいけのうえのみささぎ》が神功皇后陵として治定されたのは、文久三年（一八六三）で、人物像・御陵ともに謎多き皇后である。『日本書紀』（国史大系）に、「六十九年の夏四月の辛酉の朔丁丑に、皇太后、稚桜宮に崩りましぬ、（略）狭城盾列陵に葬りまつる」とあって、この御陵に治定されたのであろう。

神功皇后山陵として『大和名所図会』に次のようにある。

神功皇后《じんぐこうごう》山陵《みささぎ》　歌姫《うたひめ》より坤《ひつじさる》　五町　計《ばかり》にあり、土人御陵山《みささぎやま》と称し又大宮ともいふ、蒼山蓊鬱《おううつ》として老松生茂れり、陵図考曰高サ二十五間根廻リ八十六間隍《（ほり）》あり北の方より登る道あり、日本紀曰気長足姫尊《いきながたらひめのみこと》といふ稚桜《わかさくら》宮《のみや》にて崩《ほう》す時に一百歳狭城盾列《さいきたてなみのみささぎ》　陵に葬す、皇太后《こうたいぐう》と追尊《ついそん》す、

❖神功皇后

神功皇后は、新羅征討伝説などで有名な人物である。名は気長足姫《おきながたらしひめ》といい、仲哀天皇の后である。父は開化天皇の曾孫の気長宿祢《おきながのすくね》王、母は天日槍《あめのひぼこ》の子孫葛城高顙媛《かつらぎのたかぬかひめ》という。仲哀天皇と神功皇后の間に生まれた子が、誉田別《ほんだわけ》皇子、のちの応神天皇である。応神天皇は河内国に誉田《こんだ》八幡として祀られ、付近には応神天皇御陵も存在する。

25 秋篠寺

秋篠の里は、奈良市中の喧噪を逃れて農村を思わせる風情のある地である。『大和名所図会』の挿絵には、農家の軒先できぬたを打つ女性たちの姿が描かれ、次の和歌、句が添えられている。

「秋篠の里」は砧の音や霧の風情が詠まれる歌枕。その情景が描かれたのが、この挿絵である。

壬二

長き夜のいこまおろしや寒からん秋篠の里に衣うつ也

秋篠や庄屋さへなき村しぐれ　凡兆

秋篠の里の中心は、緑の木々が繁る秋篠寺である。本尊は薬師三尊坐像（重要文化財）で、境内には、本堂・開山堂・大元堂・香水閣などが存在する。

『大和名所図会』の本文には、本尊薬師如来は行基の作であることや開山は善珠僧正などと書かれている。本堂は国宝。

秋篠里（巻之三）

26 菅原天神社と菅原寺

◈菅原天神社（菅原天満宮）

奈良市菅原町の菅原天満宮は、『大和名所図会』に、菅原寺（喜光寺）と並んで描かれる。野見宿禰《のみのすくね》が殉死にかわって埴輪を埋めることを進言、その功績により、土師臣の姓を賜り土師《はじ》氏の祖となったと伝えられ、この辺は、喪葬や土器製作に従事した古代豪族土師氏の本拠地であった。土師氏は居地にちなんで菅原氏や秋篠氏に改姓して行った。祭神は「天穂日命・野見宿禰命・菅原道真公」であり、いつの頃からか菅原道真の居所といわれるようになり、付近には菅公産湯の池といわれる所もある。

◈菅原寺（喜光寺）

菅原寺（喜光寺）は、菅原天満宮の西南に所在する。初めてこの寺の本堂を見た人は、小型の東大寺大仏殿を思わせる建築様式に驚くであろう。本堂（金堂）は室町時代初期のものであるが、その様式が東大寺大仏殿に似ており、大仏殿雛形十分の一の堂という伝説も生まれた。養老五年（七二一）行基《ぎょうき》の開基と伝える。行基は晩年この寺で病にかかり、『大和名所図会』には天平二十一年（七四九）二月二日、東南院で入寂、八十二歳であったと書かれる。聖武天皇行幸の折、本尊より光明が放たれたので喜光寺の勅号を得たとの伝承も紹介している。本尊は阿弥陀如来坐像（重要文化財）。挿絵には『続千載和歌集』巻三・夏の歌「**子規しはしやすらへ菅原やふしみの里のむら雨の空**　**定家**」が添えられ、菅原天神社と菅原寺が描かれている。

菅原天神社・菅原寺（巻之三）

27

唐招提寺と鑑真和尚

『大和名所図会』に、嵐の中を行く大船の船首で一人の僧が祈りをささげている挿絵がある。文は、

鑑真《がんじん》和尚遣唐使《けんとうし》同船《どうせん》にて来朝《らいちょう》し給ふ時、龍神仏舎利を望しかば、即《すなわち》与《あた》へ風波《ふうは》を鎮《しず》め給ふ

とあり、鑑真和尚来朝の姿を描いていることがわかる。すなわち荒波に龍神を見た鑑真は、龍神に仏舎利を与え、海を鎮め無事渡海することができたという伝説を描いている。

唐僧鑑真《がんじん》は荒海の航海に船が難破、六度目の航海にて来朝したという。

❖唐招提寺

唐招《とうしょう》提寺《だいじ》は奈良市五条町にある律宗総本山。鑑真の開創。本尊は国家鎮護の「盧舎那仏坐像」で、国宝である。「盧舎那仏」と言えば、東大寺大仏も「盧舎

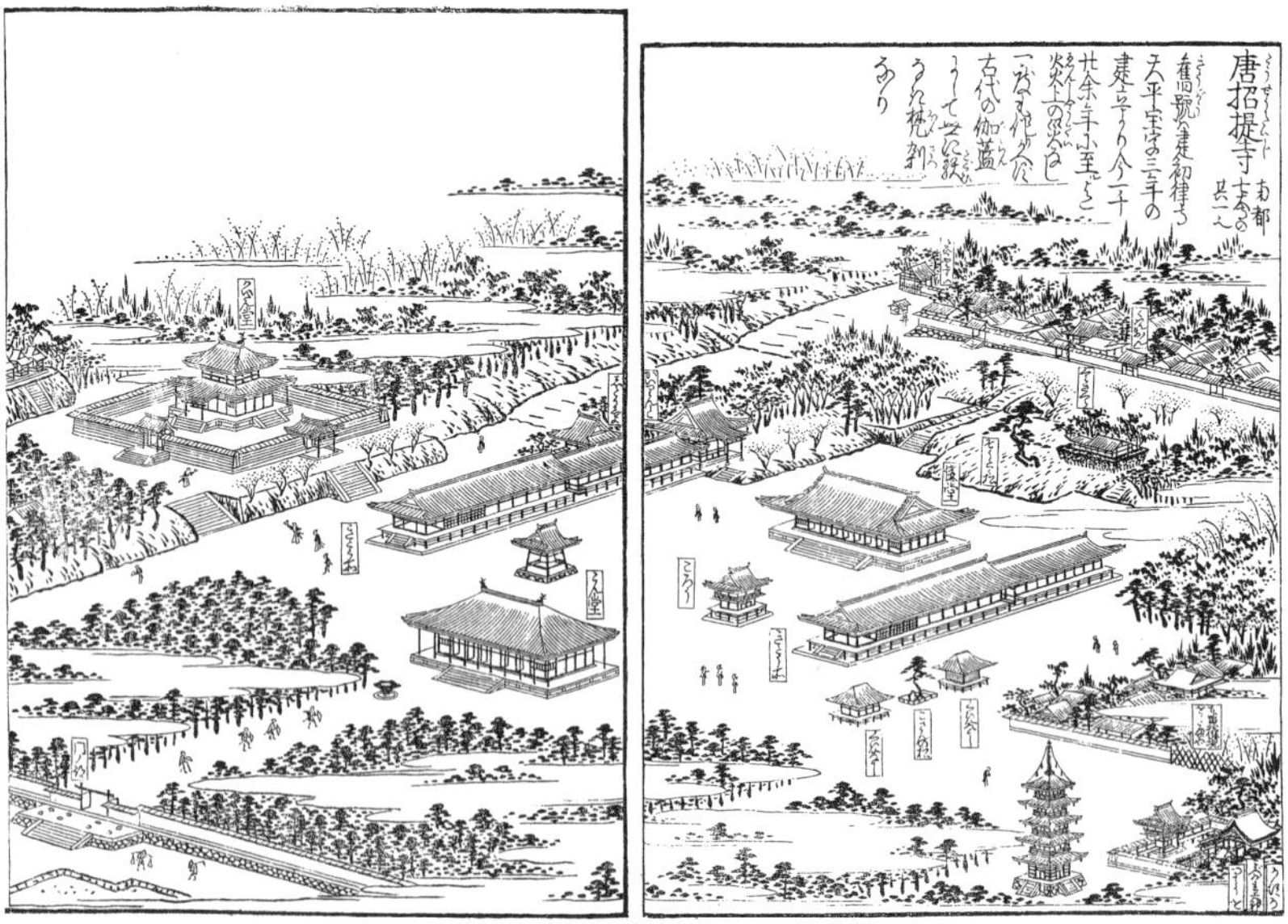

唐招提寺（巻之三）

那大仏」であり、聖武天皇を中心とする奈良朝の政権が求めていた国家の安定を祈願する仏像であることが共通する。天平宝字三年（七五九）建立と伝えられる。

挿絵には寺の由緒が添えられている。

唐招提寺《とうしょうだいじ》　南都七大寺の其一也

旧号ハ建初律寺天平宝字三年の建立より今一千二十余年に至ルまて炎上《えんじょう》の災《わざわい》なし、一度も作りかへず、古代の伽《が》藍《らん》にして世に類《たぐい》なき梵刹《ぼんさつ》なり

❖鑑真《がんじん》和尚（鑑真和上）

『大和名所図会』は、「開山鑑真和尚」について、次のように書いている。

唐《とう》の揚州《ようしゅう》龍興寺《りゅうこうじ》の知識《ちしき》也、唐朝玄宗《げんそう》帝の代天宝二年に我朝より入唐の僧栄叡にすゝめられ日本へ渡海せしが、風波あら〳〵しくて唐土へかへりぬ（略）去程に勝宝四年遣唐使大伴宿祢古麿《ふるまろ》が船にのりて来朝し、東大寺に至りぬ、将来の仏舎利三千粒阿育王塔様銅《あいくおうとうようどう》支提《したい》止観《しかん》玄義《げんぎ》文句菩提子《ぼだいし》三斗晋王右軍《しんおうゆうぐん》の書一巻聖武天皇に奉らる、其後勅によりて東大寺戒壇院《かいだんいん》を建、又招提寺建らる、大僧都に任し僧正に任す、大僧正ハ後に謚られき、天平宝字七年五月六日に遷化《せんげ》し給ふ、年七十七、

すなわち鑑真は唐の揚州龍興寺の知識人で、日本から唐に留学していた栄叡《ようえい》（と普照《ふしょう》）に進められ、天平勝宝四年（七五二）遣唐大使大伴古麿の船に乗ってついに来朝したという。唐より持参の仏舎利や仏典を聖武天皇に献上、その後天皇の命によって、東大寺戒壇院、唐招提寺を建立したとある。

当時の日本には、授戒のできる資格のある高僧がなく、鑑真が大きな役割を果たした。聖武天皇・光明皇后はじめ多くの人々が戒を受けたが、天平宝字七年（七六三）七十七歳（満七十六歳）で遷化したと伝える。

鑑真和尚
遣唐使
同船して本朝へ
來朝し
給ふ時
船中
佛舎利分
身のちぎりを
尋ね興し風波を
鎭められし

鑑真和尚（巻之三）

28

筒井氏と筒井城跡

『大和名所図会』に、

筒井

筒井順慶つねに愛して茶湯に用ひられしとぞ

松風に蘆のかたよるしみづ哉　一道

と書いた絵がある。おそらく順慶の姿を描いたのであろう。

筒井順慶は、大和郡山城主となった室町時代から桃山時代に活躍した武将である。茶人として有名で、筒井にちなみ順慶が所持した大名物の井戸茶碗は筒井筒の名がつけられた。豊臣秀吉の茶会でこの筒井筒が割れるという事件がおこったが、細川幽斎が『伊勢物語』第二十三段「筒井《つつゐ》つの……」の古歌にかけてとりなし秀吉の怒りを鎮めたという故事が伝わる。『大和名所図会』の挿絵には筒井といわれた井戸の清水で順慶が茶をたしなんだ様子が描かれる。

筒井順慶は、大和の国人筒井順昭の子として、天文十

筒井（巻之三）

八年（一五四九）筒井に生まれた。順昭の屋敷は近鉄筒井駅前の筒井城跡にあったと考えられる。父順昭は、興福寺官符衆徒（本来は官符によって任命された衆徒で僧兵の棟梁）として活躍、ほぼ大和国を制圧した。順慶が二歳にして家督を継いだのは、父順昭が急逝したためであった。やがて、大和守護代として一国支配を進めたが永禄二年（一五五九）信貴山に居た松永久秀の乱入によって筒井を追われる。しかし、元亀二年（一五七一）松永久秀が織田信長に反した時、明智光秀配下として討伐に参戦、筒井城を奪還した。筒井城は方形館の平城で小規模であったため、天正八年（一五八〇）頃からは大和郡山城に居城を移している。天正十年（一五八二）本能寺の変に際しては恩人明智光秀に組するか、羽柴秀吉に通じるか、一考を要したが、郡山城で大和国を監視し、秀吉に重用された。

天正十二年（一五八四）尾張出陣中に発病して帰陣し八月十一日、三十六歳の若さで病没した。

❖筒井城跡

大和国内の国人らの居館は、それぞれの村内に居館を中心に「豪族屋敷村」を形成する。筒井氏の居館も、当初はそのようなものであったと考えられ、近鉄筒井駅のすぐ東側で「筒井城跡」の発掘調査が進められて来た。

菅田比売神社を中心に、旧筒井町集落ほぼ全域におよぶ範囲が城跡と推定される。

字名《あざめい》に小字「シロ」、「ドイ」、「ヤシキ」、「堀田」などが残ってもいる。

筒井氏は、至徳元年（一三八四）頃から、大和国人としての名が見られ、室町初期の順覚、室町後期の順興、安土桃山時代の順慶が有名である。しか

筒井城跡

し、天正八年（一五八〇）織田信長の平定によって破城された。

筒井城の城郭跡は、畠地となっており、土地の人々は時代を超えてこの地を守り、住宅地として利用することがなかった。付近には寺社が残り、城郭をとり囲んだ土塁や堀跡が一部残っている。

❖大和郡山城

大和郡山城は、近世大和を代表する城郭である。築城は、天正年間（一五七三～九二）に筒井順慶が筒井城から移住したことに始まる。順慶の死後、豊臣秀長が、大和一国を与えられると、この大和郡山城を居城とした。秀長の時代に主要部ができ、増田長盛の時代に完成した。

町づくりも、筒井順慶の時代に始まり、筒井城下の商家を当地に移転させたといわれる。『奈良県の地名』（平凡社）によると、筒井順慶の城下に、本町、魚塩町が生まれ、豊臣秀長の時代には、それに加えて、堺町・柳町・今井町・綿町・藺町《いのまち》・奈良町・雑穀町・茶町・材木町・紺屋町・豆腐町・鍛冶町ができたという。

近世城郭は、城下町に商工業者を移住させその振興策をとるが、城主豊臣秀長以降の大和郡山も、近世城下町として発展したことがわかる。大和郡山市には、城下町の区画が残っており、旧家や老舗の菓子屋をはじめ、染物屋、仏壇・仏具屋など長い歴史をもつ店舗が並び、遠く安土桃山時代をしのぶことができる。平成二十六年（二〇一四）秀長時代の天守閣跡が発見された。城郭には、近代以降郡山高等学校などが建てられ、春の大和郡山城は桜の名所ともなっている。

大和郡山城

29 矢田寺（金剛山寺）

矢田丘陵の東に位置する矢田寺《やたでら》（金剛山寺《こんごうせんじ》）は、厄除の寺として、またあじさいの寺として名高い。

天武天皇の本願をうけた智通《ちつう》の建立。もとは十一面観音を本尊としたが、平安以降、地蔵菩薩立像（重要文化財）を本尊として、「矢田地蔵」の名で老若男女に親しまれている。

矢田丘陵が緑につつまれる初夏には、境内のあじさいの花が咲き乱れ、多くの参詣者であふれる。

矢田寺（金剛山寺）

矢田地蔵金剛山寺（巻之三）

30 松尾寺

厄除開運の寺として名高い松尾寺《まつおでら》は、大和郡山市山田町にある。本尊は千手千眼観音立像。松尾山の中腹にあり、眼下に大和盆地が見おろせる。矢田寺より山道を歩き、松尾山に到着して眼下の景色を眺めると、爽快な気分になる。

天武天皇の皇子舎人《とねり》親王の勅願寺として草創されたと伝えられ、修験道の先達を勤めた山岳寺院でもあった。

『大和名所図会』の本文は次のように記す。

補陀洛山《ふだらくせん》西松尾寺 矢田の南にあり、**天武帝の皇子《みこ》舎人親王の御願也、本尊十一面観世音《かんぜおん》ハ親王の作《さく》、大黒天《だいこくてん》ハ弘法《こうぼう》大師の作也、是ハ市守長者《いちもりちょうじゃ》の持《じ》仏とかや、舎人親王の石塔《せきとう》ハ本堂の後《うしろ》にあり、**（略）

『名所図会』によれば、本尊十一面観世音は舎人親王の作、大黒天は弘法大師の作と伝えている。

松尾寺（巻之三）

31 宝山寺

「生駒《いこま》の聖天《しょうてん》さん」と呼ばれる宝山寺は、生駒山を代表する寺院である。麓から石段の参詣道が続き、人々は、ケーブルができるまでは、この石段を汗をかきかき登ったものである。私も時にはケーブルに乗らずにこの石段を登るが、登るほどにかつてここが山岳修験の寺であったことを実感する。

般若窟は、巨石信仰の場としてかなり古くから尊崇されていた。七世紀頃、役行者《えんのぎょうじゃ》がここで修行し、梵文《ぼんぶん》般若経を岩窟に納めたため般若窟と呼ばれるようになったと伝える。本尊は不動明王像（重要文化財）で、もと都史陀山《としださん》大聖無動寺《だいしょうむどうじ》と称した。

宝山寺《ほうざんじ》と呼ばれるようになったのは、延宝六年（一六七八）宝山湛海《ほうざんたんかい》上人が寺を中興したためといわれる。近代は聖天（歓喜天）の信仰が厚くなり、「生駒の聖天さん」と親しまれるようになった。

『大和名所図会』の挿絵には「**般若窟宝山寺**《はんにやくつほうざんじ》」と書かれ、「**惣門より志紀（敷）石三十丁斗あり**」とあるが、今も石段を交えたその参道が残っている。ケーブルの宝山駅から寺までの参道には、みやげ物店が軒を並べている。

生駒の聖天さんは「商売繁盛」の御利益があるとされる。特に正月三カ日は「初聖天さん」といって京阪神からの参詣客が多いという。

聖天像は男女和合の大聖歓喜天で、インドの仏教守護神に由来する。その形象は象頭人身で双身をなし、男天と女天が相抱擁している。男天は魔王、女天は十一面観音の化身とされ、夫婦和合、子授け、福徳の神として信仰される。

般若窟寶山寺
はんにやくつほうさんじ

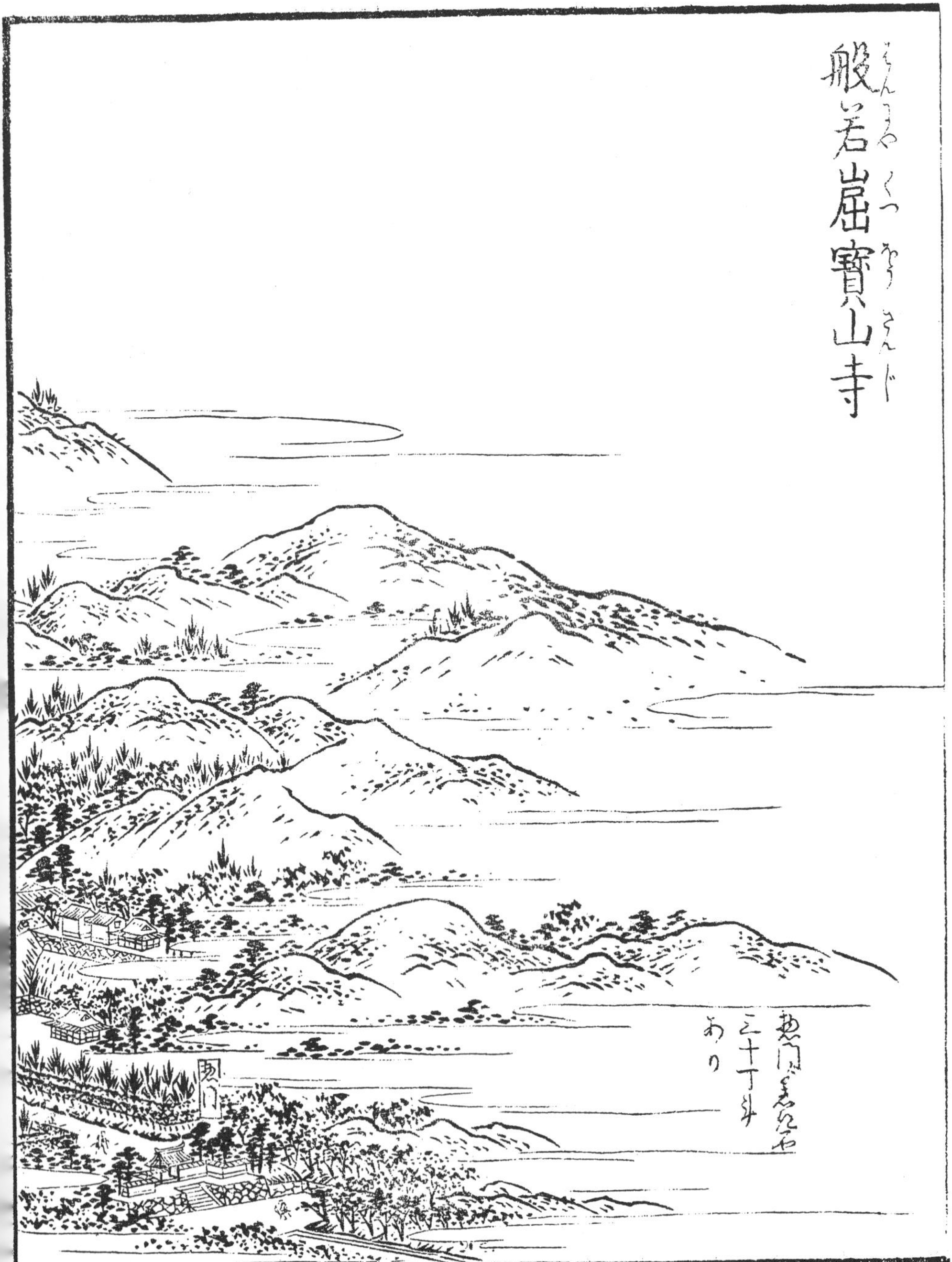

宝山寺（巻之三）

方丈

32 往馬神社（往馬大社）

往馬《いこま》大社は正式には往馬坐《いこまにいます》伊古麻都比古《いこまつひこ》神社という。生駒市壱分町にある。祭神は伊古麻都比古神《いこまつひこのかみ》・伊古麻都《いこまつ》比売神《ひめのかみ》・気長足比売尊《おきながたらしひめのみこと》（神功皇后）・足仲津比古尊《たらしなかつひこのみこと》（仲哀天皇）・誉田別尊《ほんだわけのみこと》（応神天皇）・葛城高額姫命《かつらぎたかぬかひめのみこと》・気長《おきなが》宿禰王命《すくねおうのみこと》。

「往馬社《いこまのやしろ》」として、『大和名所図会』は、

一分村にあり、寛文記曰生駒祠七社生駒党十七郷の氏神也、神名帳曰伊古麻都比古神社二座並大月次新嘗

一分村にあり、生駒祠七社は生駒党十七郷の氏神である。神名帳には「いこまつひこじんじゃ」二座と記すなどと書いている。

❖鶴林寺《かくりんじ》

所在地は、生駒山の東中腹、生駒市鬼取町。鎌倉時代には、すでに成立していたとの史料が残るが、室町時代中期の寛正三年（一四六二）八月に焼失したと思われる。興福寺の記録『大乗院寺社雑事記』同年八月二十四日条に、「昨日ヨリ伊狗寺《いこまでら》（鬼取カ）ヲントリ、焼亡、禅学相論事云々、時剋到来者也」とあり、鬼取寺（鶴林寺）が禅衆・学侶の争論（争そい）の故に出火したのであろうとしている。

『大和名所図会』には、

鬼取山鶴林寺《おにとりせんかくりん》 **平群郡生駒山の麓、有里村にあり、** **本尊ハ薬師如来にして、此山の旧名は般若岩屋《はんにやのいわや》といふ、又鬼取とは役行者儀学《ぎがく》・**

儀賢《ぎけん》の二鬼をとらへられし所といへり、

（略）

とある。山号鬼取山は、役行者が二鬼の鬼儀学・儀賢を捕えたことに由来するという『続日本紀』の伝説を紹介している。

なお旧鶴林寺跡は今の鶴林寺から少し離れた山中に残る。

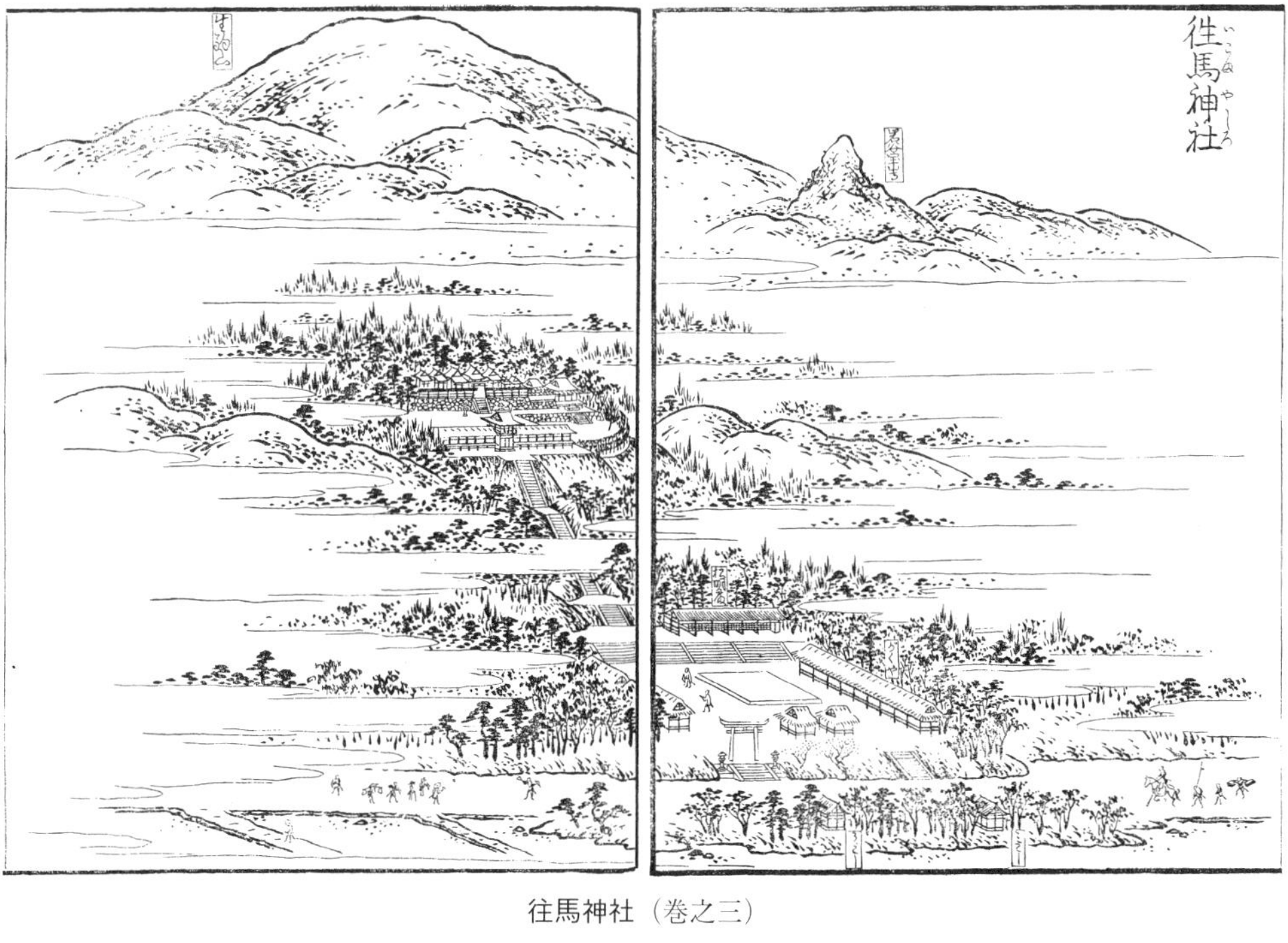

往馬神社（巻之三）

33

鳴川山千光寺

生駒郡平群《へぐり》町の鳴川《なるかわ》峠近くの山中にあり、真言宗醍醐派に属する。

『大和名所図会』本文には、次のように記している。

鳴川山千光寺《なるかわさんせんこうじ》（鳴川村にあり）役小角御年三十七歳に至《いた》るまで此山において顕《けん》密《みつ》の行法《ぎょうぼう》を修《しゅ》し般若窟《はんにゃくつ》に日夜持念《にちやじねん》しけるに巌間《がんかん》より光明赫々《かくかく》として千手観世音《せんじゅかんぜおん》出現《しゅつげん》し給ふ、行者歓喜怡悦《かんきいえつ》し、即尊像《そんぞう》を刻て安置し給ふ、其後大峯《おおみね》をひらきて彼《かしこ》にうつり給ふ、故に当山を元山上《もとさんじょう》と号《なづけ》て数々の行場《ぎょうば》大峯に等《ひとし》くあり、

これによれば、役小角がこの山で修行し、その折千手観世音が出現したのでその像を刻んで安置したとある。大峰を開く前に修行したのでこの地は元山上と呼ばれるという。

見開きの挿絵には右から鯉の形をしたこい岩、胎内くぐり、とび石、大黒石、ありのとわたり、ひやうと石（平等岩）、きよ瀧、末ノのぞき、ごま所、けぬけとう、西ノのぞき、かねかけなどの説明があり、その間を縫うように、杖をつき修行する人々が描かれている。『奈良県の地名』（平凡社）によれば、中世には寺領五〇〇石を得て大いに栄えたが、天文年間（一五三二～五五）兵火のため焼失、天正年間（一五七三～九二）には松永久秀が寺領を没収した。現在の本堂・行者堂・大師堂・鐘楼・宝蔵・惣門などの内、塔頭蔵之坊だけはその当時のものであるとのことである。

千光寺（ハイキング仲間と共に）

千光寺（巻之三

こひ岩
とび石
ひやうと石

鳴川山《やま》
元山上《さんじやう》

34 法隆寺と法輪寺

法隆寺の一帯を古くから斑鳩里と称する。『日本書紀』によると、聖徳太子が設けた宮室が斑鳩宮と称され、太子の死後山背大兄王《やましろのおおえのおう》らが居住したが、皇極天皇二年（六四三）その滅亡の時に焼失したと伝えられる。

この地域には、それ以降、葦垣《あしがき》宮・岡本宮・泊瀬王《はつせおう》宮などが営まれた。また法隆寺に加えて、中宮寺・法起寺・法輪寺などが建立された。

現在、「古寺探訪」の代表的地域である。

昭和六十年（一九八五）からは藤ノ木古墳の発掘調査が行なわれ、六世紀後半に築かれた大王級もしくは豪族級の墳墓として注目されている。出土遺物から対外的には百済・伽耶およびその渡来集団と深くかかわり、対内的には東国支配にかかわった人物像が浮び上っている。

◎法隆寺

世界遺産法隆寺は、わが国仏教史上重要な寺院であ

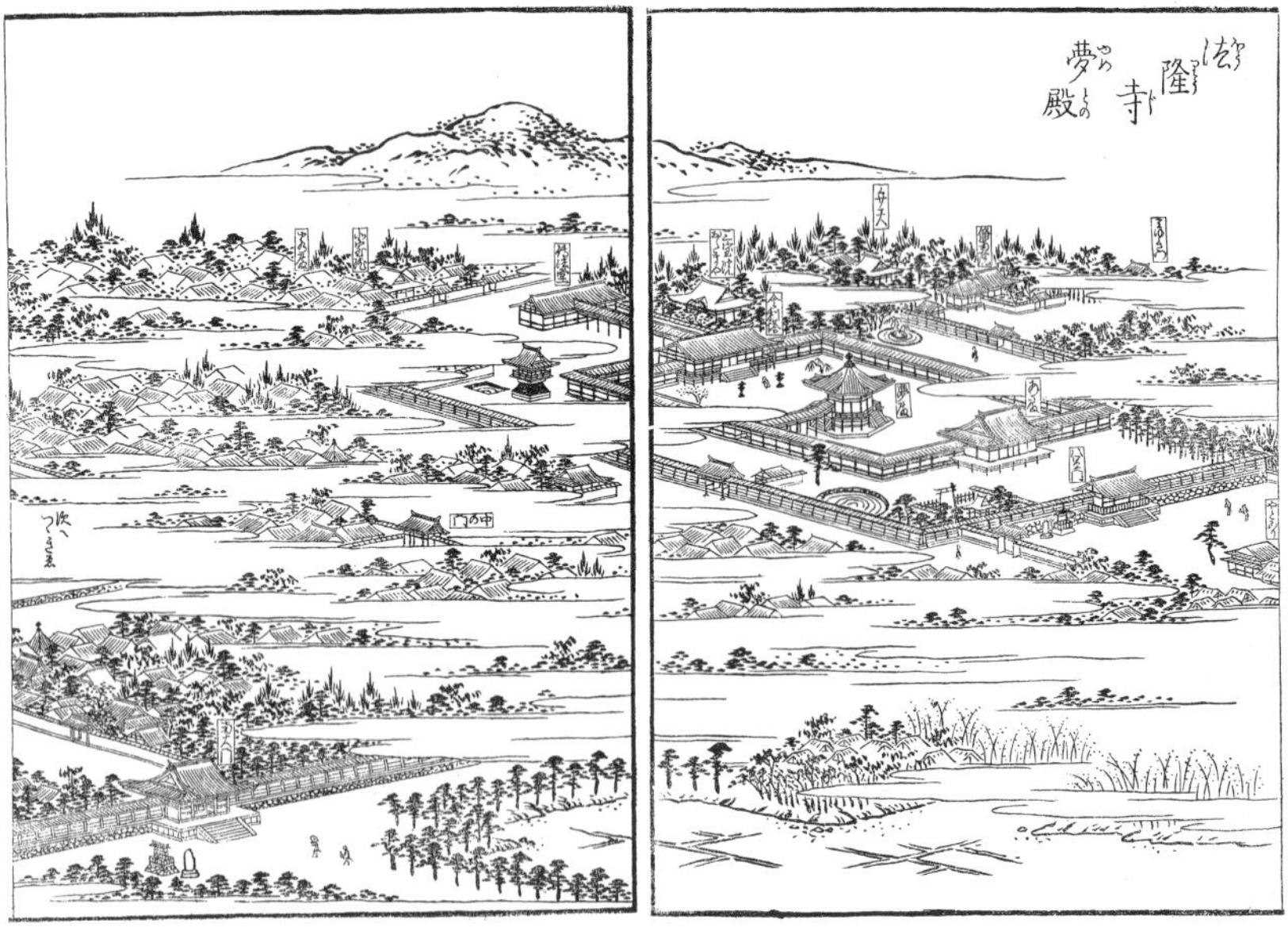

法隆寺（巻之三）

る。聖徳宗総本山。『大和名所図会』は、挿絵に「**法隆寺　夢殿**」を描いている。聖徳太子の発願建立と伝えられ、天平十九年（七四七）の『法隆寺伽藍縁起並流記資財帳』によると推古十五年（六〇七）に完成したとある。

◎法輪寺

生駒郡斑鳩町三井《みい》にあり、法林寺・御井寺・三井寺の別名もある。建立については古くから諸説あるが、推古天皇三十年（六二二）に山背大兄王らが聖徳太子の病気平癒を願って建立した可能性が高いといわれる。法隆寺五重塔、法起寺三重塔とともに「斑鳩三塔」の一つに数えられた三重塔は、残念ながら昭和十九年（一九四四）落雷にて焼失したが、五十年（一九七五）に再建された。

❖駒塚古墳

聖徳太子には、舎人調子丸《とねりちょうしまる》と愛馬（黒駒）がつき従っていたと伝えられる。『大和名所図会』は、「**斑鳩里**《いかるがのさと》　**法輪寺**《ほうりんじ》　**駒塚**《こまづか》」を描いた挿絵を載せている。調子丸塚も描かれ、江戸時代には、舎人調子丸と愛馬黒駒の話が流布していたことがうかがえる。

『奈良県の地名』によれば、駒塚は全長四九メートル、後円部径三一・五メートルの前方後円墳。後円部の北側には小さな池があり、この古墳の周濠の名残かとみられる。駒塚古墳の南東約一〇〇メートルの水田中に、直径一四メートルほどの円墳があり、調子丸塚古墳とよばれている。

法輪寺

斑鳩里・法輪寺・駒塚（巻之三）

法海寺
久米池
久米塚

35 龍田川

平群《へぐり》谷から南下して大和川に出る龍田川《たつたがわ》は紅葉の名所である。古来、龍田川にちなんで多くの和歌が詠まれてきた。『大和名所図会』も在原業平の『古今和歌集』巻第五・秋下の歌を紹介している。

千早振神代もきかす龍田川からくれなゐに水くゝるとハ　　業平朝臣

「こんなことは神代の話にだって聞いたことがない。龍田川の水を韓紅色に絞り染めにするとは」（新編日本古典文学全集、小学館）。

また、龍田川の挿絵には次の和歌と一句も添えられている。

続後拾

凩《こがらし》の立田の紅葉もろともにさそへはさそふ秋の川波　　衣笠前内大臣

冬かれや大根葉流る龍田川　　宇鹿

天文二十二年（一五五三）三月、京都の公家三条西公条《さんじょうにしきんえだ》は龍田川を訪れている。公条の書いた紀行文『吉野詣記《よしのもうでき》』天文二十二年三月条には次の文がある。

九日、（中略）かくて龍田に行きてとまりぬ。日ぐれがたに立ち出でて、社頭にまゐり、此のあたりの名所ども教へられけり、ならしの岡、神なび、龍田川、岩せ、小倉山など見わたしけり、龍田本宮に参詣、付近の名所を教えられている。

❖龍田越

大和と河内を結ぶ街道が龍田越《たつたごえ》奈良街道である。法隆寺の南から西へ行き、三郷町の龍田大社前を通り、関地蔵を経て、坂を登り切ると峠八幡神社がある。この峠を下ると古代から難所と言われる亀の瀬に出る。道をさらに進み柏原市高井田へ出、その後長尾街道につながって行く。

龍田越は、大和川に沿って北岸の山麓を進む街道で、木々の緑や大和川の清流を臨むことができ、古い街道が比較的よく残っている。

挿絵には次の名所や歌などが添えられている。

神南備《かんなみ》、三室峯、紅葉川、磐瀬杜《いわせのもり》

後拾遺

あらし吹三室の山の紅葉はハ

立田の川の錦なりけり　能因法師

夜あらしや龍田を越る鹿の声　塘雨

『後拾遺和歌集』の「あらし吹三室の山の紅葉はハ立田の川の錦なりけり」は三室山と龍田川の美景を詠んだ有名な和歌である。

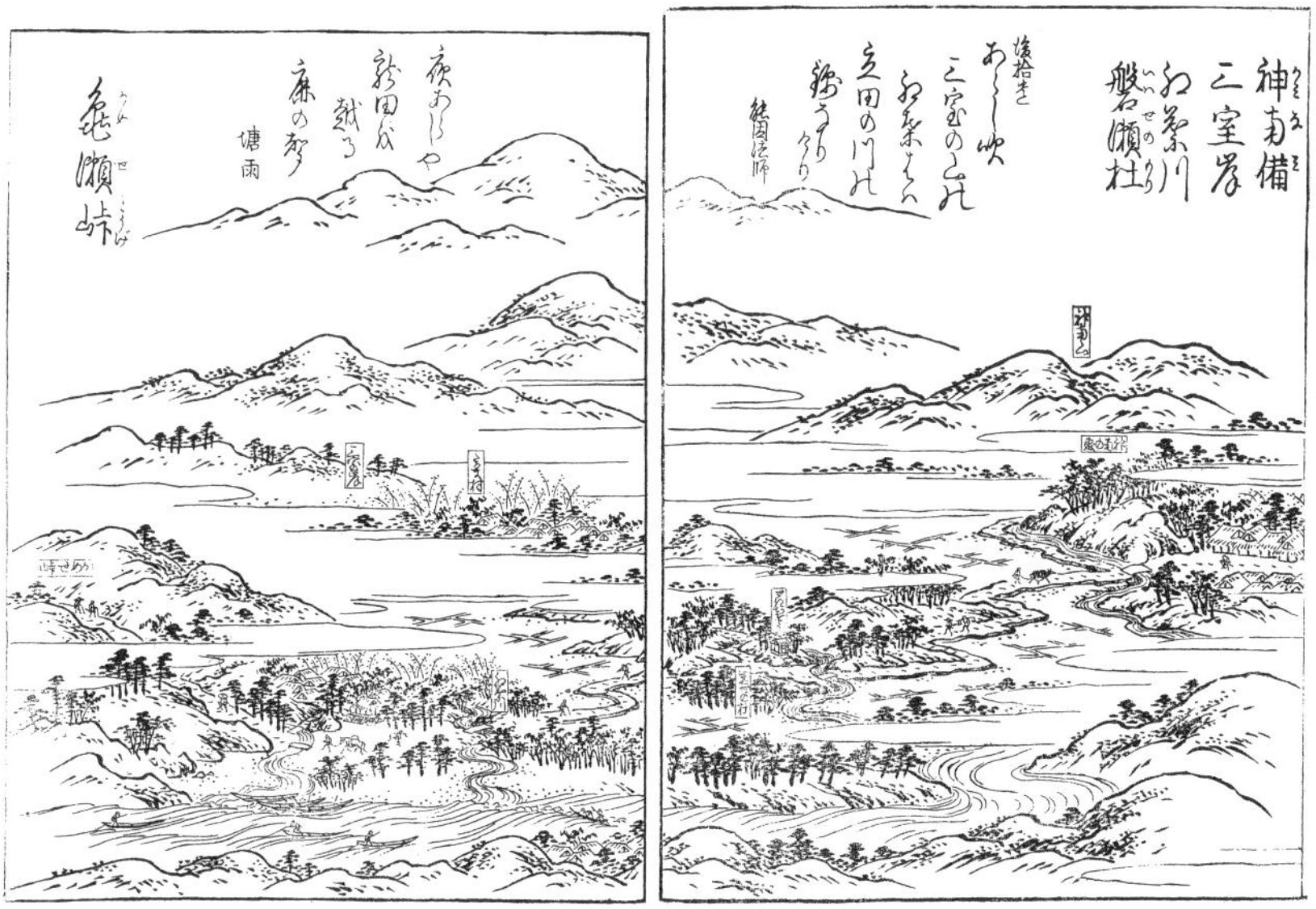

亀瀬峠（巻之三）

龍田川（巻之三）

龍田川

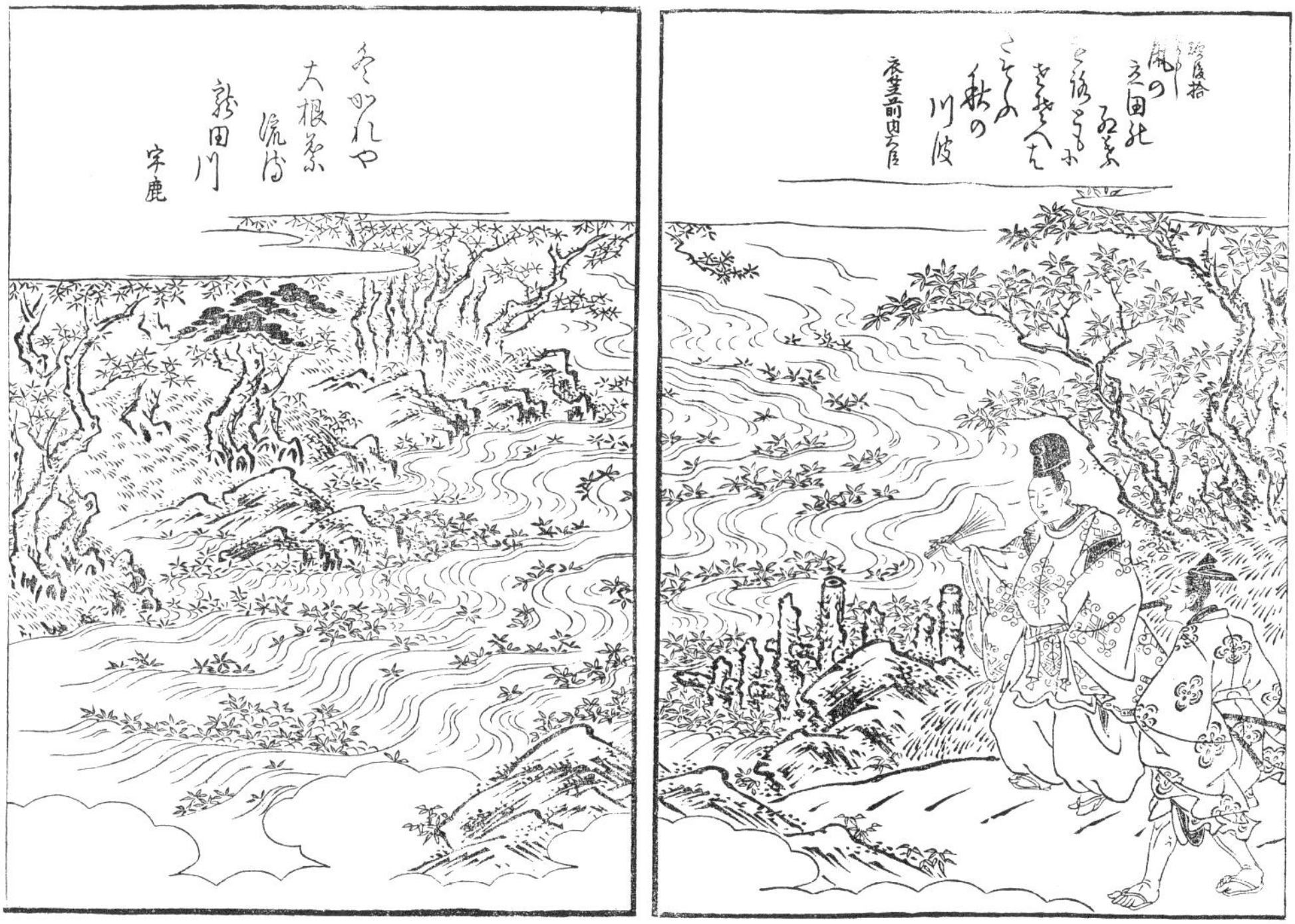

龍田川（巻之三）

三室山の紅葉

36

龍田本宮と龍田新宮

◎龍田本宮（龍田大社）

龍田大社は生駒郡三郷町立野にある。祭神は天御柱《あめのみはしらの》命《みこと》と国御柱命《くにのみはしらのみこと》で風の神である。毎年七月には風鎮祭がとり行なわれている。

崇神天皇の時、大風・大水のため凶作が重なったので、龍田の立野の小野という地に二神を祀った所、五穀豊饒となったと伝える。『経覚私要鈔』嘉吉三年（一四四三）四月九日条によれば、興福寺の大乗院門跡経覚《きょうがく》が衆徒《しゅと》・国民《こくみん》（興福寺と春日社に仕える国人衆）を率いて社参している。

『大和名所図会』の「龍田本宮」の挿絵には、『新古今和歌集』巻一・春上の次の歌を書いている。

新古今
白雲の立田の山の八重桜
いつれを花とわきておりけん　　道命法師

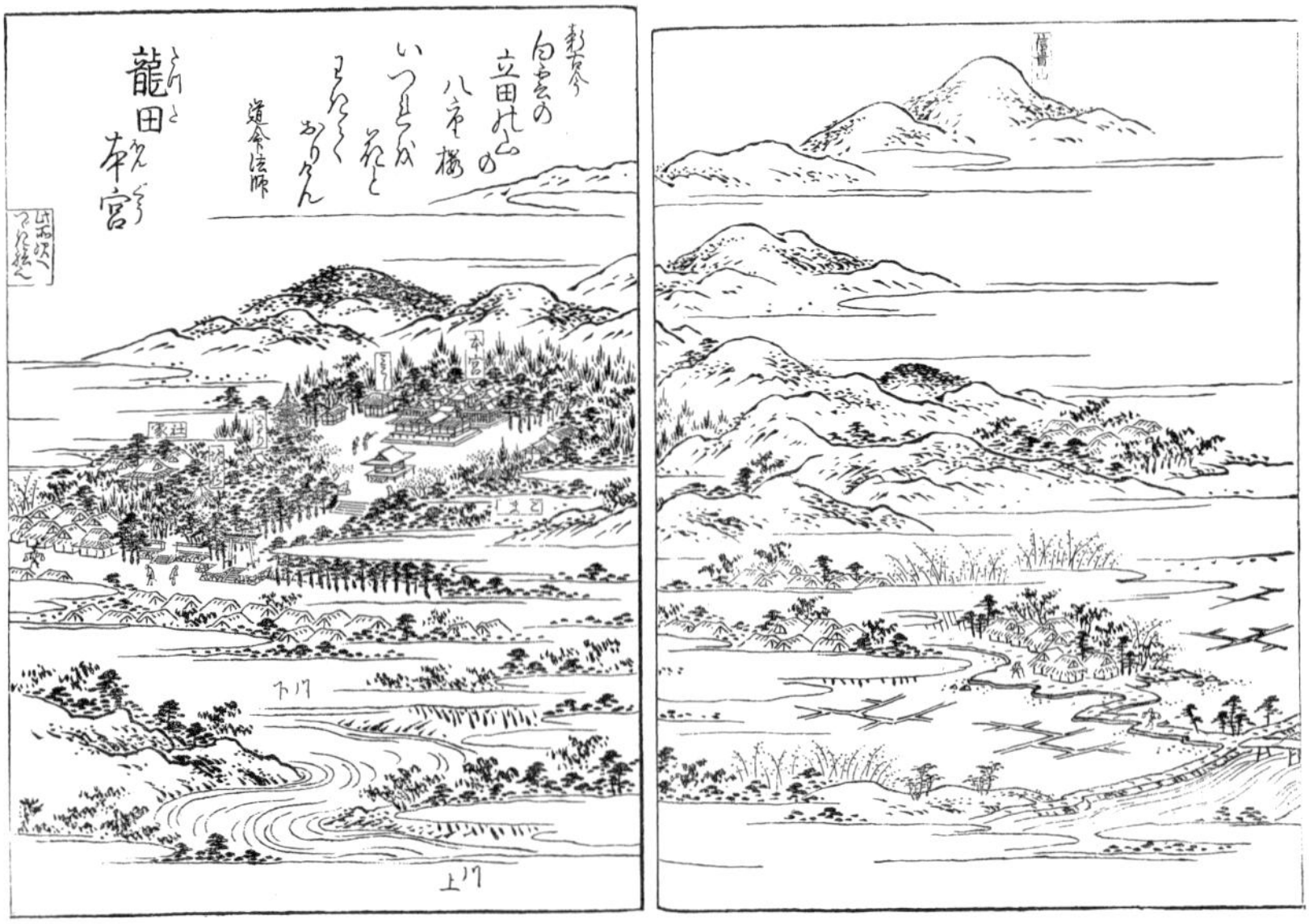

龍田本宮（巻之三）

◎龍田新宮（龍田神社）

龍田神社は生駒郡斑鳩町龍田にあり、右の龍田大社を本宮というのに対し、新宮と称される。祭神は本宮と同じ天御柱命と国御柱命の二神である。『大和名所図会』では、延喜式により龍田比古龍田比女神を祀るとあり、聖徳太子が法隆寺建立の地を龍田明神から教わり、その鎮守社として龍田明神を祀る神社を創建したと述べる。

挿絵では右下に立田新宮、左にたつた川が描かれ、歌が添えられている。

続千載

立田川氷の上に
かけてけり
神代もきかぬ
雪のしらゆう
津守国冬

龍田神社（龍田新宮）

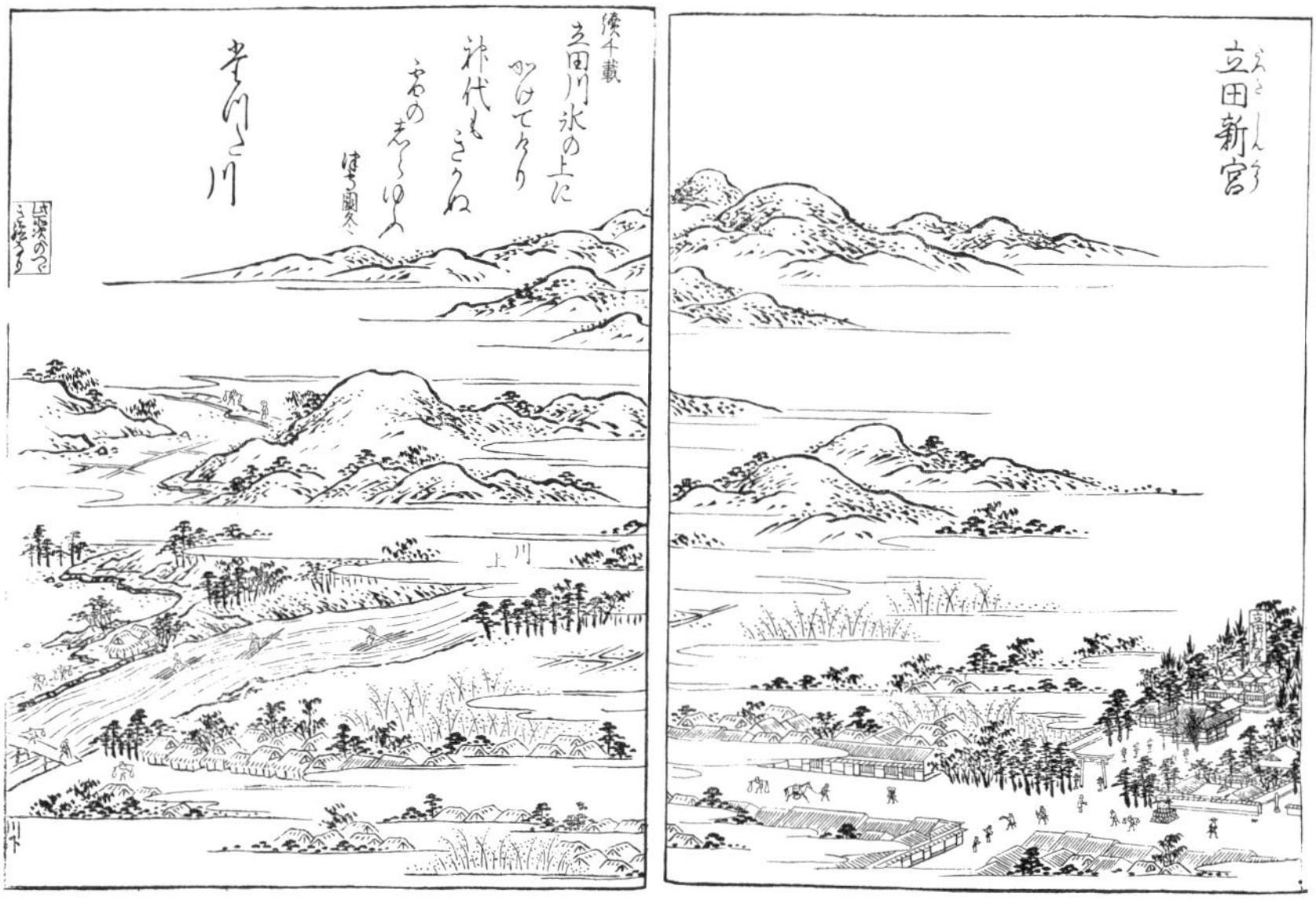

立田新宮（巻之三）

37 信貴山朝護孫子寺

朝護孫子寺《ちょうごそんしじ》は、奈良県生駒郡平群《へぐり》町の信貴山《しぎさん》にある信貴山真言宗総本山の寺である。本尊は毘沙門天王立像（多聞天とも称する）。『今昔物語』や『宇治拾遺物語』に、延喜年間（九〇一～九二三）に僧命蓮《みょうれん》が中興したという伝説が見える。

国宝「信貴山縁起絵巻」は、「飛倉の巻」・「延喜加持の巻」・「尼公の巻」の三巻からなり、僧命蓮が飛鉢の秘術にたけたこと、醍醐天皇の病をいやしたこと、年老いた姉との再会を果たした話が絵巻の中に展開する。

『大和名所図会』は「信貴山観喜院朝護国孫子寺」として次のように記す。

信貴山観喜院《かんぎいん》朝護国孫子寺は開山明蓮《みょうれん》上人也、当初《そのかみ》聖徳《しょうとく》太子官軍を引率《いんそつ》して守屋《もりや》大臣を攻《せめ》給ひしに大臣の軍《ぐん》兵《ぴょう》手痛《ていたく》して官軍三度破《やぶ》れて信貴《しぎ》山に逃入《にげ》けり、太子御誓願《ごせいがん》丹心に侍りければ山中に石櫃《せきひつ》あらハれて多門天《たもんてん》の銘《めい》あきらかなり、ふかく信《しん》じ貴《とうと》みたまひて白膠木《ぬるでのき》にして四天王の像を刻み御髻《おんもとどり》に収《おさめ》られ更《さら》に進《すすみ》ミ給ふ所に、往駒《いこま》山の麓《ふもと》にして老武者《ろうむしゃ》二騎《き》忽然《こつぜん》と味方につかうまつれり、をそらくは修羅《しゅら》をもあざむくべき猛将《もうしょう》なり、一人ハ阿多《あた》大臣とめされ一人ハ坂本《さかもと》大臣とよひたまひしが、かれが軍功《ぐんこう》たとへを取《とる》にかたなし遂《つい》に守屋を討《うち》けれは二臣雲《くも》に乗《じょう》して跡《あと》をかくす、扨かの多門天の石櫃の上に方《ほう》一丈の殿舎《でんしゃ》を建《たて》給ひき、信貴《しぎ》山の毘沙天《びしゃてん》是なり、其時皇太子此山に向はせ給ひて信《しん》ずへし貴《とうと》むへしと宣《のたま》ひしより、信貴《しき》山とハいひける也、

ここでは聖徳太子と物部守屋との合戦に現われた二騎の老武者を多聞天（毘沙門天）が遣わしたとする伝説や信貴山の名の由来を紹介している。

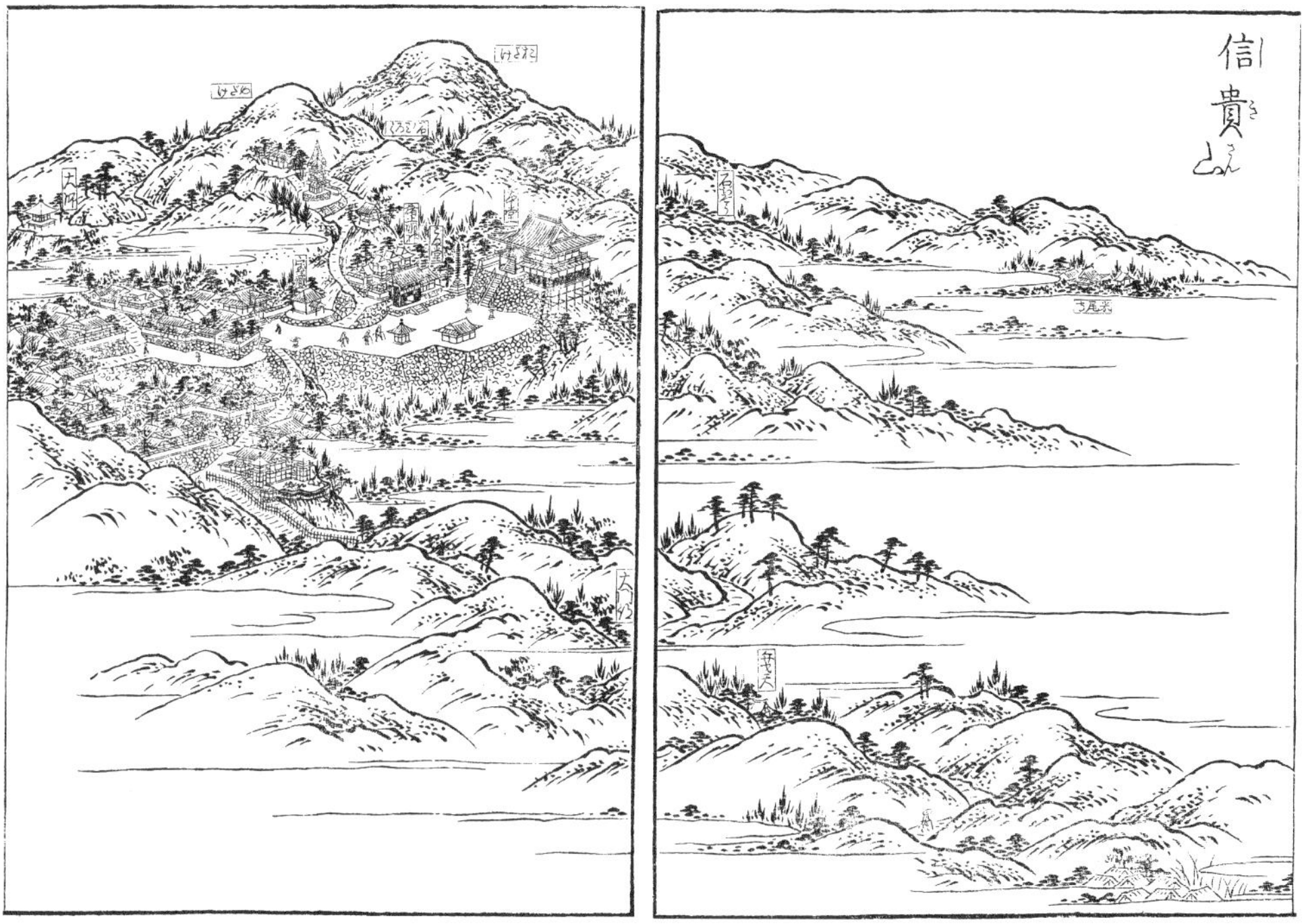

信貴山（巻之三）

達磨寺

秋さびし
同若石よ
鳩子川

　　沙睦

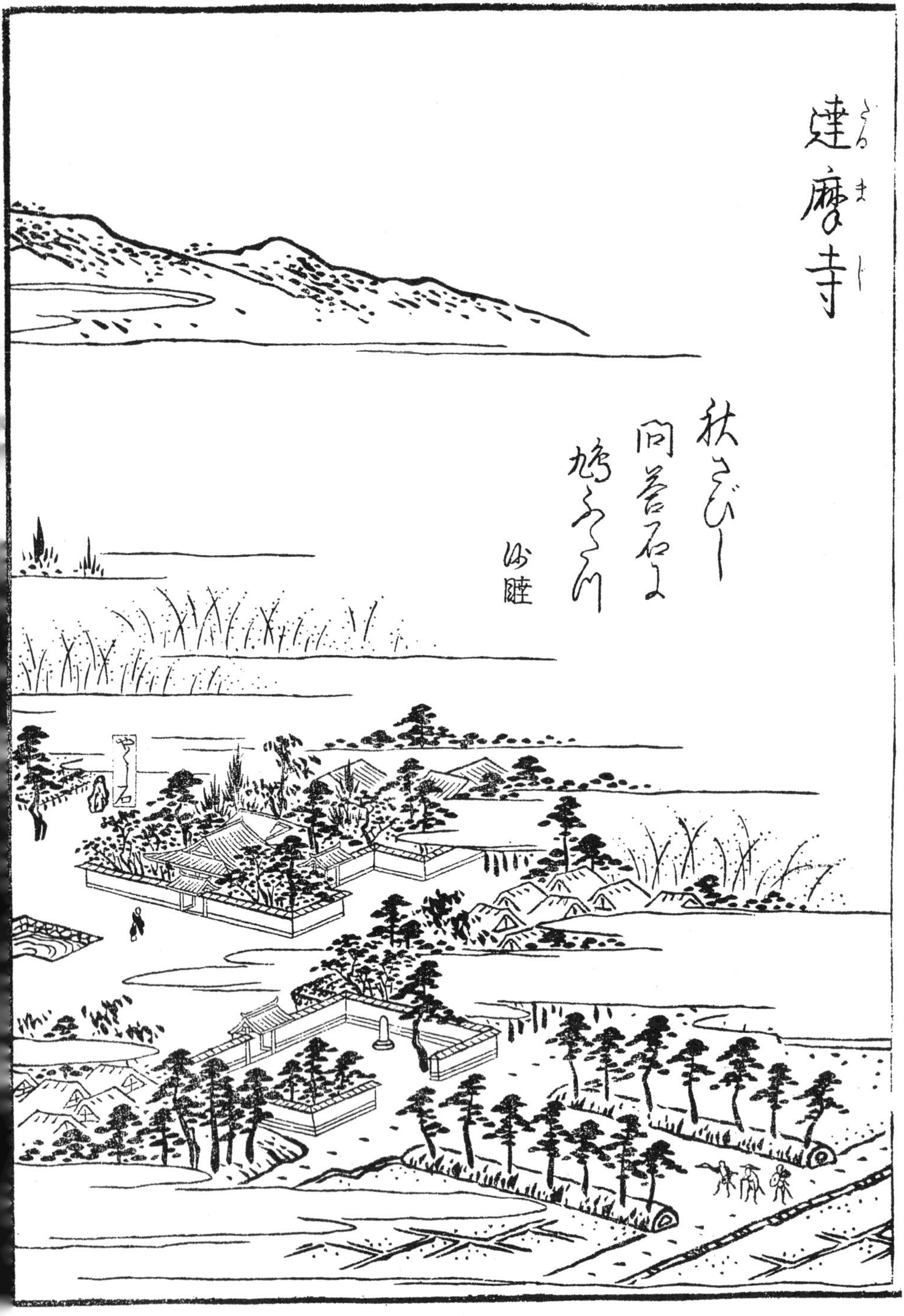

達磨寺（巻之三）

達磨《だるま》大師《だいし》の
尊像は近年
天明のはじめ
山州八幡清水の
南小圓福寺《ゑんふくじ》といへる
精舎《しやうじや》に建立し
此尊像を安置して
達磨《だるま》堂と呼ばれ
都名所圖會拾遺《しうゐ》
本堂

38 達磨寺

王寺町本町にある臨済宗南禅寺派の片岡山達磨寺《だるまじ》。本尊は千手観音菩薩・達磨大師坐像（重要文化財）・聖徳太子坐像（重要文化財）。

『日本書紀』推古天皇二十一年（六一三）十二月一日条等に伝えられる聖徳太子の逸話がある。この付近片岡山の路端に伏していた飢人と歌を贈答した。その後この飢人が死んだので埋葬した。ところがその死骸が無くなったので、太子は飢人が真人（聖）であると悟ったという。後にこの聖が達磨大師であったのだという信仰により達磨大師像が祀られたという。「達磨の墓」という古墳があったとも伝えられる。現在も境内に六世紀後半頃の三基の古墳が存在する。

江戸時代には達磨寺に対する信仰が深まり、『大和名所図会』にも紹介されている。

挿絵には次のような句と文が添えられている。

秋さびし問答石に鳩ふたつ　沙睡

達磨大師《だるまたいし》の尊像ハ近年天明のはじめつかた、山州八幡清水《しみず》の南に円福寺といふ精舎が建立し此尊像を安置して達磨堂と呼ぶ、都名所図会拾遺に見へたり、

『大和名所図会』では、もと達磨寺にあった達磨大師像は、天明年間（一七八一～八九）の初め頃、山城国石清水八幡の南にある円福寺という精舎が建立され、そこの達磨堂に安置されたと伝える。

『拾遺都名所図会』によると、兵乱で荒れた大和片岡山達磨寺の達磨大師像がいつの頃からか、山城国八幡に遷され、天明三年（一七八三）に造営された八幡円福寺の達磨堂に祀られたという。

39 當麻寺と石光寺

◎當麻寺

當麻寺《たいまでら》は二上山《にじょうさん》の東南麓にあり、近鉄当麻寺駅から徒歩約一五分。高野山真言宗と浄土宗兼宗の寺である。『大和名所図会』には、用明天皇第四皇子麻呂古親王の建立。推古天皇二十年に河内国山田郷に草創した寺で、万法蔵院といい、役行者の夢告げを受けて白鳳二年に今の地に移したとある。同十年二月堂舎が全て整い禅林寺と改めた。その後天平宝字年間に右大臣豊成公の女の中将姫が入寺し、曼荼羅を織ったことや宝亀六年三月十四日二十九歳で亡くなったことなどが書かれている（中将姫伝説については、項目58「日張山青蓮寺」参照）。

挿絵には「當麻寺《たえまでら》」として次の文が添えられている。

泊船集

二上山當麻寺に詣て庭上の松を見るに、凡《（およそ）》千とせもへたるならん、大いさ牛《うし》をもかくすともいふへけん、かれ非情といへとも、仏縁にひかれて斧斤《ふきん》の罪をまぬかれたるぞ幸《さいわい》にしてたつとし

僧朝顔幾死かへる法の松　　はせを《（芭蕉）》

芭蕉が貞享二年（一六八五）『野ざらし紀行』で当麻寺に詣でて詠んだ句が書かれている。この句は中谷孝雄著『旅の詩人芭蕉』（実業之日本社、一九七七年）によると「この寺の僧も庭の朝顔もなんども死に代ったことだろうが、仏縁を得た松だけがひとり千古の寿を保っている。」と詠んでいるという。

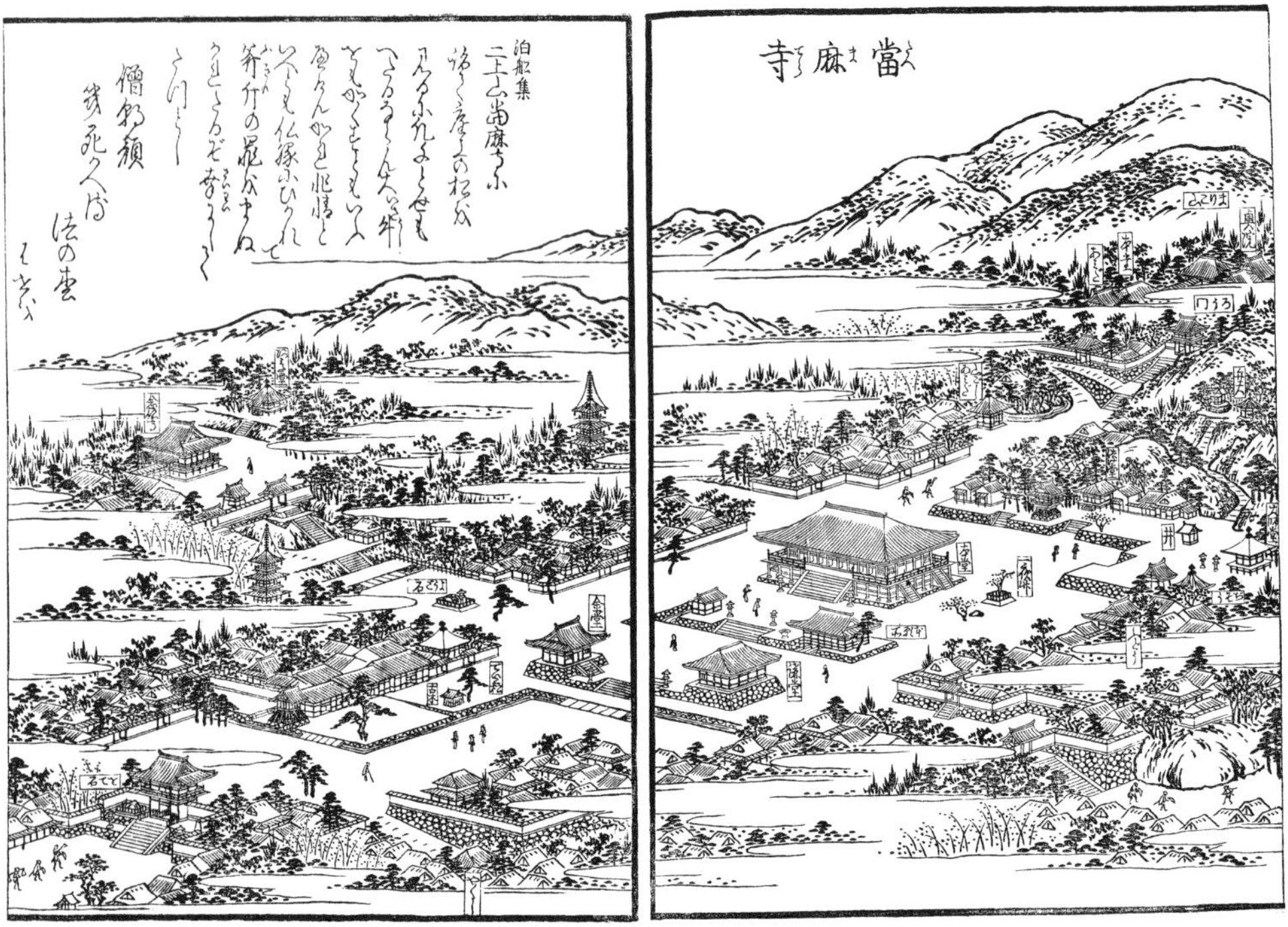

當麻寺（巻之三）

❖當麻曼荼羅

當麻曼荼羅《たいままんだら》は、當麻寺で出家した中将姫が、蓮からとった糸で織った曼荼羅という伝説がある。奈良時代後期、中国から伝来したともいわれるが、不詳。図は縦横三・九五メートルの掛幅装。綴織であるが、破損がはなはだしく、その部分は絵で補修されている。図様は阿弥陀浄土変相図である。

◎石光寺

葛城市染野に浄土宗慈雲山石光寺《じうんざんせっこうじ》が所在する。『大和名所図会』には天智天皇の時代に光を放つ石を刻んで弥勒三尊を作り本尊としたとある。一九九一年には、発掘調査の結果石光寺から日本で最古の石仏が出土し伝説の証明かと話題になった。また他にも、中将姫が蓮の糸を染めた染殿井、その糸を掛けた桜樹があると述べている。

牡丹、寒牡丹、芍薬の美しい庭園がある。

❖当麻蹶速と野見宿禰

『大和名所図会』には「**垂仁《すいにん》天皇御宇たへまの蹶速《けはや》と野見《のみ》の宿禰《すくね》とちからを争ふ、これ相撲《すまい》のはじまりなり**」の文と共に当摩蹶速《たいまのけはや》と野見宿禰《のみのすくね》の相撲の絵を描いている。日本の相撲のはじまりとして有名な絵である。

『日本書紀』では、垂仁天皇の時代、当麻邑に当摩蹶速と称する勇士がいた。彼は力強く、常に衆に語り、四方に力のならぶ者があれば死生を期せず力を争いたいと天皇に申し出た。天皇は郡卿に詔して、ならぶ人はあるかと問うと、一人の臣が出雲の野見宿禰を召して蹶速に当てるよう申し出たので、宿禰を召して相撲をとらせた所、宿禰は蹶速の脇

当摩蹶速と野見宿禰（巻之三）

骨をふみさき、その腰をふみくじいて殺した。そこで蹶速の地をとりあげ宿禰に賜ったとある。

相撲の歴史は古く、神様に奉納する神前の戦でもあった。山の辺の道近くの車坂には、その試合が行なわれたと伝える相撲神社がある。境内には、土俵が復元されていて、この土俵で昭和三十年代には横綱初代若乃花の土俵入りが行なわれたという記録もある。

二上山

石光寺

石光寺の寒牡丹

40

山の辺の道

大和平野の東側に、南北に連なる春日山から三輪山の裾野に続く、我国最古の街道といわれる山の辺の道がある。

山の辺の道沿いの地域は、大和の歴史の宝庫である。近年の「邪馬台国所在地論争」では邪馬台国大和説の中心地である。山の辺の道からは少し離れるが、長谷寺は清少納言の『枕草子』にも登場する古刹であり、都の貴族たちにも古くから「観音霊場」として信仰されていた寺である。山の辺の道沿いの「磯城《しき》瑞籬宮《みずがきのみや》」は、崇神天皇の宮として伝承されている。

山の辺の道が「伊勢街道」へと折れ曲る三輪崎《みわがさき》は「佐野のわたり」で有名である。

大神神社の近くには、玄賓僧都《げんぴんそうず》の隠棲伝承地「玄賓庵」が存在する。

また三輪山の麓には邪馬台国女王卑弥呼の墓といわれる箸墓《はしはか》が存在し、この付近が邪馬台国の候補地でもある。

石上《いそのかみ》神宮に神宮寺内山永久寺《うちやまえいきゅうじ》があったことを『大和名所図会』により知ることもできる。

『大和名所図会』は、この山の辺の道沿いの名所旧跡を案内してくれる。

そこには、今はなき在原寺《ありはらでら》や布留の滝、龍福寺、内山永久寺などの往時を偲ぶことができる。

さらに、布留社・大和《おおやまと》神社・釜口山長岳寺《ちょうがくじ》・大神《おおみわ》神社・平等寺《びょうどうじ》・玄賓庵・佐野のわたり・瑞籬宮《みずがきのみや》・長谷寺・与喜山天神などの名所案内であり、往時のにぎわいを知ることができる。

山の辺の道付近

❖海柘榴市

桜井市金屋付近に古代、海柘榴市《つばいち》とよばれる市場があった。椿が三輪山周辺に多く生息したため椿《つばき》市がなまってツバイチに転化したと考えられる。写真の「金屋の石仏」は、もとは平等寺にあった平安後期の石板浮彫仏二柱。廃仏毀釈の際に山の辺の道の金屋に運ばれたという。

古代の様子を犬養孝『万葉の旅』（社会思想社、一九六四年）より紹介すると、

紫は　灰指すものぞ　海石榴市《つばいち》の　八十《やそ》の衢《ちまた》に　逢へる児《こ》や誰《たれ》

（後略）—作者未詳（巻十二—三一〇一）

大三輪町金屋は、いまでこそ、わびしい村にすぎないが、古代には北からの山の辺の道、東からの初瀬道、飛鳥からの磐余《いわれ》の道・山田の道、それに西、二上山裾の大坂越えからの道がここで一つにあつまって、四通八達、まさに「八十《やそ》の衢《ちまた》」となっていた。（略）ここに、春秋の季節に、青年男女があつまって、たがいに恋の歌をかけあわせて、結婚の機会をつくる歌垣《うたがき》が行なわれた。

金屋石仏

平安時代になると、長谷寺の観音詣でが盛んとなり、海柘榴市は宿泊地として賑わいを見せる。『枕草子』一一段で、「初瀬に詣づる人のかならずそこに泊るは、…」と書かれ、『源氏物語』の玉鬘も長谷詣での前にこの地で泊っている。江戸時代の上田秋成の『雨月物語』「蛇性の婬」の中で、「此石榴市《つばいち》といふは、泊瀬《はっせ》の寺ちかき所なりき。（略）詣づる人は必こゝに宿れば、軒を並べて旅人をとゞめける」とあって、時代が下っても長谷寺詣での人々の宿場として栄えていたことがうかがえる。

41

在原寺

在原寺跡は天理市櫟本《いちのもと》にある。

『大和名所図会』では、「人丸塚」とともに描かれた、当時の「在原寺《ありはらでら》」の景観を見ることができる（項目22「柿本寺跡」挿絵参照）。江戸時代には、『大和名所図会』の挿絵のように名所であった。

この在原寺は、『奈良県の地名』（平凡社）によると、本光明山補陀落院在原寺と称し、阿保親王の開基で、本尊十一面観音は聖武天皇・光明皇后の御姿仏であったと伝えられている。

天文二十二年（一五五三）二月、ここを訪れた三条西公条《きんえだ》の『吉野詣記』（群書類従第十八輯）にも現われ、次のように書いている。

廿六日は、在原寺、柿本寺人丸塚と号す木像の人丸おはしけり、（中略）道すこし行て、ある女わらべにとひければ、むかしのつゝ井つゝにかけしとよみし井のもとなどをしへける。かたのごとくのこれり、

在原寺跡

ここには『伊勢物語』で有名な筒井筒にちなむ井戸が残っている。江戸時代には、芭蕉もこの地を訪れているが、明治初年になって在原神社を残して、廃寺された。今はただ、「在原寺」の石標に往時を偲ぶのみである。

42 布留社（石上神宮）

天理市布留町に石上《いそのかみ》神宮が鎮座する。古くは布留《ふる》社（布留明神）と呼ばれた。

創始は、崇神天皇の代とも、仁徳天皇の代ともいわれ、国家鎮護の神として尊宗された。神宝の剣一千口が朝廷から奉納され、古代には物部氏の管理する所となり、物部氏の信仰が厚かった。

近代まで社殿を持たず、背後にある布留山がご神体とされていた。物部氏の流れを引くと伝える氏人は、当社を中心にして約五十カ村からなる布留郷を成していた。

『大和名所図会』の挿絵には本社の後ろに多くの木々が見える。『万葉集』にも「石上布留の神杉《かむすぎ》……」（巻十一・二四一七）と詠まれており、挿絵の句は雪が降ると布留の杉をかけているのであろう。

弓《ゆみ》になり鑓《やり》にふるの丶杉の雪　沾徳

布留社（石上神宮）を中心とした地域は、早くから開発が進み、布留川北岸には、後期旧石器・縄文・弥生・古墳時代にわたる布留遺跡が発見されている。古代豪族物部氏の本拠地でもあり、物部氏の管理した石上神宮は大和朝廷の武器庫であったという説もある。

石上神宮

❖七支刀

石上神宮には国宝「七支刀」が保存される。百済王が自国で造らせて倭王に送ったものであると伝えられ、国宝に指定される古代史の重要資料である。木の幹と枝のような形状で、幹一本から六つの枝が出ており「七支刀」と呼ばれる。

表裏に銘文が彫られており、その大意は、「東晋の泰和四年某月十六日の純陽日中の時に、百練の鉄の七支刀を造る。もって兵難をのがれるし、侯王の供用とするのに適する。某作る。先の世以来未だこのような刀はなかった。百済王と太子とは生を御恩に依っているが故に、倭王の御旨によって造る。永く後世に伝わるように」（『國史大辞典』吉川弘文館）と解せられている。

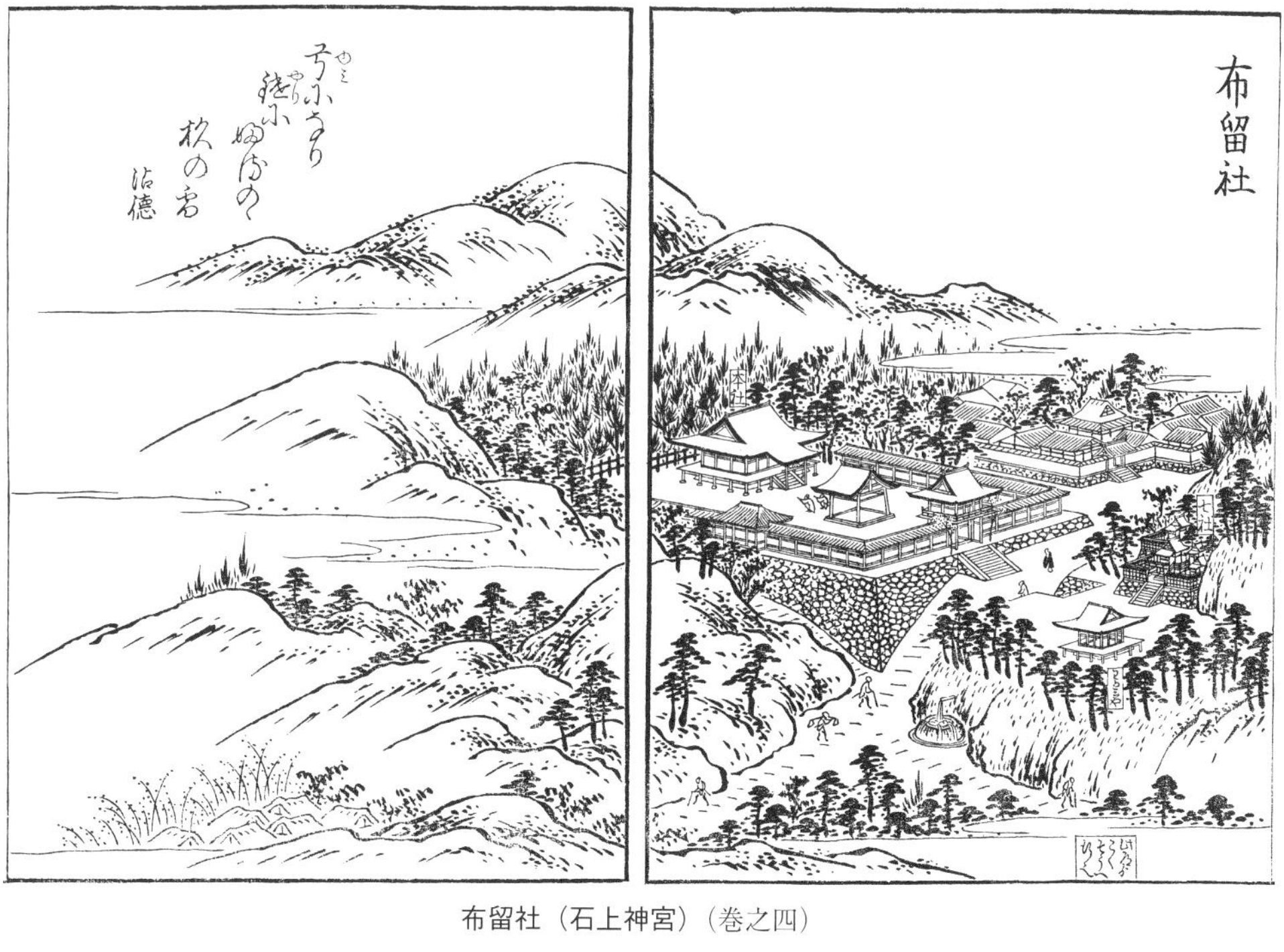

布留社（石上神宮）（巻之四）

43

布留の滝（桃尾の滝）

『大和名所図会』に「**布留滝　桃尾滝ともいふ**」が描かれる。光孝天皇も見物されたといわれる「布留《ふる》の滝（桃尾《ももお》の滝）」は、天理市（旧布留郷）のＪＲ・近鉄奈良駅から車で約二十分の山間にある。うっそうとした小道を入ると大きな岩壁に突き当り、岩上から落ちる瀑布を見ることができる。

『大和名所図会』には、

桃尾山《とうびざん》龍福寺《りゅうふくじ》布留山の北にあり**行基菩薩《ぎょうぎぼさつ》の開基《かいき》にして、いにしへは伽藍《がらん》厳重《げんじゅう》たり、今頽廃して僅《わずか》に存せり、本堂に十一面観音《かんのん》を安す、傍《かたわら》に阿弥陀《あみだ》堂《どう》十二所権現《ごんげん》春日《かすがの》祠《やしろ》あり、是鎮守《これちんじゅ》の神也、其傍に鐘楼《しょうろう》ありて子院僧《しいんそう》坊《ぼう》十六所ありとぞ、**

とあり、江戸時代には十一面観音を本尊とする桃尾山龍福寺（明治初年廃寺となった）があったことがわかる。挿絵の左端に龍福寺の本堂が見える。

現在本福寺がその跡にたつ。

桃尾滝碑

❖僧正遍照の母の家

『大和名所図会』の挿絵に、自然の流れや樹木を庭園にとり入れた屋敷で高貴な身分の方が庭を眺めている絵がある。そばに一人の女性が控えている。この屋敷の主であろうか。この高貴な方が天皇であることは、玉輦《ぎょくれん》が屋敷に着けられていることからわかる。

次の一文が添えられている。

古今集秋

仁和のみかど親王《みこ》におハしましける時
ふるの滝御覧せんとておわしける路《みち》に
遍昭が母の家にやとりたまへりける時に、
庭を秋の野に作りて、御物語のついて
に読て奉りける、

里ハあれて人ハふりにし宿なれや庭も籬も秋の野らなる　僧正遍昭

これは『古今和歌集』巻四・秋上の一節である。

すなわち、「仁和帝（光孝天皇）がまだ親王であらせられた時に、布留の滝をご覧になるとておいでになった途中で、僧正遍照の母の家にお泊りになり、ご覧になると庭を美しい秋の野のように作ってあった。そこで、遍照が種々ご説明申し上げたついでに、詠んで献上した歌　この付近は里も荒れておりますし、家の女主人（遍照の母）も年老いてしまった住いだからなのでございましょうか、庭といわず、垣根といわず、秋の野良そのものでございます」（『古今和歌集』新編日本古典文学全集、小学館）ということである。

現在、僧正遍照の母の家跡は不明である。しかし、「桃尾の滝」の清流が山間から平地へ流れ出る渓谷には、桜花や紅葉の美しい場所があり往時を偲ぶことができる。

布留滝（桃尾滝）（巻之四）

本堂

僧正遍照の母の家（巻之四）

古今集秋

仁和のみかど親王《みこ》に
おはしましける時ふるの瀧
御覧ぜんとておはしましける
道に遍昭が母の家にやどり
たまへりける時に
庭を秋の野に作りて
御物語のついでに讀て
奉りける

里はあれて人は
ふりにし宿
なれや
庭も籬も
秋の野らなる

僧正遍昭

44

内山永久寺

天理市杣之内町の東部、山の辺の道沿いの本堂池を中心とする地に、石上神宮の神宮寺内山永久寺《うちやまえいきゅうじ》が存在した。

『大和名所図会』によれば、永久年間（一一一三～一八）に、鳥羽院の勅願によって創建され、寺号は年号の永久に由来する。山に囲まれ中央に山峰があって内山と称したという。院号は金剛乗院、真言宗で本尊は阿弥陀如来とあり、「**諸堂巍々《ぎぎ》として子院四十七坊あり**」と述べられる。山内に四十余の堂塔を有する大寺であった。

また延宝三年（一六七五）に刊行された大和の地誌『南都名所集』巻八には、次のようにある。

○内山辰巳方三里

内山永久寺は、鳥羽院の勅願、開山は御受戒の師亮恵上人也、永久年中に御建立有しによりて、永久寺といふなり、其地五鈷の形にして内に一つの山あり、故に内山といひけると也、本堂は阿弥陀如来、多聞、持国の二天有、後堂は釈迦、文殊、十六羅漢なり、堂内に頼実上人の御影も有、又役行者の像あり、十一面観音堂にまひり、又千躰の地蔵菩薩をおがむ、智恵光院には不動明王をはします、爰は四方を見はらして、景気ことなる所也、八角の宝塔には弥勒菩薩かたはらに丹生大明神あり、鎮守三社をはします、春日、熊野、布留明神の御社也、かたはらに白山権現の社拝殿あり、

ここにも大伽藍の様子がうかがえるが、明治初年の廃仏毀釈《はいぶつきしゃく》によって廃絶した。文永四年（一二六七）に造られたと伝えられる浄土式回遊庭園の前池が、ほぼ旧状のまま残るのみである。池畔には芭蕉の句碑が立てられている。

内山や外様《とざま》知らずの花ざかり　宗房（芭蕉）

内山永久寺は時あたかも桜満開の時節であった。ここを訪れた芭蕉は、外には全く知られずにある桜花満開の内山永久寺を詠んでいる。

内山永久寺跡墓石群

内山永久寺跡芭蕉句碑

内山永久寺（巻之四）

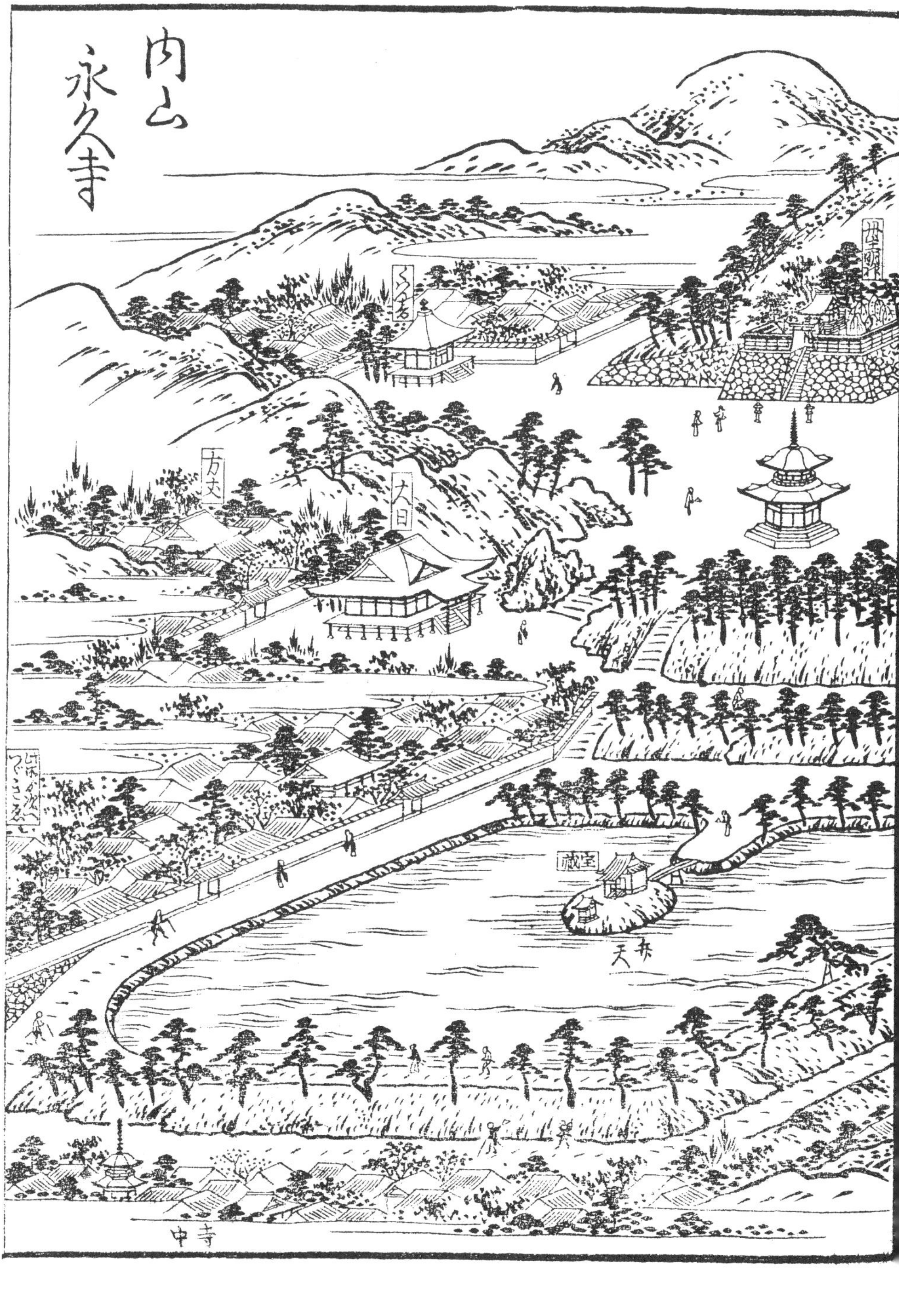
内山
永久寺
くわん音
丹生明神
方丈
大日
宝蔵
弁天
中寺

45

大和神社

天理市新泉町の上《かみ》ツ道に面して大和《おおやまと》神社がある。挿絵には「**大和神社**《やまとのじんじゃ》」として「**人皇十代崇神**《すうじん》**天皇紀五年**《とし》**の御鎮座**《ちんざ》**より今一千八百七十余年になる**」とある。

祭神は倭《やまと》大国魂《おおくにたま》大神・八千戈《やちほこ》大神・御年《みとし》大神。『延喜式』神名帳に「大和坐大国魂神社三座」と記される。『日本書紀』崇神天皇六年条には、天照大神と倭大国魂神を天皇の居所の内に祀っていたとある。

もともと狭義の大和とは大和《おおやまと》神社付近の大和郷《やまと》をさしていた。

この付近の古墳群を大和《おおやまと》古墳群と称する。三輪山の麓にあたる地域で、古代大和王権発祥の地であると考えられている。

ここには、卑弥呼の墓の候補として名高い箸墓をはじめ、ホケの山古墳・黒塚古墳などの三世紀の初期古墳群や、卑弥呼の宮殿との説もある纏向《まきむく》遺跡もある。

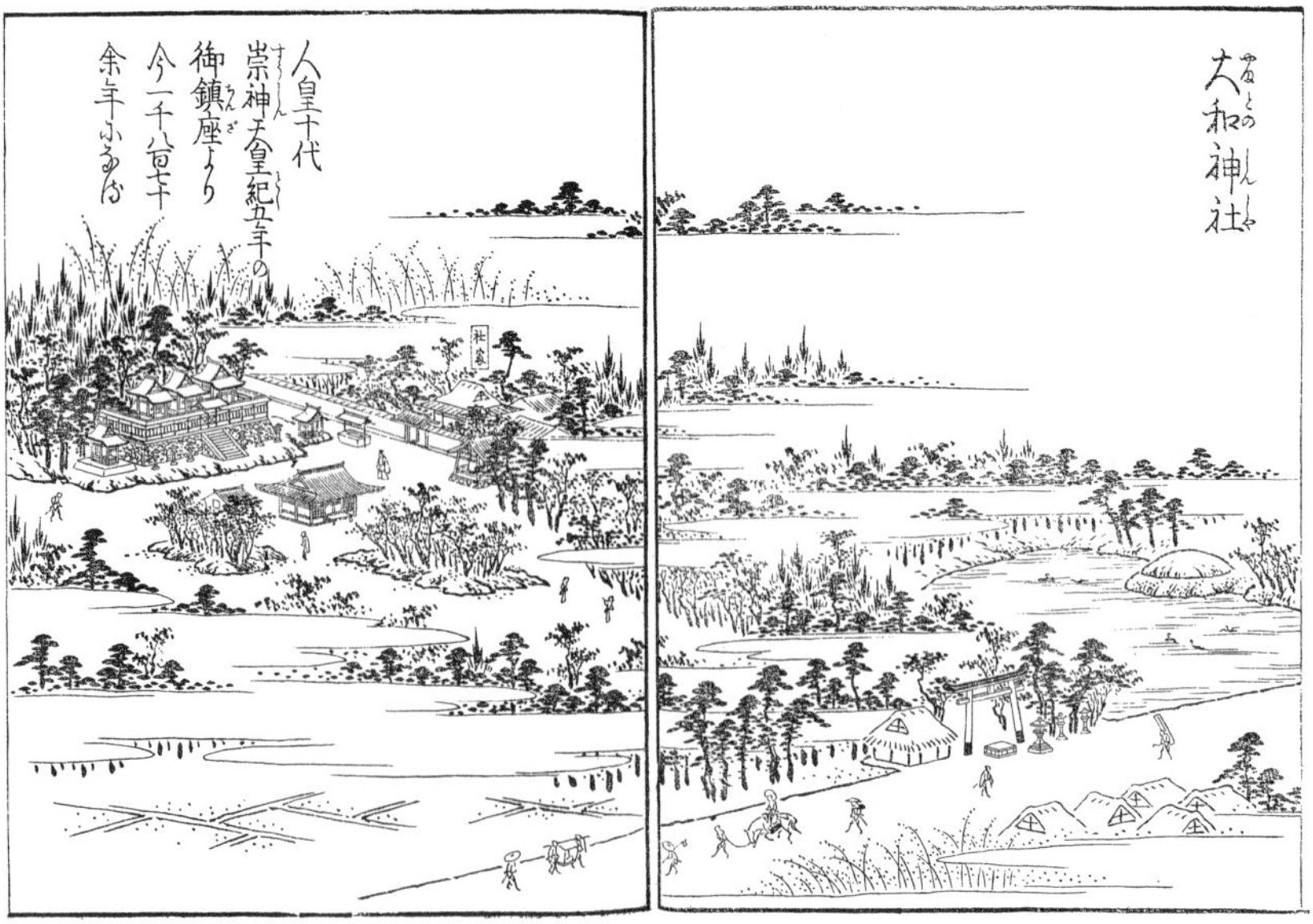

大和神社（巻之四）

46 長岳寺

『大和名所図会』に次のように紹介され、挿絵も見える。

釜《ふ》口山《こうざん》 長岳寺《ちょうがくじ》金剛身院《こんごうしんいん》柳本の東にあり **弘法《こうぼう》大師の開祖《かいそ》にして本尊は虚空蔵《こくうぞう》菩薩《ぼさつ》也、本堂の傍《かたわら》に八大師の影堂《えいどう》あり、又宝池《ほうち》あり、このほとりに愛《あい》染堂《せんどう》、山中に八僧坊十所ありて西の山頂に古城の跡あり、其麓《ふもと》に千塚《つか》といふあり、戦死《せんし》のものを瘞《うず》む所と也、**

桜井―天理間の山の辺の道のちょうど中間点、天理市柳本町に釜口山長岳寺がある。山門と院家の坊舎を通し、いにしえの面影を偲ぶことができる。

高野山真言宗で本尊は阿弥陀三尊（重要文化財）である。もと大和神社の神宮寺で、天長元年（八二四）六月淳和天皇の発願により、弘法大師空海が開創したと伝える。一般には「釜口のお大師さん」として親しまれていて、長岳寺では、三輪そうめん料理も提供してくれる。

『奈良県の地名』（平凡社）によれば、鎌倉時代には、興福寺大乗院の末寺となったらしい。室町時代には、大乗院方国民（春日社の神人であった国人層）の楊本氏の外護にあずかったが、文亀三年（一五〇三）兵火によって焼失したという。また、天正八年（一五八〇）検地では寺領三百石であったが、豊臣秀吉の時代に没収されて、のち慶長七年（一六〇二）徳川家康から寺領百石が寄進されたとある。

長岳寺

現在の釜口山長岳寺は、山門が山の辺の道に面して、崩れかけた土塀が古寺の風情をかもし出している。毎年秋開帳の狩野山楽筆の「極楽地獄図」を目当てに訪れる人も多い。

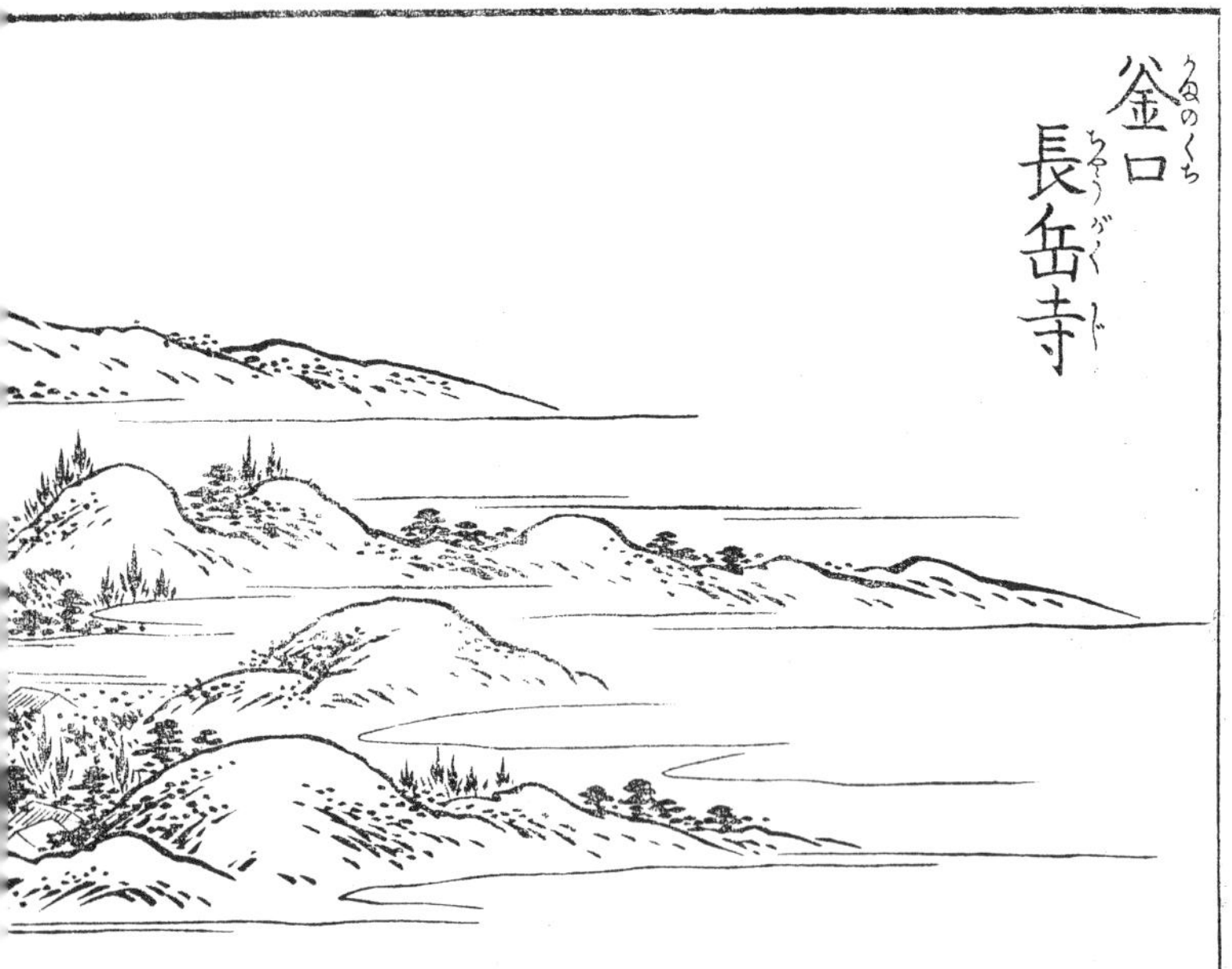

釜口長岳寺（巻之四）

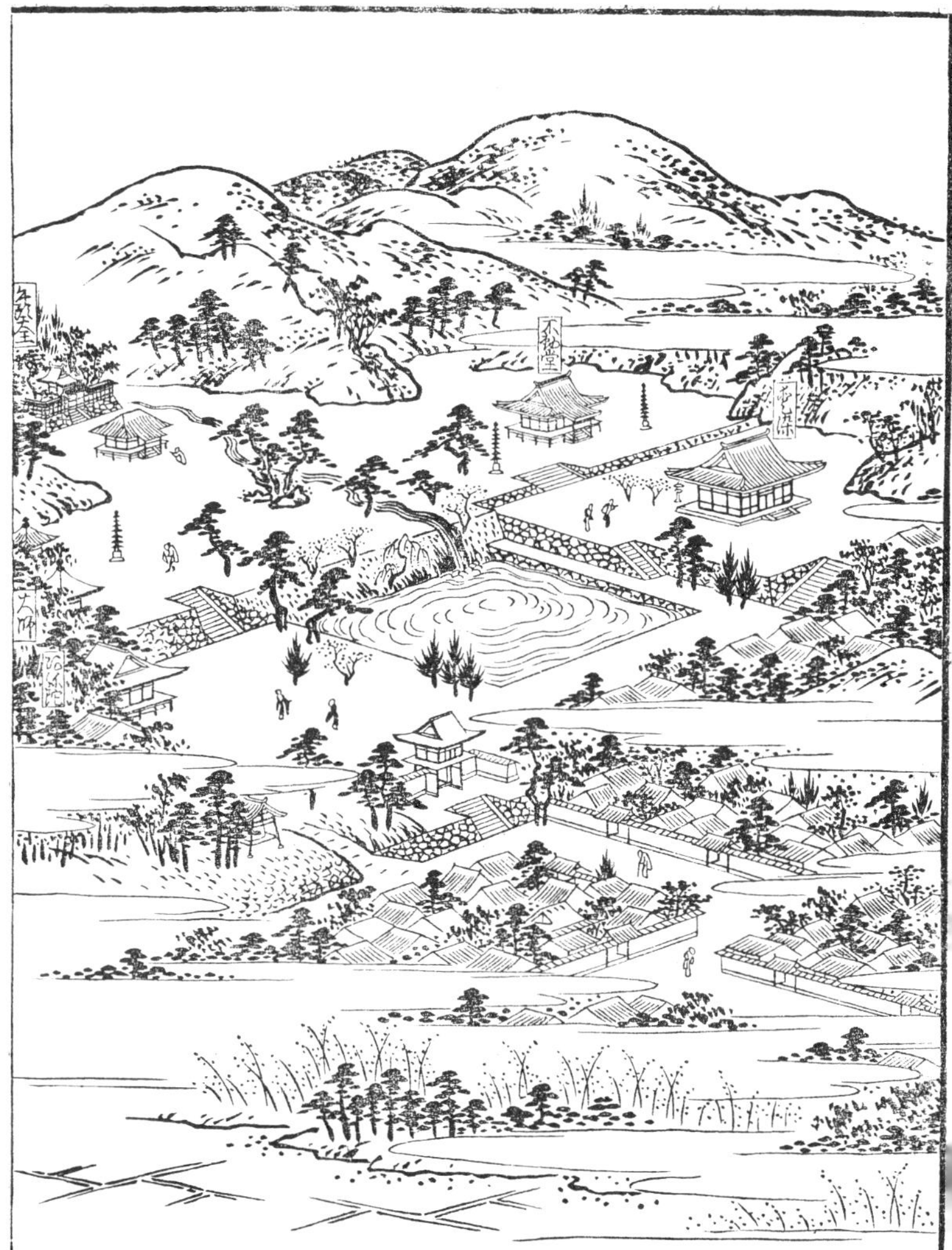
不動堂
大師

47 箸墓（倭迹迹日百襲姫命大市墓）

倭迹迹日百襲姫命《やまとととひももそひめのみこと》の墓と伝えられる箸墓《はしはか》は桜井市箸中にあって、墳丘の全長二七八メートル、後円部径一五七メートルの前方後円墳である。

ＪＲ桜井線の横に周濠の一部（溜池として改修されている）に囲まれ、往古のたたずまいを残している。

倭迹迹日百襲姫命は、孝霊天皇の娘と伝えられ、『大和名所図会』では、女陰を箸で突いて死去し、その墓を箸墓と呼んだとしている。『日本書紀』崇神天皇十年九月条には、百襲姫が薨じ、大市《おおいち》に葬られて、墓は箸墓と呼ばれたと記している。

また、『魏志倭人伝』に登場する卑弥呼を、その性格や地位からこの百襲姫命に比定する説があり、邪馬台国の所在地を大和国と考えた場合、この箸墓こそ、卑弥呼の墓の最有力候補と考えられる。

倭迹迹日百襲姫命大市墓

❖邪馬台国論争

「邪馬台国はどこにあったのか」は、日本の考古学や歴史学界の重大テーマで、論争が続けられて来た。

邪馬台国論争は、大きくは九州説と畿内説であり、九州説は筑前国山門郡などを候補地とするが、畿内説はこの箸墓付近の大和国をとなえる。それは、邪馬台国の女王卑弥呼を、「倭迹迹日百襲姫命《やまとととひももそひめのみこと》」に比定し、箸墓を卑弥呼の墓と考える。

平成二十一年（二〇〇九）、奈良県桜井市纏向《まきむく》遺跡で、三世紀前半の大形建物がみつかった。場所は、三輪山麓、箸墓古墳から北へ約八〇〇メートル、河川に挟まれた小高い場所で、庄内式古相（三世紀前半）の整地土の上に建てられていた。南北四間、東西四間の建物で、三世紀代の日本列島で最大規模と考えられている。

これまでの調査を総合すると、この大形建物を含め四棟の建物群と柵とみられる柱穴が方位と軸をそろえて並び建つ状況が確認され、こうした整然とした規格に基づいて構築されていた建物群は、国内最古の事例として注目されている。

三世紀前半という時期から、卑弥呼の君臨した邪馬台国にかかわる建物という見方もある。さらに周辺の土壙から数百に上る桃の種や神供と考えられる様々な動植物が発見されていることから、政治や祭祀を行なった王国の宮殿（神殿）の可能性が高いと考えられる。

周辺から「邪馬台国」に関連すると思われる遺跡も発見されている。「ホケの山古墳」は三世紀初頭成立と思われる木槨式石室古墳で、三世紀初頭という時期から卑弥呼の前代の王の墓ではないかと、推定される。

さらに周辺の唐古遺跡からは、弥生時代の稲作農耕の跡が発見され、箸墓周辺に稲作農耕文化があったことが証明されている。

ホケの山古墳（卑弥呼前代の王の墓ともいわれる）

邪馬台国を思わせる唐古・鍵遺跡

大神神社（巻之四）

大三輪
若宮

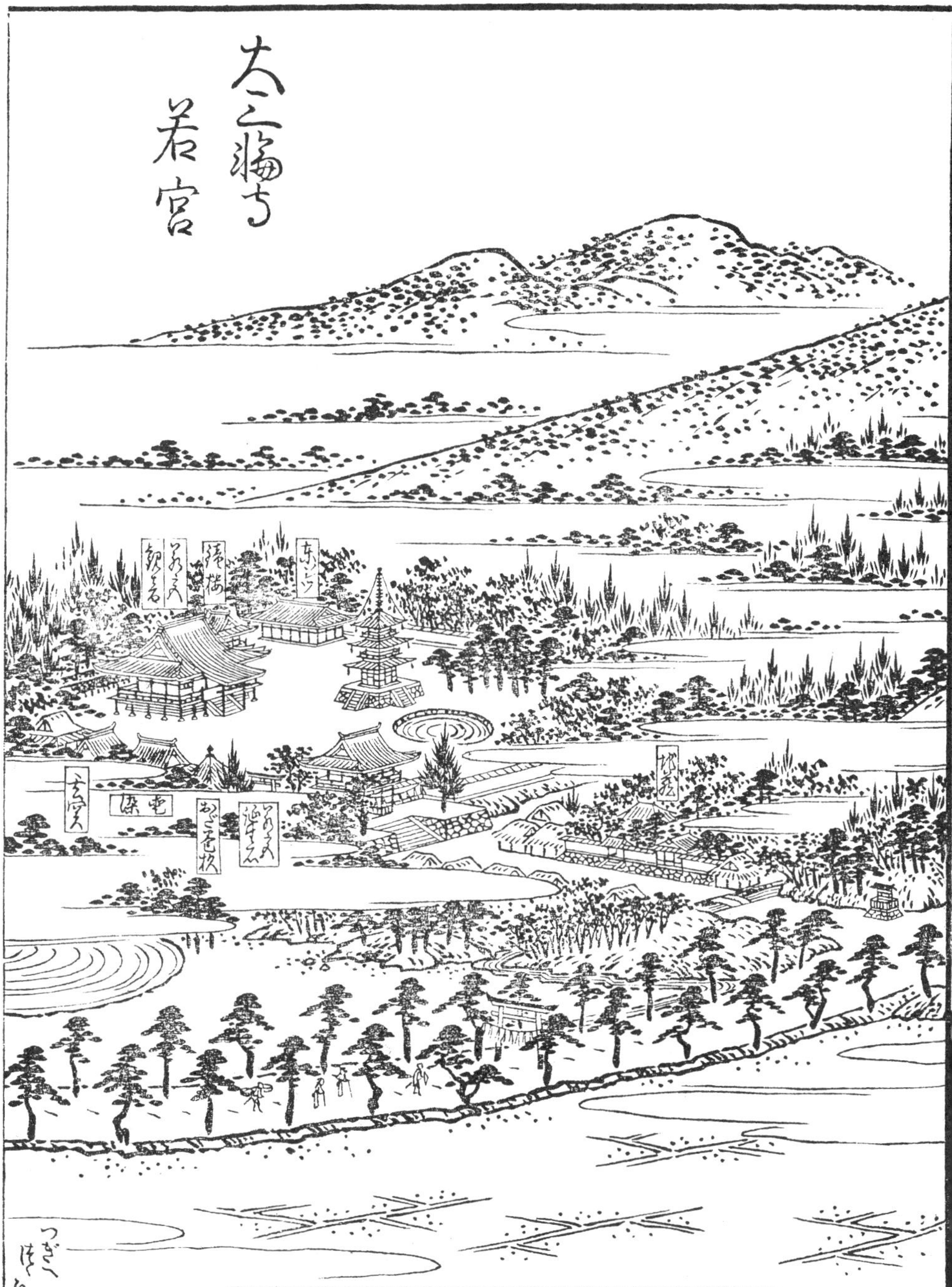

48

大神神社

『大和名所図会』で「三輪社《みわのやしろ》神名帳大神大物主《おおかのおおものぬしの》神社」として紹介する。大神《おおみわ》神社は、三輪山西麓に鎮座。三輪明神・大物主神社ともいう。拝殿・神門のみで本殿を設けず、神体山三輪山を拝する。境内には古杉が茂り、摂社・本社が多くある。

大和盆地からは太陽ののぼる側にあたり、神の宿る山として古代から信仰されて来たと思われる。

古来「味酒《うまざけ》のみわの」と歌われることから、当社は酒神として酒造業者の信仰を集め、神木杉の葉で作った杉玉は酒屋の標示ともなっている。

大物主神と47の「箸墓」の項で紹介した倭迹迹日百襲姫命《やまとととひももそひめのみこと》との神婚伝説が伝えられる。姫は大物主神の妻となったが、神の本体が小蛇であることを知り驚いて叫んだので、神は恥じて三輪山に入ってしまい、姫は悔んで自殺したという。神前の大杉の根元には神蛇が棲むとされ、卵を供える人々が今もたえず、また山中には古代の祭祀の場、磐境《いわさか》の岩石が残っており、饌米が供えられる。

古くから三輪山を歌った和歌も存在し、額田王《ぬかたのおおきみ》の歌「三輪山をしかも隠すか雲だにも情《こころ》あらなも隠さふべしや」（『万葉集』巻一・一八）等がある。

大神神社

49 平等寺

平等寺《びょうどうじ》は大神神社の神宮寺で、三輪山の西南麓に位置する。『大和名所図会』の三輪社の挿絵の右端に僅かに「平等寺」の名が見えるが、この寺はもと東西四町半・南北三町の広大な寺域を有していた。『大和名所図会』には「**三輪村にあり本堂、護摩堂、祖師堂、鐘楼、護法祠、僧舎十二宇あり**」とある。

『奈良県の地名』によれば、鎌倉初期、中興の祖慶円が両部神道を成立させ、以降三輪別所といい、明治初年神仏分離によって廃されたが、昭和五十二年（一九七七）旧跡に曹洞宗平等寺として復されたとある。

三輪山平等寺本堂

❖檜原神社

山の辺の道を大神神社から天理方向へ北に進むと程なく檜原《ひばら》神社に到着する。大神神社と同じく本殿がなく、背後の三輪山を拝する神社である。天照大神を祭神とし、伊勢神宮の鳥居と同様のものが見られ、「元伊勢」とも称される。現在は大神神社の摂社。拝殿は享保十九年（一九三四）に倒壊した。檜原丘陵からは祝部土器細片が発見されており、『日本書紀』崇神天皇の条にある笠縫邑《かさぬいむら》と比定されている。

檜原神社の鳥居から二上山の山間に沈む夕日が美しい。西方浄土を思わせる二上山の夕日は、人々の心をひきつけ、山の辺の道を訪れる人々が、夕日の美しさを賞でる所である。

50 玄賓庵

玄賓《げんびん》は、平安時代初期の法相宗の高僧の一人である。この玄賓が隠棲した寺と伝えられるのが玄賓庵《げんびんあん》である。中世において玄賓追慕の信仰が強まり、興福寺南円堂に法相六祖の一人として坐像が安置され、『撰集抄』・『古今著聞集』・『古事談』・『江談抄』などにその行状が記される。

『大和名所図会』には、玄賓庵の様子が描かれている挿絵に、

発心集曰ならの帝の御時大僧都になし給ひけるを辞し申とて読る

三輪川の清きなかれにすゝきてし衣の袖も又ハ汚《けが》さし　玄賓僧都

の歌が記され、『大和名所図会』の本文には、次のように書かれている。

玄賓庵の旧趾ハ三輪山の北檜原《ひばら》谷にあり、一名玄賓谷《げんびんたに》といふ、（略）**玄賓僧都《げんびんそうず》こゝに隠れて白雲を枕にし風は月と共に清うして、世《よ》の塵埃《じんあい》に染る事をさけ解脱《げだつ》の空門《くうもん》にいましけり、抑此僧都は姓ハ弓削《ゆげ》氏河内《かわち》国の人也、釈書山階寺《やましなでら》の止事《やんごと》なき智者《ちしや》なりけれと世を厭《いとふ》心ふかくして、更に寺院のましハりを好まず、三輪川のほとりに僅なる庵をむすびて住けり**（略）

俗姓は弓削氏で河内国の人。『元亨釈書《げんこうしゃくしょ》』によれば、隠棲して三輪川の辺りに庵をむすんだとある。

『奈良県の地名』（平凡社）には、

三輪宗の碩徳であり唯識学を興福寺の宣教に学んだが、一族の道鏡の専横を憎んで伯耆の山中に隠れた。その後、桓武天皇の病を癒したことなどもあって僧官に任ぜられたが、辞して備中国湯川寺に隠れた。嵯峨天皇

玄賓庵遠景

の弘仁九年（八一八）に八十五歳で亡くなったとされている。（略）玄賓が三輪に隠栖していたのは最晩年のことである。謡曲の「三輪」は、この玄賓を主人公に、大物主神のいわゆる神人通婚説話を織り込んだもの。
明治初年の廃仏毀釈の際、旧地の北檜原谷から茅原村内の現在地に移され毀釈を免れた。

とあり、隠棲した経緯なども分かる。

『江談抄』第一―四六（日本古典文学大系『江談抄』岩波書店）に次の一文がある。

「玄賓、律師を辞退する事」

また云はく、弘仁五年（八一四）、玄賓初めて律師に任ぜらる、辞退の歌に云はく、

三輪川の清き流れに洗ひてし衣の袖は更に穢れじ、と云々、

しかし、玄賓はすでに、大同元年（八〇六）に大僧都となっており、史実と異なっている。

次の『古事談』巻第三―八（日本古典文学大系『古事談』岩波書店）の話も史実と異なっている。

玄賓僧都は、南都第一の碩徳、天下無双の智者なり。然れども遁世の志深くして、山科寺の交りを好まず、只だ三輪川の辺に纔かに草庵を結びて隠居す、と云々。而して桓武天皇強ちに喚《よ》ぶに依りて、時々公請《くしょう》に従ふと雖も、猶ほ本意に非ず存じけるにや、平城の御時大僧都に補せらると雖も、自ら辞して一首の和歌を献ず、

三輪川のきよき流れにすすぎてし衣の袖をまたやけがさん

また、謡曲に世阿弥元清原作の「三輪」があり、玄賓僧都が三輪に住む法師として登場する。三輪明神が女姿で現われて、いわゆる三輪の神秘を物語りして、天の岩戸に神遊を見せる。前シテは里女、後シテは三輪明神、そしてワキは玄賓僧都である。里女が、玄賓僧都に願い出て神性を失ったため生じた人間的な迷妄の苦しみを救ってくれるようにたのむという筋書である。

この玄賓庵の名を受け継ぐ寺院が、三輪山の麓に存在する。真言宗醍醐派の寺院で、山の辺の道に面してひっそ

りと法灯が守られている。現玄賓庵には、不動明王坐像（重要文化財）をはじめ、玄賓僧都半跏像などが祀られている。山陰にたたずむ玄賓庵には、今なお玄賓僧都が現われそうな雰囲気がある。

玄賓庵（巻之四）

飢食松花渇飲泉
偶従山後到山前
陽坡軟草厚如織
因與鹿麋相伴眠
これは唐《とう》の銭《せん》起《き》が
詩《し》なりしらく其作も
こゝにうつし侍る

51 佐野のわたり

『大和名所図会』の挿絵には、貴人が馬に乗り三人の従者を連れて雪中に川を渡る姿が描かれ、『新古今和歌集』巻六・冬の和歌が添えられている。貴人はおそらく藤原定家をあらわすのであろう。

新古今

駒《こま》とめて袖《そで》打はらふ陰《かげ》もなし佐野《さの》、わたりの雪の夕くれ　定家

「佐野のわたり」は『万葉集』や『新古今和歌集』にも詠まれた和歌の名所で、歌枕として藤原定家以来多くの歌人に詠まれて来た。しかし「佐野のわたり」の場所比定については現在も論争が続いていて、和歌山県新宮市佐野説と大和佐野説がある。『大和名所図会』では「**佐野の岡《おか》とよめるは紀伊《きい》国、佐野のわたりハ大和国なり**」といい、桜井市三輪崎付近を「佐野のわたり」としている。

大和国を旅した三条西公条《さんじょうにしきんえだ》も、連歌師宗碩《そうせき》も、ここ大和の「佐野のわたり」を通過してそれぞれ紀行文を書いている。次にこの二人の紀行文を見てみよう。

❖三条西公条と『吉野詣記』

伝佐野のわたり（佐野橋）付近

三条西公条《きんえだ》は父三条西実隆《さねたか》・母勧修寺教秀女のもとに、文明十九年（一四八七）五月二十一日に誕生。兄公順が出家したので、次男ながら、二歳で叙爵し、永正二年（一五〇五）蔵人頭となり、天文六年（一五三七）十月父実隆死後、家督を継いだ。天文十年（一五四一）正月内大臣に、同十一年三月右大臣になり、天文十三年二月二尊院で落飾している。これ以後悠々自適し、永禄六年（一五六三）十二月七十七歳で没している。

享禄二年（一五二九）に後奈良天皇に『古今和歌集』を進講し、当代一流の文化人として重んじられた。能登守護畠山義総の求めで成った『源氏物語細流抄』は父実隆の口述を彼が整理筆録したもので、自著としては、『宇槐記抄』・『吉野詣記』などが残る。

公条は、天文二十二年（一五五三）二月二十三日から三月十四日まで、足かけ二十二日間かけて、都から吉野山へ旅を続け帰洛している。

この二十二日間の紀行文が、称名院三条西公条筆『吉野詣記』である。以下、『吉野詣記』（『群書類従』第十八輯、続群書類従完成会、以下同じ）の主要部分を見てみよう。

いにし年の秋、はからずとしごろふしなれたるとこ離れて、いくべき心ちもなくて、あはれ修行にも出で立ちなばやと思ひつゝ、とかくまぎれしに、紹巴とて、筑波の道に志ふかくて、このごろ都のすまひし侍りて、夜ひる来訪ひけり、しかも敷島の大和の国まで、道たど〳〵しからず、芳野のはなみるべきよしいざなひけり、さらばとて、人々にいひふるゝこともなくて、むげに顔知らぬ人宗見といふ人ひとりを召し連れ、ことし天文二十二年二月廿三日のあした、ひそかに都を出で侍るとて、思ひつゞけける、

序文によると、連歌師里村紹巴の誘いを受けて、吉野の花見が目的で、宗見と三人でこの旅行に出かけたことがわかる。

当時は、吉野まで徒歩で往復するため、都を出て、大和に向かい、葛城から高野山へ、さらに吉野を見て大和・河内から摂津へ廻り、帰洛している。

奈良坂を越えて般若寺・十輪院・興福寺・東大寺・不退寺に至っている。不退寺では業平の御影を拝見して「容顔の美麗端正なる、現の人にむかふが如し」と書いている。

ついで、法華寺・海龍王寺・超勝寺・西大寺・菅原寺・唐招提寺・薬師寺・大安寺・元興寺を巡礼、二月二十六日は、奈良から桜井方面に向かい、当時存在した在原寺・柿本寺を訪れている。内山永久寺・釜口山長岳寺に滞在、二夜をあかしたと記している。

さて、「さののわたり」について公条は次のように書いている。

（天文二十二年二月）

廿八日、柳本太神にまゐりて、あなし川を渡り、檜原大御輪寺にまゐりたりしに、寺のさまうるはしく、よのつねのつくりざまにあらず、（略）是より三輪に詣でけるに、神前のさま殊更神さびたるに、（略）さののわたり過る程、風いたく吹て、あまかせてやなど申けれど、空は一点の雲もなし、

　　ふりこむ雨の雲もなし駒うちわたすさのの夕かせ

かくてつば市より泊瀬にまいりぬ、

二月二十八日は、柳本太神・檜原大御輪寺・三輪大社を巡礼、「さののわたり」を過ぎようとした所、風が強く吹きつけて来たが、この時は雨の降りそうな気配もなく、空は一点の雲もなかった。公条は、「俄かにふりこむ雨の雲もなし駒うちわたすさのの夕かせ」の一首を詠んで、海柘榴市《つば》より長谷寺に向かった。

翌日は、飛鳥に向かい岡寺・橘寺を巡礼、飛鳥川を渡り、安倍の文珠堂を訪れている。

三月四日には、葛城の高天寺に向かい、「初陽毎朝来」と鶯が鳴いたという梅の木を見物したが、すでに枯れていたと記している。その後、葛城山・金剛山を経て吉野山に向かった。

三月八日、法隆寺を巡覧、龍田を見物し、三月十日には、信貴山に登り、本堂を参詣、信貴山からは、河内八尾に入り、摂津を経て三月十四日帰洛することになる。

文末に、公条は、「老の坂のぼりくだるもこのたびをかぎりと思ふに深き山道、今生の宿望、来世の結縁、満足するものなり」と書いている。

❖宗碩と『佐野のわたり』

宗碩《そうせき》（文明六年〈一四七四〉生～天文二年〈一五三三〉没）は、室町後期の京都の連歌師で、連歌師宗長に誘われ、大永二年（一五二二）七月二十日京都を発って、大和路を経て伊勢神宮に向かい、桑名に着いた八月二十三日紀行を終えている。この紀行文が『佐野のわたり』で、大永二年七月二十四日に三輪が崎の佐野のわたりを訪れ、次のように書いている。

さて廿四日、初瀬路に出立ちて、三輪が崎行くほど、雨俄に降りきぬ、かの万葉の古言、たゞ今のやうに思い出られて、「雨宿りを」など人々言いしも、「いづこにか家もあらん」と、濡れ〳〵行過るに飽かぬ心地して、返す〴〵「佐野のわたりに」などうち吟じつゝ、泊瀬寺に着きぬ、

（新日本古典文学大系『中世日記紀行集』岩波書店）

宗碩の一行が初瀬寺に向かう途中、初瀬川沿岸の三輪が崎へたどりついた所でにわか雨が激しく降り出した。「かの万葉の古言、たゞ今のやうに思い出られて」とは、『万葉集』巻三・二六五の長忌寸奥麿《ながのいみきおきまろ》の歌「苦しくも降り来る雨か神《みわ》の崎狭野《さの》の渡りに家もあらなくに」を思い出したということである。

雨宿りの家もなく、ぬれぬれに行き過ぎ、万葉の古歌をうち吟じつつ、長谷寺（泊瀬寺）にようやくたどりついたのであった。

伊勢街道（長谷寺付近）

佐野のわたり（巻之四）

新古今
駒《こま》とめて袖《そで》うちはらふ陰《かげ》もなし
佐《さ》野《の》のわたりの雪の夕くれ
定家

52

磯城島高円山

『大和名所図会』には、磯《し》城《き》島《しま》高円山《たかまどやま》の挿絵があり、山裾の道を行く猟師の二人連れと、月光にさえる高円山を描いて、

敷嶋《しきしま》や高円山《たかまどやま》の雲間《くもま》より光さしそふ弓《ゆみ》はりの月　**堀川院**

を添えている。これは『新古今和歌集』巻四・秋上の一首であり「磯城島、そこにたかだかと聳える高円山の雲間から、ほのかに峰に光をあてている弓張の月よ」（新日本古典文学大系、岩波書店）という歌意である。

『大和名所図会』では、磯城島高円山は「**三輪崎の巽赤尾山の東龍谷村にあり**」と記し、磯城瑞籬宮は付近の「**三輪村の東志紀社の西にあり**」と記している。

❖磯城瑞籬宮

敷嶋高円山（巻之四）

山の辺の道の平等寺の南西、桜井市金屋のこんもりと繁る小森に志貴御《しきのみ》県《あがた》坐《にいます》神社がある。神社拝殿右には原始信仰を物語る磐座も残されている。現在境内に「崇神天皇磯城瑞籬宮《しきのみずがきのみや》跡」の石標が建てられており、この神社近辺に磯城瑞籬宮《しきのみずがきのみや》があったと推定されている。

磯城瑞籬宮とは、崇神天皇時代の宮殿を指すといわれ、『日本書紀』崇神天皇三年九月条に、「都を磯城に遷す、是を瑞籬宮と謂ふ」とみえる。『古事記』では「師木の水垣宮に坐す」とある。

『大和名所図会』山辺郡の項に「磯城瑞籬宮《しきみずかきのみや》」があり、

磯城瑞籬宮 **三輪村の東志紀社の西にあり**
崇神天皇三年に都をこゝにうつし瑞籬宮といふ

と書かれている。

53 長谷寺（初瀬寺）

長谷寺《はせでら》は、天武天皇の勅により僧道明によって養老四年（七二〇）〜神亀四年（七二七）頃創建されたと伝えられている。現在、真言宗豊山派総本山、本尊十一面観世音菩薩立像（重要文化財）。

平安時代には「長谷の観音」として観音信仰の一拠点となり、その名声は京の都まで届いて、貴賤の別なく参詣が盛んとなった。

近鉄長谷寺駅から長谷寺門前道に向かうには、階段を下って伊勢街道を横切らなければならない。長谷寺の石柱が立つ門前道に入ると、みやげ物屋や旅館が現われ、山門に近づくにつれてにぎわいを増して来る。草もちや吉野くずを売る店が多く、古くから長谷寺の門前町であった雰囲気を感じることができる。

長谷寺鳥居跡

❖長谷寺一の鳥居

『大和名所図会』に長谷寺一ノ鳥居の挿絵がある。高貴な女性が、二人の女性と一人の従者を連れ鳥居をくぐろうとする所で一人の貴公子に出会った場面が描かれている。

次の文章が添えられている。

一ノ鳥居ハ初瀬町の入口にあり、額《がく》ハ菅神述作し給ふ本縁起の中の蔵王《ざおう》権現の真詞なり、隷書《れいしょ》にして安井御門跡道信卿の御筆なり、

功徳成就墜　諸仏経行砌　諸天神祇在　此山振威験

続いて『源氏物語』玉鬘の巻が引用されている。すなわち、挿絵に描かれたのは長谷寺に参詣する「玉鬘」の姿である。

昔源氏に愛されつつもはかなく亡くなった夕顔には、頭中将との間に一女があった。これが玉鬘である。玉鬘は、三歳の時乳母の夫大宰少弐に伴なわれて九州へ下り、その子豊後介に養われて成人した。しかし肥後の豪族大夫監《たゆうのげん》に言い寄られ、豊後介に付き添われて上洛した。京には頼るすべもなく、神仏の加護を求めて、ここ長谷寺に参詣した所、運よくそこで源氏に仕えている亡母の侍女右近に出会い、源氏の六条院に引き取られる。出会った所に二もとの杉があったことから「**ふたもとの杉のたちとを尋れハふる河野へに君をみましや**」の歌が添えられている。

長谷寺一ノ鳥居（巻之四）

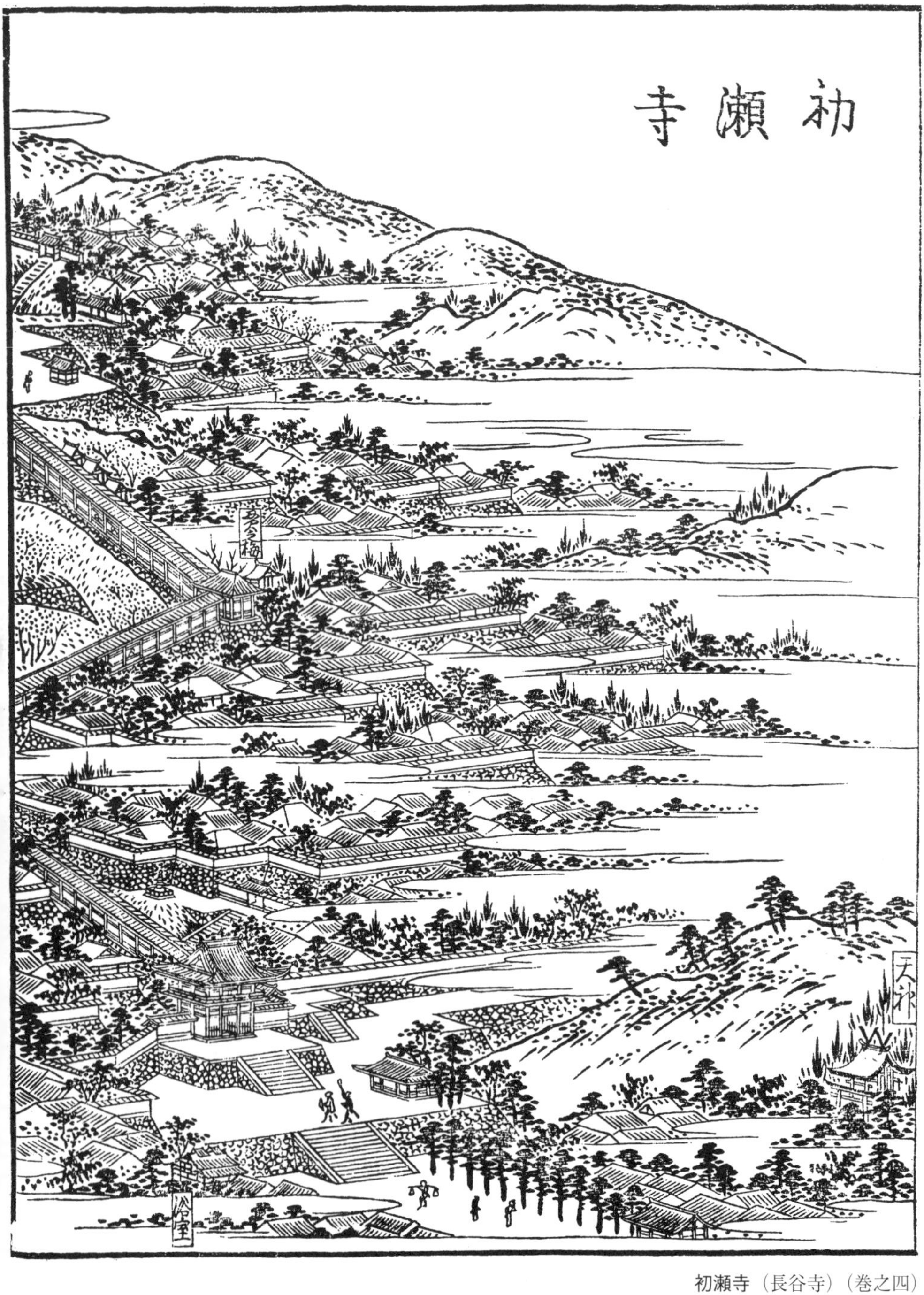

初瀬寺（長谷寺）（巻之四）

大日
不動

❖長谷寺と紀貫之

「長谷寺」の項には『古今和歌集』紀貫之の歌にちなんだ挿絵も描かれている。

古今

はつせにて梅を

人はいさ心もしらす古里は

花そむかしの香に匂ひける

❖与喜天満神社

与喜天満《よきてんまん》神社は、長谷寺の地主神で、長谷寺の川向う与喜山（天神山）の中腹にある旧郷社《ごうしゃ》である。

長谷寺付近には、寺の創建以前から自然神としての天神信仰があったものと思われる。長谷寺が建立されると、観音菩薩の化身として自然神としての与喜天神を寺の地主神として盛大に祀るようになったと思われる。

中世に連歌会が盛んとなり、長谷寺僧侶の間でも連歌会が催されると、与喜天神は連歌神としての崇敬も集めるようになって、「長谷寺連歌会」は「与喜天神法楽連歌会」とも称されるようになる。

長谷寺と紀貫之（巻之四）

54 鏡作神社

『大和名所図会』には、鏡作神社《かがみつくりじんじゃ》の池とそれを見物する人々を描いて次のように説明している。

八尾里《やおのさと》鏡作社《かがみつくりのやしろ》 鳥井《とりい》の内《うち》に鏡池《かがみのいけ》あり、俗に神代の鏡を鋳《い》し時の水也と云伝ふ、今は水涸《かれ》て芝生となる

これによって、鏡作神社付近は鏡を鋳造する人々が住んでいたと推定できる。

鏡作神社は鏡《かがみ》作《つくりにいます》坐天照《あまてる》御《み》魂《たま》神社といい、磯城郡田原本町八尾にある。

祭神は天照国照日子火明命、石凝姥命、天児屋根命である。

鏡作神社（ハイキング仲間と共に）

鏡作神社（巻之四）

55 菟田山

『大和名所図会』の挿絵に雪の山中で「きのこ」を採取する二人連れを描いたものがある。添えられている文章は、

むかし菟田郡に押阪《おしさか》の直《あたい》といふ人あり、雪中より紫の菌《きのこ》を得て食しければ病《やまひ》もなく寿《いのち》も長く侍りける、これ鬼谷子かいふなる瀛《えい》州の不死草の類ならん

すなわち、昔菟田《うだ》（宇陀）郡に押阪の直という人がいて、雪中より紫の菌《きのこ》を得て食したところ病もなく長寿であった。それは、鬼谷子《きこくし》（中国戦国時代の縦横家《じゅうおうか》）のいう瀛州（中国で東海にあった神仙が住むと仮想された海島）の不死草の類ではないか、と書かれている。

『日本書紀』皇極天皇三年条にも「菟田郡の人押坂直、名を闕せり。一の童子を将て、雪の上に欣遊《うれ》しぶ。菟田山《うだやま》に登りて、便ち紫の菌の雪より挺《ぬけ》て生ふるを看る。高さ六寸余」とあり、煮て食べたところ大そう香ばしく、押坂直と子は病に罹ず長生きした。或人が言うには、土地の人は芝草《しそう》（不老延命の薬）と知らず食べたのではないかとのことである。その話を挿絵に描いたのであろう。項目57の「漆部の仙女」にも仙草を食べて天に飛去る話がある。

押坂直が紫の菌を採って長寿を得たという菟田山とはどこであろうか。『大和志』は宇陀郡笠間郷付近と比定する。現宇陀市に笠間の地が存在するので、この付近を指すとも考えられる。

菟田山（巻之四）

笠間郷付近（現宇陀市笠間）

56 室生寺

『大和名所図会』は宇陀郡の中に「**室生寺**《むろうでら》 **室生山にあり**」とする。「女人高野」室生寺《むろうじ》は、その華麗な五重塔が人気を呼び、今も訪れる人々がたえない。

室生渓谷の奥、室生山の麓にたたずむ室生寺は、その昔、修験の霊地であり、水神（龍神）信仰に源を発している。平安時代に興福寺僧賢璟《けんけい》を開祖とし、本堂に如意輪観音菩薩坐像（重要文化財）と左右に両界曼荼羅を、金堂に中尊釈迦如来立像（国宝）を祀る。元禄十一年（一六九八）徳川綱吉の母桂昌院《けいしょういん》の命で興福寺から分離、以来真言宗室生寺派となっている。中世以来弘法大師信仰の高まりによって「女人高野」の霊場とよばれるようになった。

室生寺までは、近鉄室生口大野からバスに乗車、室生寺門前まで十五分位の道程である。門前が近づくとみやげ物屋が連なり、寺の付近には二、三の旅館もある。朱塗り橋を渡ると山門、続いて室生寺の堂塔が点在する。金堂・本堂が建ち並び、一段高い所に、美しい五重塔がそびえ立つ。小ぶりで瀟洒《しょうしゃ》なこの塔は、屋外にある五重塔では日本で一番小さな美しい塔として、人々の心をとらえてやまない。

室生寺山門（ハイキング仲間と共に）

57

漆部の仙女

『大和名所図会』では、挿絵を描いて「漆部仙女《ぬりべのせんじょ》」を紹介する。みすぼらしいあばら屋で七人の子を育てながら、琴をひく仙女を描いている。

大和国宇陀郡に漆部郷があった。『和名抄《わみょうしょう》』は「奴利倍」と訓ずる。『大和志』には「漆部郷今曾爾《そに》谷と呼ぶ」とあり、曾爾川沿いの八村に比定している。

「漆部の仙女」について、『大和名所図会』は『日本霊異記』の次の物語を紹介している。

漆部郷《ぬりべのごう》今曽爾《いまそに》といふ　むかし宇多郡漆部里《ぬりべの》に風流《ふうりゅう》の女あり、花顔蟬鬢《かがんせんきょう》にして一笑千金《いっしょうせんきん》の容色なり、是すなハちかの部内漆部造麿《ほうないぬりべのみやつこまろ》の妾《しょう》にして七子を産《うめ》り、家困窮して食《しょく》とぼしく衣を織るに便《たより》なし、藤を綴《つづ》り日々沐浴《ぼくよく》して身を潔《きよく》し綴《つづる》を絡《まと》ふ、日毎に野に出て菜草《さいそう》をとり、常に家を浄《きよめ》て糸竹《しちく》を調べ端坐《たんざ》に唱《が》し含情《がんせい》恰《あたかも》天上の客《かく》の如し、難波長柄豊崎宮《なにわながらとよさきのみや》孝徳帝御宇甲寅年その風流の性質神仙感応《しんせんかんおう》し春野菜を採《とる》に仙草《せんそう》を食《はん》て天に飛去る、誠に知顔魯公《しるがんろこう》か碑《いしぶみ》に見えし紫虚元君南岳夫人《しきょげんくんなんがくふじん》ともいひつべし日本霊異記

すなわち宇陀郡漆部の里の漆部造麿の妾は、七人の子供がいて貧窮なれども、清貧な生活を続けたという。沐浴して常に身体を清潔に、衣類はないけれども藤《ふじ》を綴って着物とし、山野に仙草を集めて食とした。常にほほえみを忘れず、神仙これに感応して、孝徳天皇白雉五年（六五四）に至り天上に遊飛したという話を伝えている。

漆部の里は現宇陀市榛原区石田付近と伝える。

伝漆部郷付近（現宇陀市石田）

漆部造《ぬりべのみやつこ》は当地を本拠とした漆部の伴造《とものみやつこ》氏族と考えられる。なお漆部連《ぬりべのむらじ》は天武朝に宿禰《すくね》姓を与えられ、令制下では漆部の一部は大蔵省漆部司《ぬりべのつかさ》の漆部に継承された。

漆部仙女（巻之四）

58 日張山青蓮寺

近鉄榛原駅から車で三十分余、宇陀市菟田野の山奥に日張山青蓮寺《ひばりやませいれんじ》がある。うっそうと繁る杉木立の山道をぬけて、山腹の青蓮寺にたどり着く。

『大和名所図会』が、「鶬山（雲雀山）中将姫」をあげたのは、日張山青蓮寺にちなむからである。鶬（雲雀）山すなわち日張山は、中将姫が隠れ住んだ山奥にふさわしい地であり、古来中将姫伝説の地として、人々に語り伝えられて来た。挿絵では山里に隠れた中将姫が、下女二人と庭先で蓮池を眺めている。蓮池は、中将姫が織ったと伝えられる蓮糸の「當麻曼荼羅」にちなむものである。

謡曲に「雲雀山」がある。主題は主君を思う心からの狂乱を表わす「狂乱物」である。幼き中将姫が継母の奸計によって父に捨てられたのを、乳母が雲雀山にかくまい、毎日花を売って扶養する姿を表わす。物狂いは花を売るためであって中《ちゅう》の舞物が展開される。

原作は世阿弥元清である。曲中に「大和紀の境なる雲雀山」とでてくる。従って謡曲「雲雀山」からは、「紀州の雲雀山」とも「大和の雲雀山」とも断定しがたい。

江戸時代、多くの人々に中将姫伝説が知られており、この中将姫が隠れ住んだ地が大和の雲雀山だとすると、青蓮寺のある日張山がその舞台にふさわしかったのである。

青蓮寺《せいれんじ》は、浄土宗、本尊は中将姫を模した法如坐像で姫十九歳の姿だという。本堂・阿弥陀堂・鐘楼などが残り、「大和国宇多郡日張山青蓮寺縁起」など多くの縁起類を伝える。

❖中将姫伝説

中将姫伝説の要旨は、次のようなものである。

横佩《よこはぎ》右大臣豊成の娘中将姫は三歳の時に母を失い継母を得る。継母は奸計と讒言をもって豊成をだまし、豊成は武士に姫の殺害を命じる。しかし、武士は姫を雲雀山に連れ出したものの殺害できず、山中に姫を匿い妻ともども養育する。数年後、豊成は雲雀山に狩に出かけ偶然姫と再会を果し邸に連れ帰る。姫は入内させられそうになるが、生母の供養のためと道心から出家を決意し、出奔して當麻寺に入り出家得度する。その後阿弥陀仏と観音の化身である老女と織姫の援助で蓮糸で曼荼羅を織り、やがてその功徳で往生を遂げた。

この話は中世に「當麻曼荼羅」の絵解きとしてひろまった。「當麻曼荼羅」絵そのものも大小さまざまの模本が作成され、その絵解きとして中将姫伝説が浄土系各派によって語られた。

「中将姫本地」（新編日本古典文学全集『室町物語草子集』小学館）に、次の文がある。

武士を召し、「汝、紀伊国有田郡雲雀山といふ所にて頭を刎ねよ。後の供養をばよくよくせよ」と仰せければ、武士承り、三代相恩の主君の仰せを背き申すに及ばずとて、姫君を具し奉り、彼の山の奥に御供申す。

ここでは雲雀山は紀伊国有田郡にあると語られている。

一方、先に述べたように謡曲「雲雀山」では、雲雀山を「大和紀の境なる」山としている。

かやうに候ふ者は。奈良の都横佩《よこはぎ》の右大臣豊成公に仕へ申す者にて候。扨も姫君を一人御持ち候ふを。さる人の讒《ざん》奏《そう》により、大和紀の境なる。雲雀山《ひばりやま》にて失ひ申せとの仰《おはせ》にて候ふ程に。（『謡曲集』日本古典文学大系、岩波書店）

継母の讒言で中将姫を捨てた父横佩豊成は自らの所行を悔いて従者と共に雲雀山を訪ねて来る。やがて山中で中将姫を発見、涙の再会のあと奈良の都を指して父娘が帰るという筋立である。

鶬（日張）山中将姫（巻之四）

59 八咫烏神社

宇陀市榛原区高塚に祭神建角身命《たけつぬみのみこと》を祀る八咫烏《やたがらす》神社がある。『続日本紀』慶雲二年（七〇五）九月九日条に大倭国宇太郡に祭祀されたことが記される。

八咫烏は『日本書紀』神武天皇即位前紀戊午年六月二十三日条に、「頭《や》八咫烏《たからす》有《あ》り、空《そら》より翔《と》び降《くだ》る。（略）烏《からす》の向《むか》ひの尋《まま》に、仰《あふ》ぎ視《み》て追《お》ふ。遂《つひ》に菟田下県《うだしもつあがた》に達《いた》る」と見え、宇陀郡に祀られた。

初代天皇とされる神武天皇は、日向国より大和国への東征伝説で知られる。日向国を出発して河内国白肩《しらかた》に上陸したが、大和国鳥見の豪族長髄彦《ながすねひこ》に行手をふさがれ紀伊国に回った。熊野から、八咫烏《やたがらす》と日臣命《ひのおみのみこと》の案内により、ついに大和国宇陀郡に入ることができたという。この八咫烏《やたがらす》を祀ったのが、宇陀郡の八咫烏神社であると伝えられる。

八咫烏神社

八咫烏神社として『大和名所図会』は、次のように記している。

鷹塚村にあり、いつの代よりか社《やしろ》頽廃《たいはい》して礎のミ遺れり、神名帳、続日本紀出、八咫烏《やたがらす》ハ神皇産《かんみむすびの》霊《みたま》の霊《れい》にてましります元々集

すなわち『大和名所図会』が刊行された頃は、退廃して礎石のみが残った状態であったという。

文政年間に再興され、本殿は春日造になっている。

60

本居宣長と『菅笠日記』

本居宣長《もとおりのりなが》は、明和九年（一七七二）三月五日から十日間大和国を旅し、紀行文『菅笠日記《すががさにっき》』を残している。

一方『大和名所図会』は、寛政三年（一七九一）刊行されているので、二十年程後であるが、宣長の記述に、『大和名所図会』に現われる大和国の状況と共通することが多々ある。

そこで宣長の『菅笠日記』によって、一七七二年頃の大和国を見てみよう。

けふはかならず長谷《ハッセ》迄物すべかりけるを。雨ふり道あしくな《ン》どして。足もいたくつかれにたれば。さもえゆかで。はいばらといふ所にとまりぬ。

（尾崎知光・木下泰典編『菅笠日記』和泉書院、一九八七年、以下同じ）

行き帰り「はいばら」に宿泊したと書いている。榛原では、本居宣長が宿泊したのは、旅宿「あぶらや」であると伝えており、その建物が往時のまま残っている。

宇陀市歴史文化館　旧旅籠「あぶらや」外観
（本居宣長が宿泊したと伝えられる）

❖『菅笠日記』

『菅笠日記』は、本居宣長の大和旅行記で、明和九年（一七七二）三月五日から三月十四日までの十日間の旅を記述したものである。『新日本古典文学大系』では以下の様に解説されている。

『菅笠日記』の命名は、旅行中持参した菅笠にもとづくものであるが、『吉野紀行』とも称し、西行法師や三条西公条『吉野詣記』を意識した紀行文で構成されていると言える。

松坂を出発した宣長は、阿保山越の伊勢街道から伊勢に一泊、伊賀の阿保・名張を経て、大和国に入り榛原で一泊している。榛原での宿舎は行き帰りとも旅宿あぶらやであったと伝えられている。長谷寺・多武峯に参詣後、千俣で一泊、吉野山中に入って蔵王堂等に参詣、翌日金御峯神社に詣でた後、西行庵等を訪れ宮滝も見ている。翌々日、如意輪寺を最後に吉野を去り、飛鳥をめぐって岡に一泊、翌日飛鳥坐神社・岡寺等を参詣、三瀬に一泊。翌日久米寺に参詣、畝火山周辺の請陵を探索し、三輪神社を経て、榛原まで辿り着き、再びあぶらやに宿をとったと思われる。伊勢本街道を経て石名原で一泊、多気に北畠家臣であった先祖の事跡を尋ね、松坂に戻って、十日間の旅を終えている。

（鈴木淳・中村博保校注「菅笠日記」新日本古典文学大系『近世歌文集下』岩波書店、一九九七年）

次に『菅笠日記』の主要部分を見てみよう。

なほ山のそはぢをゆき〳〵て。初瀬《ハツセ》ちかくなりぬれば。むかひの山あひより。かづらき山うねび山など《ン》はるかに見えそめたり。よその国ながら。かゝる名どころは。明くれ書《フミ》にも見なれ。哥にもよみなれてしあれば。ふる里びとなど《ン》のあへらんこゝちして。うちつけにむつましく覚ゆ。けはひ坂とて。さがしき坂をすこしくだる。

本居宣長は、榛原の宿あぶらやを立って、長谷寺に向かった。山あいより葛城山・畝傍山が見えると書いている。化粧坂を過ぎると、長谷寺の堂塔が一眺のもとに見渡せた。長谷寺の手前には、与喜天神があると書いている。

茶店で休憩して一首詠み、堂塔に参詣して、「紀貫之の軒端の梅」を見ている。貫之は長谷に於いて、「ひとはいさ心もしらずふるさとは花ぞ昔の香ににほひける」と和歌を詠んだことで有名である。

その後、多武峯寺を参詣している。門前に二、三町家々が立ち並び、美しい橋を渡ると惣門に至った。左右に僧坊が並んでいるとしているのは、現代よりも寺社として繁栄していた様が読みとれる。御廟が「きら〳〵しくつくりみがゝれたる有《リ》様。めもかゞやくばかり也」と書いている。

そのうしろへ。木の下道を。二丁ばかりくだりたる谷陰に。苔清水《コケシミツ》とて。岩門より水のしたゞり落る所あり。西行法師が哥とて。まねびいふをきくに。さらにかの法師が口つきにあらず。むげにいやしきえせ哥也。なほ一町ばかり分行て。かのすめりし跡といふは。すこしたひらなる所にて。一丈ばかりなる。かりそめのいほり。今もあり。桜もこゝかしこに見ゆ。

　花見つゝすみし昔のあととへばこけの清水にうかぶおもかげ

吉野を訪れた本居宣長は、苔清水を訪れ、西行法師が詠んだ歌があるが、「えせ哥」（偽歌）だろうとしている。西行法師の庵と伝えるものがあり、桜もここかしこに見えると書いている。

当時西行の歌と伝えられていたのは、「とくとくと落る岩間の苔清水くみほすほどもなき住いかな」である。

（三月）十日。けふは吉野をたつ。きのふのかへるさに。如意輪寺にまうづべかりけるを。日暮て残しおきしかば。けさことさらにまうづ。此寺は。勝手の社のまへより。谷へくだりて。むかひの山也。谷川の橋をわたりて。入《リ》もて行《ク》道。さくら多し。寺は山のはらに。いと物ふりてたてる。堂のかたはらに宝蔵あり。蔵王権現の御像《ミカタ》をすゑたり。この御《ミ》づしのとびらのうらなる絵《エ》は。巨勢金岡《ゴセノカナヲカ》がかけるといふを見るに。げにいと古《フル》く見どころある物也けり。それに。ごだいごのみかどの。御《ン》みづからこの絵《エ》の心をつくりて。かゝせ給へる御詩《ンシ》とておしたり。わきにこのみかどの御像《ミカタ》もおはします。これはた御《ン》てづからきざませ給へりとぞ。其外かゝせ給へる物。又御《ン》手ならし給ひし御硯やなにやと。とうでゝ見せたり。又楠《クスノキ》のまさつらが軍《イクサ》にいでたつとき。矢《ヤ》のさきして。塔《タウ》のとびらに。かへらじとかねて思へば梓弓なきかずにいる名をぞとゞむる。といふ哥をゑりおきたるも。此くらにのこれり。

如意輪寺を訪れた本居宣長は、その様子を詳しく書いている。

勝手神社と谷をへだてた山腹に如意輪寺があり、宝蔵では、蔵王権現の像の厨子を見ている。その扉の絵は巨勢金岡が描いたこと、後醍醐帝が詩を書いたことを見聞している。

また楠正行の「かへらじとかねて思へば梓弓なきかずにいる名をぞとゞむる」という塔の扉の歌を見ている。

吉野山を下ったあと、壺坂山南法華寺《みなみほっけじ》（壺阪寺）を参詣してその様子を書いている。

飛鳥の御陵を巡っている本居宣長は、次のように記す。

すべてこの檜隈《ヒノクマ》に御陵と申すは。延喜の式《シキ》にのせられたるを見るに。檜隈坂合　陵《ヒノクマノサカヒノミサヽキ》は。磯城島宮《シキシマノミヤ》に天下《アメノシタ》しろしめし、天皇《欽明》。同じき大内《ノ》陵は。飛鳥浄御原　宮《アスカノキヨミバラノミヤ》に御　宇《アメノシタシロシメシ、》天皇《天武》。又藤原宮《ノニ》御宇《シ》天皇《持統》。同じき安古岡《ノノ》陵は。同宮《シ》にあめの下しろしめし、文武天皇にておはします。このうち。いづれかいづれにおはしますらん。今はさだかにわきまへがたし。

酒船石

○檜隈坂合陵＝欽明天皇陵

○檜隈大内陵＝天武・持統天皇陵

○檜隈安古《あこ》岡上陵＝文武天皇陵

とそれぞれ比定しているが、さすがに国学者であり、後の御陵比定に影響を与えた。

「酒船石」を訪れた本居宣長は、「一丁ばかりのぼりたる野中に。あやしき大石《オホイシ》あり。長さ一丈二三尺。よこはひろき所七尺ばかりにて。……」とその構造を具体的に描写している。もとはなお大なる石であったが、高取城を築く時にかきとったという話も書いている。

大原には大原寺、藤原寺ともいう寺があり御社がある。大原明神といって藤原鎌足の母を祀っていると述べている。高市郡明日香村小原に大原神社として今も存在する。

豊浦の里を訪ねた本居宣長は、豊浦寺の跡が、今も向原寺と言う寺だとしている。また難波堀江の跡があるが、この池の伝承はあやまりだとしている。

国学者本居宣長が関心を示して遊覧した箇所は、長谷寺・与喜天神・多武峯・西行庵・苔清水・如意輪寺・壺坂寺・飛鳥の諸陵・酒船石・大原寺・豊浦寺などであるが、これらはいずれも『大和名所図会』がとりあげている。

尾崎知光・木下泰典編『菅笠日記』の解説によると本居宣長の旅の最大の目的は、子守の社（水分神社）に詣でることであり、また『古事記伝』の執筆のため御陵を調べておくことも目的の一つであった。

現代人が忘れてしまった江戸時代の大和の魅力に『菅笠日記』も『大和名所図会』も関心を示し、記事にとりあげているのである。

61 角刺宮旧跡

葛城市《かつらぎし》忍海《おしみ》にある角刺《つのさし》神社は飯豊青皇女《いいとよあおひめみこ》を祀る。『日本書記』顕宗即位前紀に記されている忍海部女王（飯豊青皇女）の角刺宮の旧跡と考えられている。『日本書紀』に、「倭辺《やまとへ》に見《み》が欲《は》しものは忍海《おしぬみ》のこの高城《たかき》なる角刺宮《つのさしのみや》」という当時の歌がみられる。

『大和名所図会』は「角刺宮旧跡」について次のように記している。

忍海《おしみ》村にあり、人皇二十三代清寧《せいねい》天皇五年崩《ほう》し給ひて皇太子億計《おけ》王と御弟弘計《こけの》王と互に御位をゆづりあらそひ給ひしかば、即位もあらず日を経たり、御妹飯豊青皇女《いいとよあおひめ》忍海角刺宮《おしみのつのさしのみや》にして政《まつりごと》をし給ひてみづから忍海《おし》尊《みみこと》と名乗給ひき世に歌つくりてうたふ日本紀に見へたり**此皇女《ひめみこ》は清寧帝《せいねいてい》三年七月角刺宮《つのさしのみや》にして興《みとのまくはひ》 夫はじめて侍りしが人に語り給ふハ一たび女の道をしりにきなにの異《こと》なることかあらん、その後交合《まじわり》の道《みち》おハしまさざりけるとなん**日本紀

境内横には飯豊青皇女が鏡に使用したという鏡池があるが、この池の蓮を用いて中将姫が曼荼羅を織ったと伝えている。

付近には、飯豊天皇（飯豊青皇女）陵と比定される葛城市北花内の北花内《きたはなうち》大塚古墳と、のちに新庄《しんじょう》陣屋の中心となる屋敷山古墳がある。

❖新庄陣屋跡

葛城市新庄は、戦国時代布施氏が屋敷山古墳周辺に築いた城の城下町であった。関ヶ原の戦の後、慶長六年（一六〇

一）和歌山城主より転封となった桑山一晴が陣屋および家臣の屋敷を改築し、新たな城下町がつくられた。『奈良県の地名』（平凡社）によれば、陣屋は古墳を中心とし、藩士屋敷がその東・西・北側に構えたものであったが、天和二年（一六八二）に桑山氏四代の一尹が不敬により改易され、その後陣屋は入封した永井氏により文久三年倶《く》尸《じ》羅《ら》村に移されたとのことである。

現在は屋敷山公園として整備され、「新庄城址」の石碑が残る。また近鉄新庄駅から公園までの通りには古い町並が旧城下の面影を見せてくれる。

角刺神社境内

往時の面影を残す角刺神社鏡池
（2005年撮影、現在は整備済）

62 葛木坐火雷神社

葛木坐火雷《かつらぎにいますほのいかずち》神社は葛城山麓、葛城市新庄町に鎮座。俗に笛吹神社ともいう。祭神は火雷大神《ほのいかづちのおおかみ》、天香山命《あまのかぐやまのみこと》ほかを祀っている。『奈良県の地名』によるともと大字林堂に鎮座していた式内為志《いし》神社の祭神伊古比都幣命も祀る旧忍海郡十四カ村の総鎮守社であるとのことである。境内には、日露戦争記念のロシア製「加農攻守城砲」が置かれ、また天然記念物イチイガシ（県指定）が群生している。

❖柿本神社

葛城市の近鉄新庄駅すぐ近くに柿本《かきのもと》神社がある。柿本人麻呂は、宝亀元年（七七〇）石見国で死去したが、この地に改葬して、当神社が建立されたと伝わる。柿本人麻呂は飛鳥時代に活躍した万葉歌人であるが、その死後歌聖としてゆかりの地で祀られた。

柿本神社の境内には、柿本寺とも称された影現《ようげん》寺がある。本殿脇に郡山藩主の松平信之が建立した人麻呂の墓碑がある。

葛木坐火雷神社石標

柿本神社

63

葛城山麓

葛城山の麓は、古代の面影が残る。葛城修験の中心寺院安位寺の流れを伝える九品寺《くほんじ》をはじめ、一言主《ひとことぬし》神社、高鴨《たかがも》神社は、古代の豪族巨勢《こせ》氏や賀《か》茂《も》氏の栄えた名残である。

葛城地域の人々にとって葛城山は神の住む聖なる山であり、多くの神々が祀られ、役行者によって修験道の聖地ともなった。

『大和名所図会』は男女の別れの挿絵に添えて次の歌を紹介している。

新古今

よそにのみ見てややみなん葛城やたかまの山の峰の白雲　**読人しらず**

「遠くにあって金輪際手の届かないものと見るしかないのであろうか。葛城の、名も高間の山の峰にかかる美しい白雲は」（『新古今和歌集』新日本古典文学大系、岩波書店）

また、本文では、『千載和歌集』春上の次の和歌や、

（崇徳院に百首歌たてまつりける時、花の歌とてよめる）

葛城や高間の山の桜花雲ゐのよそにみてやすきなん　（左京大夫）**顕輔**

「葛城の高間の山の桜花を、雲の彼方、遠くのものとして見過してよいものかなあ」（『千載和歌集』新日本古典文学大系、岩波書店）

そのほか九首の和歌も紹介しており、葛城山は古代より歌に詠まれる名所であった。

葛城山麓の村々

また左の挿絵では、修験者と共に『堀川二度百首』として次の歌が記されている。

かつらきや木蔭に光る稲妻を山伏のうつ火かとこそみれ　兼昌

葛城山（巻之五）

新古今集の葛城の歌（巻之五）

64　一言主神社

御所市にあり、『延喜式』には「葛木坐一言主神社《かつらぎにいますひとことぬし》」とみえる。祭神は事代主命だが、『古事記』に凶事も吉事も一言で言いはなつ神とあり、願いを一言だけ聞いてくれるとして、「一言《いちごん》さん」と呼ばれてもいる。『日本書紀』雄略天皇四年二月条に雄略天皇が葛城山で鹿狩をした時、この一言主神が天皇と同じ姿で現われて、狩猟を競ったという故事が見える。

また、役行者が金峯山と葛城山の間に石の橋をかけるため諸神を集めたが、一言主神は顔が醜くかったので、昼間は出て来ずに夜間のみ働こうとして、行者の怒りをかい呪縛されたという伝説（『今昔物語集』など）が残る。

❖雄略天皇

雄略天皇の鹿狩の様子を描いた挿絵に添えられた次の文は、『日本書紀』雄略天皇六年二月の記事をひいている。

泊瀬小野《はつせのおの》ハ初瀬里の西にあり、むかし雄略《ゆうりやく》天皇六年二月帝《みかど》泊瀬《はつせ》の小野に遊猟《ゆうりょう》したまひ山野《さんや》のけしきを叡覧《えいらん》ありてよみ給ふ

日本紀曰　こもりくの籠国泊瀬の山はいまたちの今時也よろしと山ハあやに綾うらくハし麗也あやにうらくハし

『日本書紀』では大泊瀬幼武《おおはつせわかたける》、『古事記』では大長谷若建命《おおはつせわかたけるのみこと》という。允恭天皇の皇子。兄の安康天皇が眉弱王《まよわ》に暗殺されると、王と王を保護した葛城円《かずらきのつぶら》大臣を攻め殺し、また兄の黒彦・白彦・従兄弟の市辺押磐《いちのべのおしは》・御馬《みま》の諸皇子ら、皇位継承候補をすべて殺害、泊瀬朝倉《はつせあさくら》宮に即位したという。

『万葉集』巻一―一には雄略天皇が歌ったとされる「籠もよみ籠持ち……」の求婚歌がある。

『國史大辞典』（吉川弘文館）によれば、昭和五十三年（一九七八）に解読された埼玉県稲荷山古墳の鉄剣銘に「獲加《わか》

雄略天皇（巻之四）

多支鹵大王《たけるのおおきみ》」とあり、一方熊本県江《え》田《た》船山《ふなやま》古墳の鉄剣も同様に解読されて、「獲加多支鹵大王」は雄略天皇と考えられている。五世紀後半雄略天皇の時代の大和政権の勢力は、関東から九州にまで及んでいたと推測されるとある。

泊瀬小野《はつせのをの》ハ初瀬里の
西にありむかし
雄略天皇《ゆうりやく》六年二月
帝泊瀬の小野に
遊猟し玉ひ山野《さんや》
のけしきを叡覧《ゑいらん》
日本紀曰
こもりくの
籠国
あやにうらくはし
あやにうらくはし

65 金剛山寺（金剛山転法輪寺）と金剛七坊

金剛山《こんごうさん》は、奈良県御所市と大阪府南河内郡千早赤阪村の境にあり、山頂は葛木岳という。大阪側から見ても奈良側から見てもひときわ高くそびえ立っている。筆者もいくたびか登山し、大阪平野と奈良盆地を眺望できることに感動した。金剛山寺《こんごうせんじ》はその西方に位置し、真言宗醍醐派の大本山、現在は金剛山転法輪《てんぽうりん》寺という。修験道葛城二十八宿の一つで、天智天皇開基、役小角《えんのおづぬ》（役行者《えんのぎょうじゃ》）の開山と伝える。

役行者は葛城山の麓で出生、活動した人物である（114「役行者と山上嶽」参照）。金剛山寺は役行者開山と伝えられるが、金剛山麓にあった金剛七坊も役行者ゆかりの寺院であった。『大和名所図会』は、この内朝原寺、石寺、高天寺を紹介している。

『奈良県の地名』（平凡社）によれば、弘和年中（一三八一～八四）大宿坊以外に行者坊・長床坊・西室院・実相院・石寺・朝原寺を脇寺六坊と称し、周囲二キロにある地の修道寺・坊領山・多聞寺・朝原寺・高天寺・石寺・大沢寺を統合して金剛七坊とよんだとある。元中七年（一三九〇）正月、楠木正勝《まさかつ》が千早城《ちはやじょう》から吉野に敗走した際に諸堂ことごとく炎上したが、応永三十三年（一四二六）、長興・常香らによって復旧、文明五年（一四七三）には、一休宗純《いっきゅうそうじゅん》が来遊したとある。天文二十二年（一五五三）には、『吉野詣記』を書いた三条西公条《きんえだ》がその途次に連歌師里村紹巴《じょうは》を伴なって当寺を訪れている。

『大和名所図会』葛上郡の項に「高天寺《たかま》」がある。その挿絵には梅の鶯を眺める僧の一行が描かれている。

称名院殿（三条西公条）大和紀行曰、高天寺《たかまでら》の初陽毎朝来《しょようまいちょうらい》の梅《うめ》の樹《き》、ちかき頃風におれたるよしヽる、一丈ばかりの株《かぶ》枯朽《こきゅう》したるあり、かたハらに小枝ありて

朽てたに梅もたかまの花の色に八雲を声にのこす鶯

高天寺に次のような故事が伝わる。

孝謙天皇の時代、高天寺の僧が、弟子の童子の死を嘆いていた所、ある朝うぐいすが来て「初陽毎朝来不相還本栖《しょようまいちょうらいふそうかんほんせい》」と鳴いたという。これは、「初陽《はつはる》の朝毎《あしたごと》には来れどもあはでぞ還る本の栖《すみか》に」という歌の意で、梅の木に来たうぐいすが、傷心の僧の心をなぐさめたという。『大和名所図会』の挿絵は、この高天寺の梅とうぐいすを僧が見上げている場面を描いている。

鶯に古調《こちょう》ならハん高天寺　**南洞**

本文には、

寛文記曰高天寺《たかまでら》ハ金剛山の麓《ふもと》にして草庵五六坊あり、いにしへハ伽藍巍々《がらんぎぎ》たりしか何の代よりか頽廃《たいはい》して僅《わずか》に三間四面の堂に十一面観世音幷釈尊《しゃくそん》の霊像《れいぞう》を安置す、其側《かたわら》に遍照院といふ草庵の庭前に孝謙《こうけん》天皇の御宇に鶯《うぐいす》やどりて和歌を詠《えい》したる梅の木今にあり、

と記している。

往時の高天寺は、現在その姿を見ることができないが、梅の木は高天彦《たかまひこ》神社の前に鶯宿梅として伝わっている。『奈良県の地名』(平凡社)によると、貝原益軒の『南遊紀行』には、「高間に桜多し、鶯の名所なり、大なる社あり、高天寺あり、俗に所謂鶯の初陽毎朝来と囀りし梅ありし所なり」と記しているという。

栢名院殿大和紀り白とうまさへえる天ちの物陽まいてくらくむ毎朝来の梅乃樹ちうえ次風に

むとくふ
うらうにまは
なかり侏
枯朽しろ
ありやうに
小枝ゐりく

朽てふ
梅しさら
うのむ次
まの
八さらか
ゆそ之
のこそ
を考

高天寺（巻之五）

鶯に古《こ》調《ちやう》うそろん高天寺
南洞

❖朝原寺

『大和名所図会』には、次のように書かれている。

朝原寺《あさはらじ》寛文記曰金剛山の本堂より二十八町坂中にあり、金剛山七坊の内なり、此寺の霊宝《れいほう》にハ役《えんの》行者自画の影、大黒天像ハ伝教《でんぎょう》大師の作、釈迦如来ハ春日《かすが》の作、田植の毘沙門《びしゃもん》とていにしへ自《みずから》田をうへ給ひし尊像とかや、今に御足《みあし》に土つきて有といふ、八王子社あり、中頃比叡山《ひえいざん》の八王子断絶におよびし時、此所より勧請《かんじょう》せり、それより比叡山繁栄せしといふ、金剛《こんごう》童子堂・弁財天《べざいてん》のやしろ鎮守三十八所社あり、

金剛山七坊といわれた内の一寺院であったが、現在は金剛山横峰東南斜面にその跡地が残る。かつて金剛山寺を中心とする葛城修験の繁栄していた名残りである。

『大和名所図会』の書かれた時代には、寺院は存在し、役行者の自画影《えい》、伝教大師作と伝える大黒天像、釈迦如来像、毘沙門天像などが祀られ、金剛童子堂・八王子社・弁財天社などがあったという。

66 茅原寺（吉祥草寺）

JR和歌山線茅原駅から徒歩二〇分ほどの地にあって、茅原山金剛寿院《ちはらさんこんごうじゆいん》吉祥草寺《きつしょうそうじ》と号す。本尊は五大尊で、不動明王を中心に、大威徳明王・隆三世明王・軍荼利明王・金剛夜叉明王を祀る。もと真言宗であるが、現在本山修験宗大本山である。葛城修験道の根本寺院であり役行者が生まれた地であるという伝説によって、多くの人々に尊崇されている。

『大和名所図会』では次のように書いている。

茅原山金剛寿院吉祥草寺《ちはらさんこんごうじゆいんきつしょうそうじ》茅原村にあり一名茅原寺　人皇三十五代舒明《じょめい》天皇の創建にして役小角の開基也、本堂にハ五大尊《ごだいそん》を安置す、伽藍神《がらんじん》の社にハ熊野《くまの》権現を勧請し、行者堂にハ小角三十二才の御時みつから肖像《しょうぞう》を彫刻《ちょうこく》して安置し給ふ、香精水笈懸杉《こうじょうすいおいかけすぎ》これらも役行者《えんのぎょうじゃ》の遺跡《いせき》なり、抑此地《ち》ハ行者誕生《たんじょう》の所にして舒明《じょめい》天皇六年の出誕より今に至て一千百五十有余年の浄刹《じょうせつ》なり、

すなわち舒明天皇創建で開基は役小角《えんのおづぬ》、行者堂には小角三十二歳の時自刻した肖像を祀るという。この寺地は役小角生誕地として、挿絵には左から本堂、行者堂、鎮守、おいかけ杉（笈懸杉）などが描かれている。

茅原は、おそらく茅《ちがや》が生い茂る野原であったと相像できる。古代からは茅《ちがや》で茅輪《ちのわ》を作ってこれをくぐると厄除けになるという風習があるが、何か神事か呪術を行なう場所が、茅原であったと思われる。

吉祥草寺山門

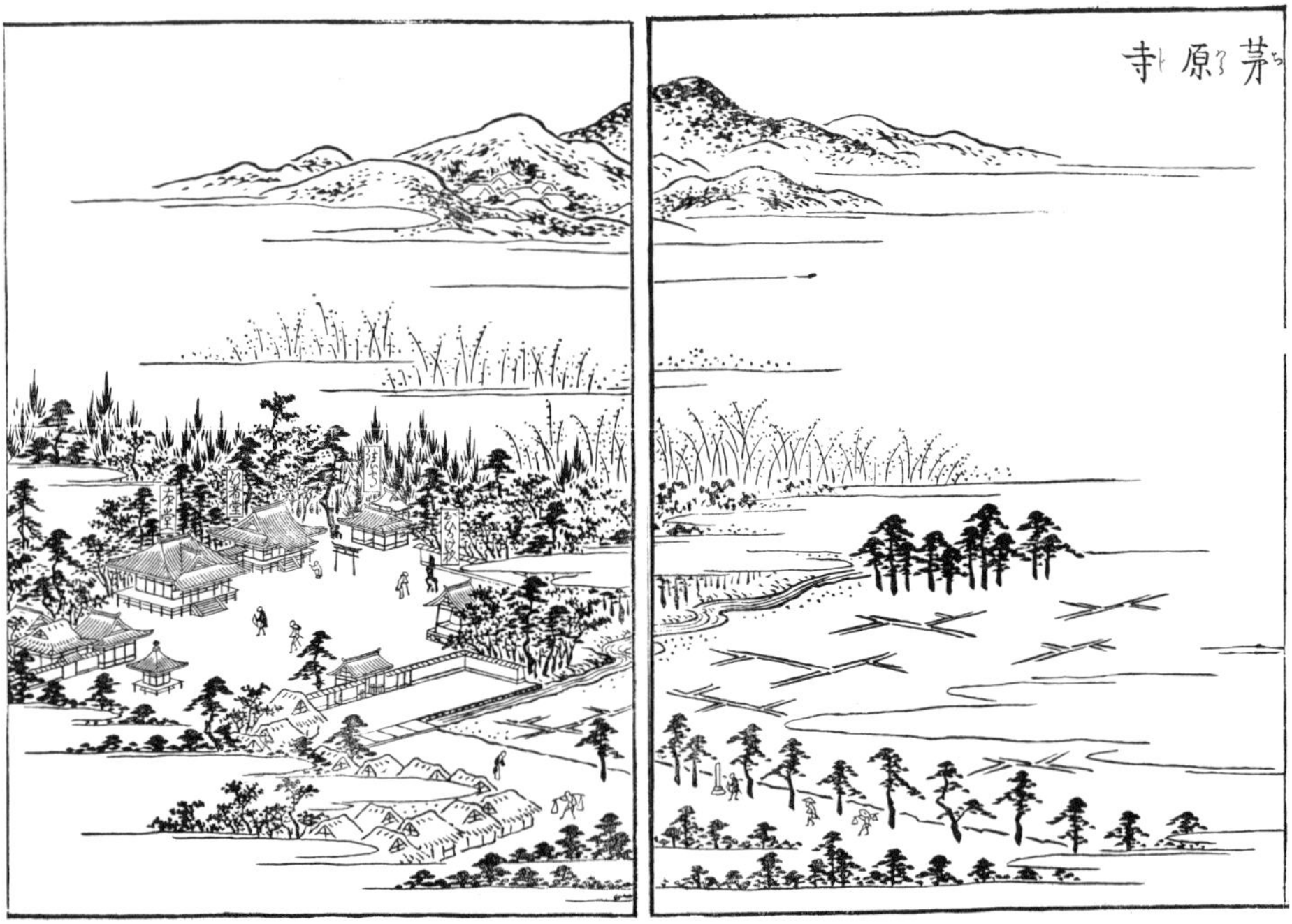

茅原寺（巻之五）

67 白鳥陵

『大和名所図会』は、白鳥陵を次のように記している。

白鳥陵《しらとりのみささぎ》 富田《とんだ》村にあり かつらきの麓也 日本武尊《やまとたけのみこと》東夷《とうい》をほろぼし帰陣の時伊勢国能褒野《のぼの》にして崩じ給ふ、御歳《おんとし》三十才 即《すなわち》能褒野の陵《みささぎ》に葬《かくし》奉りし時、白鳥《しらとり》と化し大和国をさして飛給ひしかハ群臣棺をひらき見奉りしに、只明衣《みぞ》のミあり、白鳥《しらとり》ハ大和国琴弾原《ことひきのはら》にとゞまらせ給ひしかバ、そこに陵をつくれり、又白鳥飛て河内国旧市邑《ふるいちむら》にとゞまり給ひしより陵をこゝにも築《きづき》て白鳥の三陵《りょう》といへり、終に天にかけり給ひしかハ衣冠《みぞつもの》を葬《ほうむ》るとそ 日本紀

ここでは「日本武尊伝説」を紹介して、白鳥三陵の琴弾原陵が大和国富田村にあるとしている。

『奈良県の地名』（平凡社）によれば、明治三十一年（一八九八）日本武尊陵として治定された。大和の富田村の白鳥陵は琴弾原の陵と考えられているが、掖上鑵子塚《えきがみかんすづか》古墳（柏原）を白鳥陵とする説もあるとのことである。

❖日本武尊伝説

『古事記』・『日本書紀』には、日本武尊《やまとたけるのみこと》の伝説が伝えられる。

景行天皇の皇子日本武尊（『古事記』では倭建命）は、天皇の命令で西方の熊曾建《くまそのたける》を征討、次に出雲国では出雲建《いずものたける》を討つ。さらに東国（蝦夷《えみし》）征討を命じられ、相模国において野火に囲まれるが草薙剣《くさなぎのつるぎ》で草を刈りはらい一命を取りとめる。帰途伊吹山《いぶきやま》の神と戦うが、白猪に化した山の神の降らせる氷雨のために病みつき、ついに伊勢国の能褒野《のぼの》に崩じた。そこに御陵が造られるが、白鳥と化して飛び立ち、大和国琴弾原《ことひきはら》、ついで河内国羽曳野《はびきの》にとどまったという。

68 巨勢社（巨勢山口神社）と巨勢寺跡

巨勢《こせ》山口神社は、御所市古瀬の巨勢山中腹にあり、『大和名所図会』本文には、「**巨勢山口神社　古瀬村にあり神名帳及ひ三代実録出**」と書かれる由緒ある神社である。

この地は武内宿禰を祖とする古代の豪族、巨勢氏の本拠地で、山麓にあった巨勢寺は巨勢氏の氏寺であったと考えられる。

『日本書紀』朱鳥元年（六八六）八月二十三日条に「巨勢寺《こせでら》に二百戸《へ》を封す」とあり、栄えていたことが伺える。平安期にも存続していたが、徳治三年（一三〇八）の「春日神社文書」によると、荒廃した巨勢寺の旧領を春日社に寄進したとある。

現在は、近鉄吉野線の葛駅と吉野口駅の中間、曾我川西岸に巨勢寺の塔跡と阿吽寺が存在する。平安時代に巨勢川（曾我川）が氾濫して村人が困窮していた時、阿吽という者が、村人を救ったので、人々は感謝して巨勢寺の一角に寺を建て住まわせたのが名の由来とされる。巨勢寺跡の礎石などが用いられているとのことである。

犬養孝『万葉の旅』（社会思想社、一九六四年）は、『万葉集』の二首の歌を紹介している。

巨勢山《こせやま》の　つらつら椿　つらつらに　見つつ偲《しの》はな　巨勢の春野を　坂門人足《さかとのひとたり》（巻一―五四）

河上《かはかみ》の　つらつら椿　つらつらに　見れども飽かず　巨勢《こせ》の春野は　春日蔵首老《かすがのくらひとおゆ》（巻一―五六）

この二首の歌は、大宝元年（七〇一）、持統天皇（太上天皇）が紀伊国に行幸した時、伴の坂門人足が前の句を詠んだが、それ以前に詠まれた春日蔵首老の歌をふまえたものであろうという。いずれにしても巨勢山の麓は椿の花が咲き乱れる名所であったという。現在も阿吽寺の境内を中心として椿の花が咲き乱れ、『万葉集』時代の「つらつら椿」を彷彿とさせる。

阿吽寺（巨勢寺跡）万葉歌碑

阿吽寺（巨勢寺跡）椿の名所で有名
（万葉集研究仲間と共に）

69

栄山寺

吉野川畔の栄山寺は、五條市小島町の風光明媚な地にあり、背後の山には創建者藤原武智麻呂《むちまろ》の墓がある。養老三年（七一九）武智麻呂の創建。『奈良県の地名』（平凡社）によれば、天平宝字年間（七五七〜七六五）子息仲麻呂《なかまろ》が父母の追善供養のため、八角堂（八角円堂）を建立したと伝えられる。創建以来藤原氏の氏寺として尊崇を集め、寺領を多く持ち、その勢力は吉野山や高野山と肩を並べるほどであったという。役小角《えんのおづぬ》もこの地で修行をしたと伝える。

南北朝時代には、南朝の後村上・長慶・後亀山各天皇の行在所にもなったことがあり、栄山寺行宮跡として国の史跡に指定されている。戦国時代には兵火にかかり、ほとんどの堂舎を失い、八角堂を残すのみであったという。焼失したのは、正堂・阿弥陀堂・多宝塔・伽藍神祠・鐘楼・七層石浮図・僧院などであろう（「大和志曰」として『大和名所図会』に往時を記載する）。

古くは前山寺《さきやまでら》とも呼ばれ、現在は真言宗豊山派、山号は学晶山。緑の中に金堂・八角堂が建ち並び、八角堂は国宝である。江戸時代も由緒ある古代寺院として訪れる人々が多く、『大和名所図会』は、挿絵を添えて紹介する。

挿絵は筏の流れ行く宇智川とその前なる栄山寺の一角を描き、次のように書いている。

栄山寺の前なる音無川といふハ宇智川にして其みなもとハ高間《たかま》山よりなかれ小和須川なとを経て三在を遶《めぐ》り宇野を暦《へ》て吉野川に入、

また本文には、次のように記している。

栄山寺小嶋村にあり、役《えんの》優《う》婆《ば》塞《そく》草創《そうそう》の地にして元正帝《げんしょうてい》の御願養老《ようろう》三年藤原武智麿《むちまろ》の建立にして伽藍巍々《がらんぎぎ》たりしか年経《としふり》

て今僅《いまわずか》に遺《のこ》れる金堂の本尊薬師仏《ほんぞんやくしぶつ》日光月光十二神将《しんしょう》千百余年におよぶ、今までいにしへのま丶にして金堂に儼然《げんぜん》たり、又八角堂ハ武智麿《むちまろ》の長男横佩《よこはぎ》右大臣豊成《とよなり》卿の造営《ぞうえい》にて造《つくり》もかへず其儘《まま》也、

と寺の由緒が書かれており、八角堂の建立は仲麻呂ではなく、長男の藤原豊成としている。項目58の中将姫伝説にあった中将姫の父である。

栄山寺金堂

栄山寺八角堂

宇智川と栄山寺（巻之五）

栄山寺のあたりを
ながるゝ川をいふ
宇智川にして
其みなかみは
高間《たかま》山よりいづる
これ小和須川なりとぞ
深く山に在て遶《めぐ》り
宇野を歴《へ》て
吉野川に入

70 金剛寺と五條の町

金剛寺《こんごうじ》は、五條市野原町の吉野川南岸にある高野山真言宗の寺院。『奈良県の地名』（平凡社）によれば、承安三年（一一七三）平重盛が建立したと伝えられ、天正二年（一五七四）兵火で焼失したが、元禄六年（一六九三）盛有により中興再建されたという。本尊は薬師如来。

金剛寺のある五條の町は、江戸時代には、交通の要衝として栄えた。『大和名所図会』の五條の町のにぎわいを写す挿絵には、

五條の里は宇智郡の駅《えき》にして四方《しほう》の旅客《りよかく》ハこゝにゆきゝし、遠近の産物もこゝに交易して朝市夕市とて商家多く郷《さと》の賑ひいはん方なし、白虎通《びやくこつう》曰 商《しよう》とハその遠近を商《あきな》ひ四方の産物を通しこれを聚《あつむ》と也

と記されている。

五條の町は、歴史の町である。新町界隈は古い街並が残り、伝統的建造物群として保存されている。さながら江戸時代へタイムスリップした感がする。またここから、遠く新宮迄目指そうとした鉄道が昭和十二年（一九三七）に着工されたが、未完成のまま中断された。

幕末の天誅組騒動の代官所跡は、現在は市役所の地となり、「五條代官所跡」の石碑が建てられている。倒幕の軍事行動として、文久三年（一八六三）八月十七日、南大和の天領を奪うために決起した天誅組（中山忠光を首領とする）は、五條代官所を襲い、代官鈴木源内らを殺害した。しかし政変により朝敵とされて、九月二十四日最後の決戦で、多くが討死、もしくは捕らえられて処刑された。

金剛寺

五條新町付近

代官所跡（五條市役所前）

五條里（巻之五）

大條里《さと》にて
諸宿郷《しゆくがう》の驛《えき》あつて
四方の旅客《りよかく》ここにゆきて
遠近《ゑんきん》の産物もここに交易《かうゑき》
して朝《あさ》に夕《ゆふ》にあつて商家《しやうか》
多く郷《さと》の繁ひいちゐん方なか
白鹿《びやくろく》通日商ひにへその名を通ひと
あきなひ四方の産物通して是か
聚《あつま》しくん

71 飛鳥

あすか――それは日本人にとって心のふる里である。平安京から時代を遡れば、平城京奈良の都、さらに遡れば藤原京、飛鳥京へ辿り着く。飛鳥は都人の心の古京であった。

采女の　袖吹きかへす　明日香風　都を遠み　いたづらに吹く

志貴皇子（巻一―五一）

（犬養孝『万葉の旅』社会思想社、一九六四年）

現代も藤原京・飛鳥京の故地にたたずむ時、幻想のように采女の姿を想像することができる。

『大和名所図会』が刊行された江戸時代後期においても飛鳥は歴史の宝庫である。

国学者本居宣長は、明和九年（一七七二）三月五日から十四日まで松坂から大和国に入り吉野へ参詣、その後飛鳥をめぐっている。宣長は、檜隈坂合陵（伝欽明天皇陵）・檜隈大内陵（伝天武・持統天皇陵）・檜隈安古岡上陵（伝文武天皇陵）などを巡り、「酒船石」にも興味を持ち「あやしき大石あり」とその形容を観察してもいる（60「本居宣長と『菅笠日記』」を参照）。

『大和名所図会』は、飛鳥地域で多くの名所旧跡を解説し、甘樫丘・飛鳥坐神社・川原寺・飛鳥寺・豊浦寺・雷丘・文武天皇陵・岡寺・鬼の俎板・鬼の雪隠・南淵請安墓などを紹介している。

今、この地域を巡り歩くと、飛鳥古京の地、石造物の猿石・亀石・亀形石・酒船石、石舞台古墳や橘寺・飛鳥寺・川原寺跡などの名所旧跡を見ることができる。

飛鳥遠景

明日香村遠景

飛鳥稲淵段々畠

明日香村内

石舞台古墳付近

72

甘樫丘

『大和名所図会』は、「味橿丘《あまかしのおか》」と記して、「**豊浦村にあり、皇極天皇三年蘇我入鹿《そがいるか》こゝに家を起《おこ》す**」と書いている。甘樫丘は古くは「味橿丘《うまがしのおか》」とも呼ばれ、現豊浦の東北から西南に連なる丘陵の総称である。権勢をふるっていた蘇我《そが》氏一族が邸宅を構え、蝦夷《えみし》の家を「上の宮門《みかど》」、息子の入鹿《いるか》の家を「谷《はざま》の宮門《みかど》」と呼んだという。『古事記』の允恭天皇条に「味白檮《あまかし》」と見え、『日本書紀』允恭天皇四年条にも「味橿丘《あまかしのおか》」が見える。

甘樫丘の北西部にあった豊浦寺（現向原寺）の西隣に、甘樫坐《あまかしにいます》神社が鎮座する。『延喜式』神名上の高市郡五十四座の内に「甘樫坐神社四座」が見える。『奈良県の地名』によれば、『五郡神社記』は、当社は甘樫丘にあり湯起請《ゆぎしょう》（熱湯に手を入れさせ正邪を判定）の神といわれ、武内宿禰が祀ったと伝えている。最近の調査で甘樫丘で蘇我氏の邸宅跡と思われる遺構も発見されている。

桜満開の甘樫丘

甘樫丘から明日香村を眺望

73 飛鳥坐神社

明日香村飛鳥の中心地に飛鳥坐神社がある。

飛鳥京遺跡近くに祀られ、その守護神として崇められて来た。

『大和名所図会』では、挿絵を付して「飛鳥《あすかの》社《やしろ》」として紹介している。

飛鳥坐《あすかにいます》神社　飛鳥村にあり、神名帳出四座合殿小祠五十余、（中略）**本社四座**（中略）**中社二座**（中略）**奥社二座**（中略）**末社八十坐、**

とあり、古来多くの神々を祀って来た。

『大和名所図会』の挿絵は、現在の神社が江戸時代の景観のまま存続していることを示してくれる。

毎年二月の第一日曜日には、「おんだ祭」が行なわれ、天狗とお多福の夫婦和合の祭事で有名である。

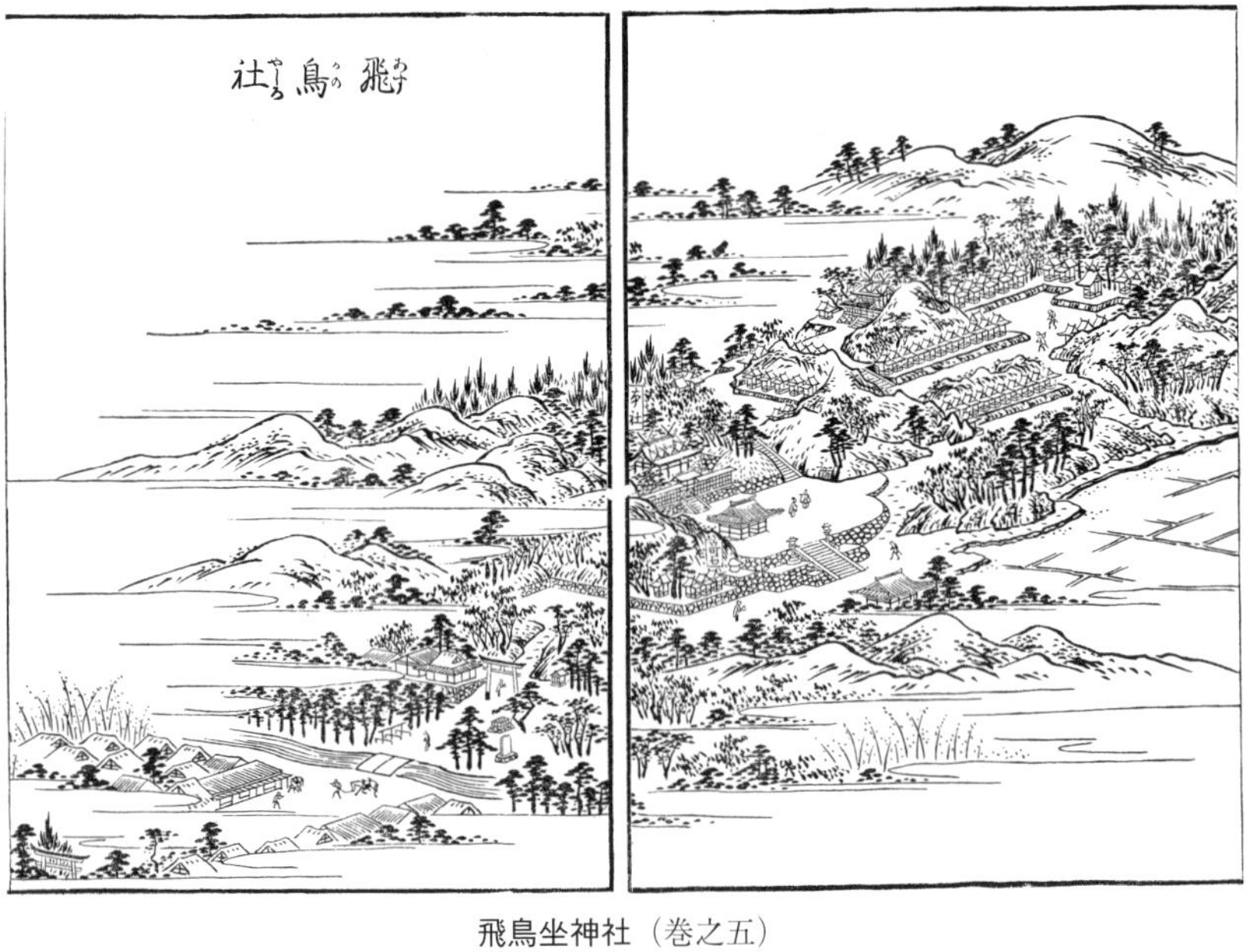

飛鳥坐神社（巻之五）

74 橘寺

明日香村橘には橘寺が存在する。そこはもと用明天皇の別宮、上宮《うえのみや》のあった所で、聖徳太子誕生の地と伝えられ、『大和名所図会』には「**仏頭山上宮院菩提寺**一名**橘寺とも号す**」とある。

現在の橘寺には本堂・観音堂および東門と西門がある。本堂は太子堂と称し、本尊に三十五歳の聖徳太子坐像（重要文化財）を祀っている。

ところで、『大和名所図会』飛鳥橘寺の挿絵では、橘寺の堂前に蝶が飛び交い、それを人々が不思議そうに眺めている。そして次の文と和歌が記されている。

菩提寺縁起曰
橘寺《たちばなでら》の西方より金色《こんしき》の蝶とび来りて講堂の柱に羽うちやすめとまりしばしして飛さりぬ、其跡を見れば一首の和歌を喰付《はみ》たり、
新古今
菩提寺の講堂のはしらにむしくひたる歌
しるへある時にたにゆけ極楽の道にまとへる世中の人

「せめて道案内のある時だけでも行きなさい。極楽への道に迷っている、世の中の人よ」（『新古今和歌集』巻二十・釈教）のこの歌は、橘寺の講堂の話にもとづいている。『大和名所図会』も、金色の蝶が極楽への道案内をす

橘寺付近

橘寺金色蝶（巻之五）

菩提寺縁起曰
櫻町の西方より金色の蝶とび来りて講堂の柱に羽うちやすめとまりしばらくして飛さりぬその跡《あと》を見ればただ一首の和歌を喰付たり

新古今
菩提寺の講堂のはしらにむしくひたる歌

しるべある時にだにゆけ
極楽の道にまどへる
世の中の人

るという故事によって、この挿絵と和歌を描いているのである。

❖川原寺跡

明日香村川原の、斉明天皇の川原宮のあとに、古代寺院川原寺《かわらでら》があった。九世紀以後、真言宗。現在は真言宗豊山派、弘福寺《ぐふくじ》とも称する。

発掘調査により白鳳時代の川原寺の伽藍配置が確認され、中金堂を中心に南には塔と西金堂、それらを中門からの回廊が囲み、北には講堂と僧房のある大寺であったという。

現在遺構の見つかった川原寺跡は整備され、芝生の中に礎石が復元配置されている。飛鳥川のほとり、観光客の憩の場所となっている。

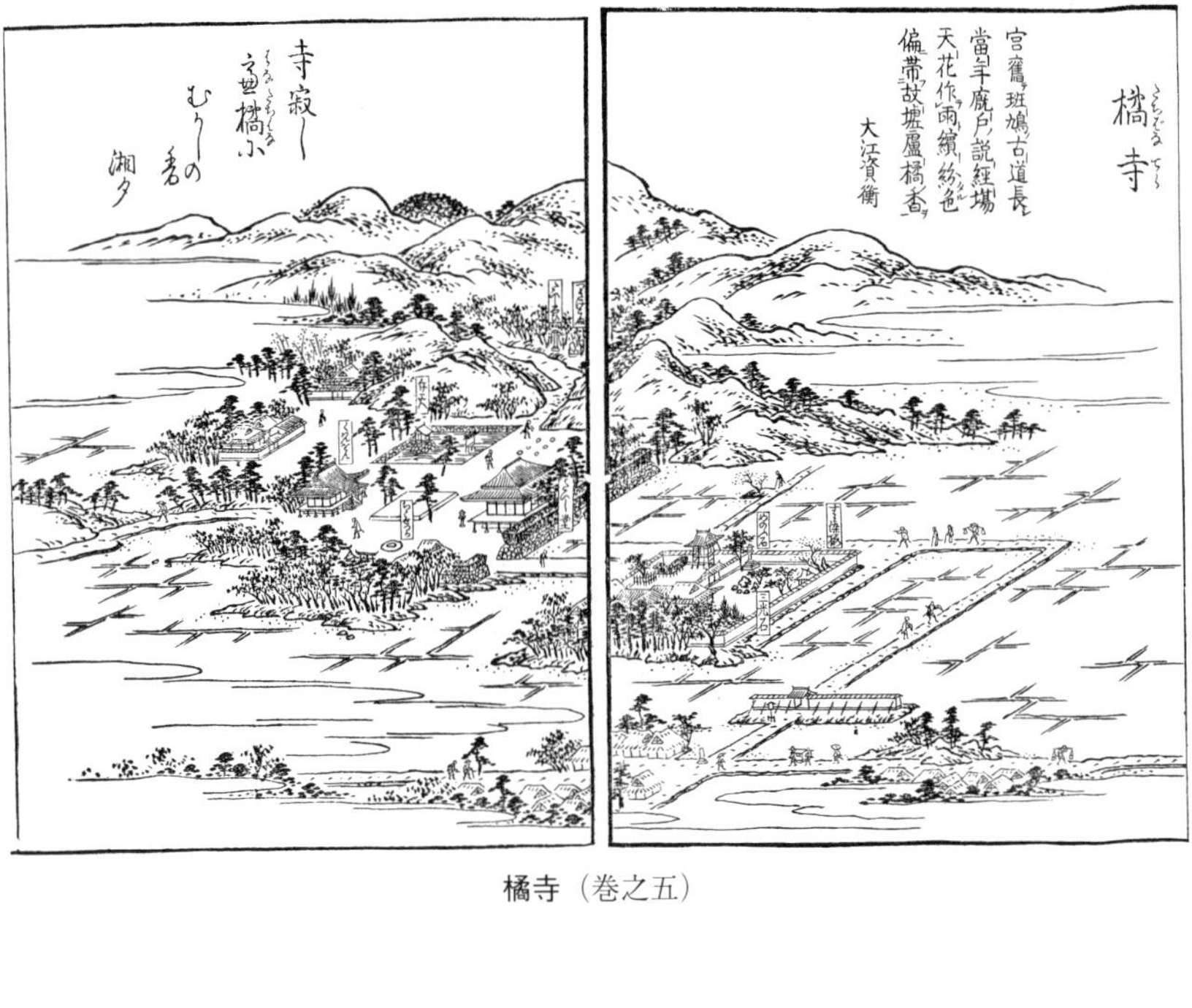

橘寺（巻之五）

75

飛鳥寺（安居院）

『大和名所図会』に、

飛鳥寺《あすかじ》　飛鳥村にあり、今ハ密宗にして鳥形山安居《あんご》院と号す、旧址飛鳥村の北田畑の中に礎《いしずえ》石九十ばかりあり、

と記す。

　俗称「飛鳥大仏」を安置する安居《あんご》院は、古代の飛鳥寺《あすかでら》の中金堂の位置であり、堂一、二字が往時の面影を残している。

　安居院は真言宗豊山派に属するが、本尊は飛鳥寺中金堂にあった釈迦如来坐像（重要文化財）であり、七世紀初めに鞍作鳥《くらつくりのとり》が造ったと伝える、丈六《じょうろく》の銅像である。

　飛鳥寺は、法興寺ともいい（平城京に移ってからは元興寺《がんごうじ》と称した）、推古天皇四年（五九六）頃に蘇我氏の氏寺として、蘇我馬子により創られた日本最初の本格的な寺院である。発掘調査の結果、塔を中心に中金堂（塔の北側）・東金堂・西金堂をおき、それらを囲む回廊の外に講堂があるという飛鳥寺式伽藍配置が発見された。

飛鳥寺（安居院）

❖蘇我入鹿首塚

飛鳥寺から西に一〇〇メートルほど行くと蘇我入鹿首塚がある。

蘇我氏は蝦夷《えみし》・入鹿《いるか》の頃権勢をほしいままにするが、大化の改新（乙巳《いっし》の変）で滅亡する。中大兄皇子と中臣鎌足は、大化元年（六四五）、蘇我入鹿を大極殿で暗殺、蝦夷は自殺するに至った。

伝説では、入鹿の首を葬ったのがこの首塚であるという。形状は花崗岩製の五輪塔である。水輪は上下逆であるが、様式上は南北朝時代のものであるという。

入鹿の首の伝説は後述する項目81「気都和既《けつわき》神社」にもある。入鹿の首に追われた中臣鎌足が逃げてきた場所が気都和既神社であったとする。

大極殿で切り取られた入鹿の首が遠く多武峰近くの「気都和既神社」まで追って来たというのは真実とは考えられないが、飛鳥のロマンを語る伝説である。

蘇我入鹿首塚

76 豊浦寺跡

甘樫丘の北西部に、浄土真宗本願寺派に属す向原寺《こうげんじ》（豊浦寺跡《とゆらでら》）がある。この地は推古天皇の豊浦宮のあった所と伝える。豊浦の地は推古天皇の母堅塩媛《きたしひめ》の父蘇我稲目《そがのいなめ》の向原《むくはら》家のあった所で、早くから蘇我氏の本拠地であった。推古天皇が推古十一年（六〇三）小墾田宮《おはりだのみや》に移るまで、宮殿のあった所と考えられている。

『奈良県の地名』（平凡社）によると、昭和三十二年（一九五七）に発掘調査が行なわれ、向原寺の南側で幅約四〇センチの石組の溝を、さらに南へ四〇メートルほどの所で敷石状の遺構を検出。また昭和四十五年（一九七〇）には、奈良国立文化財研究所が向原寺の北方の小字寺内を発掘調査し、礎石・石敷・石列などを見付けたが、全容は解明されていないという。

ところで向原寺のすぐ横には「難波の堀江」という池がある。

『大和名所図会』は次のように記している。

玉林抄に曰、豊浦寺の東の仏門のなをひがしに飛鳥川《あすかがわ》の西の入江是なり、今かすかに遺れり、難波堀江《なにわほりえ》は守屋《もりや》大連《おおむらじ》堂塔を焼、仏像をしづめし所也、

すなわち、豊浦寺の仏門の東に飛鳥川の入江があり「難波堀江」と呼ばれた。ここは、物部守屋が堂塔を焼き仏像を沈めた所と伝えられている。

一方、『大和名所図会』は「難波の堀江」について二つの異説を紹介している。

一つは善光寺の縁起に摂津国難波浦より仏像を取りあげ奉ったと伝えること、もう一つは法隆寺の旧説により大和国難波江であるとするが、**「いづれの管見さだめがたし」**と結んでおり、これも飛鳥のロマンの一つである。

豊浦寺跡

難波の堀江

77

飛鳥川

『角川日本地名大辞典・奈良県』によれば、飛鳥川は龍在峠付近より発し、稲淵を経て、多武峰に発する冬野川と合し、河合町付近で大和川に合流する。全長二五キロ。明日香村祝戸までは、岩のすきまをぬうように流れ、祝戸から豊浦までは両岸に段丘を形成。かつては豊浦から北へ天香久山西方を流れていたといわれるが、地盤変動で流れの向きが変り、甘樫丘と雷丘の間を横切って北西に転じたとのことである。

古くから和歌に詠まれることが多く、『万葉集』に二十五首ある。『大和名所図会』の挿絵には、次の一首が添えられている。

古今

家をうりてよめる

あすか川ふちにもあらぬ我宿も世にかはりゆく物にそ有ける　伊勢

これは、『古今和歌集』の巻第十八の雑歌であり、大意は、「わが家は飛鳥川ではないから淵にもならず扶持（私の助け）にもなってくれなかったけれど、意外にも瀬になり銭（ぜに）になるものであったよ」（『古今和歌集』新編日本古典文学全集、小学館）。飛鳥川の情景を詠んだものではないが、『古今和歌集』の歌として人々に知られているので、秋里籬島が飛鳥川の項に入れたのであろう。「**若鮎やよくかハる瀬に住ならひ　巻阿**」の句も載せている。挿絵はこの伊勢の歌の情景を描いたものであろう。

飛鳥川

若鮎や
よくかくれ肉
瀬小
住るひ
巻五

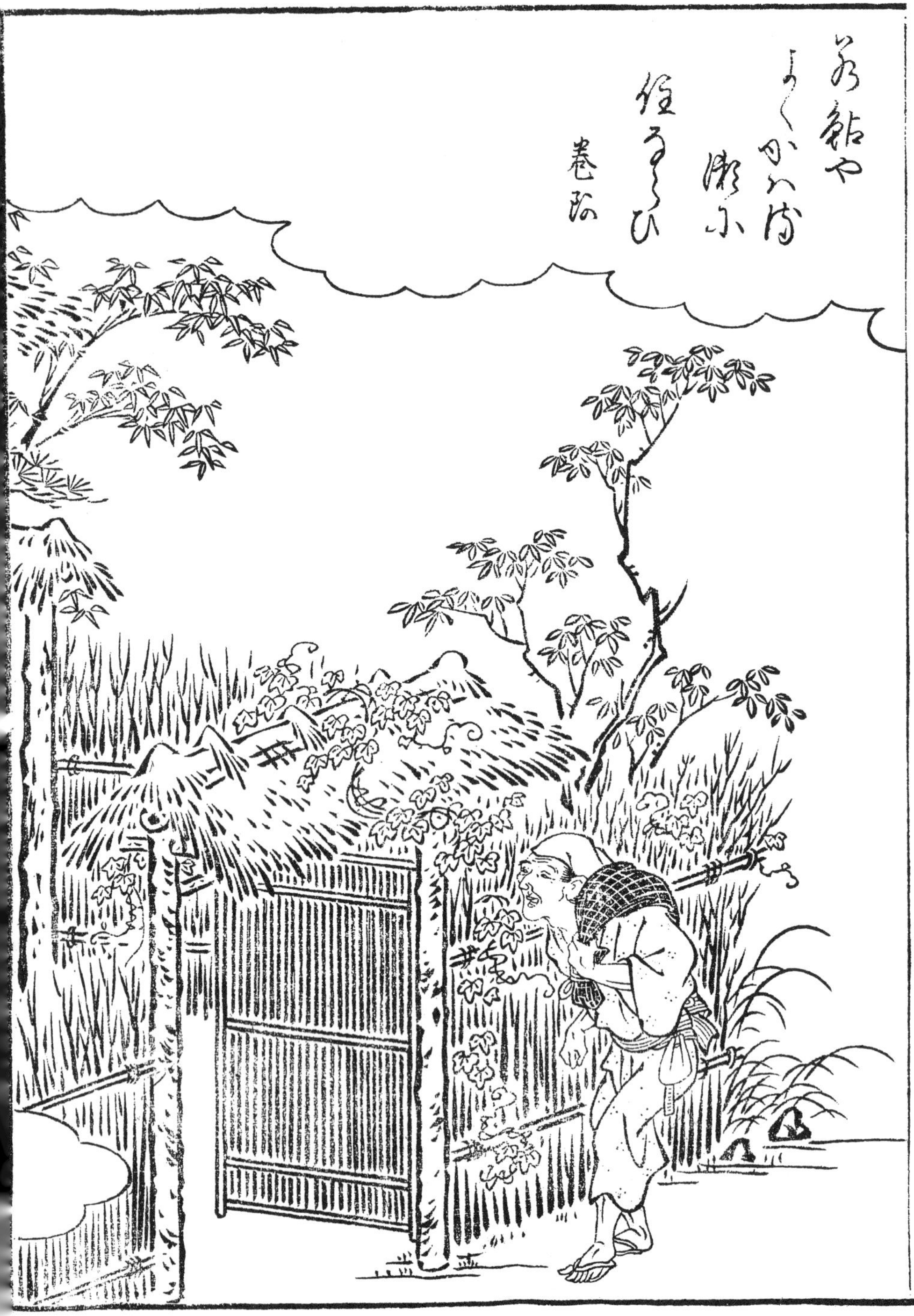

飛鳥川（巻之五）

古今
家をうりてよめる
あすか川ふちにもあらぬ我宿も
せにかはりゆくものにそ有ける
伊勢

犬養孝『万葉の旅』（社会思想社、一九六四年）は、次の歌を紹介している。

明日香川　瀬々の玉藻の　うち靡き　情《こころ》は妹に　寄りにけるかも（巻十三―三二六七）

この歌は、明日香川の情景を詠み込んだ恋の歌である。しがらみのために、川藻のなびきあわない明日香川の情景と、愛する女性を思う恋心の苦しみを、しがらみに例えて詠んでいるのである。

犬養先生の書によるこの歌の歌碑が飛鳥川畔に建てられている。このほか、万葉歌碑は、飛鳥地域に数多く建てられている。

明日香川万葉歌碑

作者未詳
明日香河《あすかがわ》
瀬湍之朱藻之《せぜのたまもの》
打靡《うちなびき》
情者妹尓《こころはいもに》
因来鴨《よりにけるかも》
（犬養）孝書

78 雷丘

明日香村の飛鳥川をはさんで甘樫丘の対岸にある小丘を雷丘《いかずちのおか》と呼ぶ。この丘に雷を捕えた栖軽《すがる》という男の話が伝えられる。

『大和名所図会』は挿絵に添えて、「**栖軽《すがる》といふ人勅命をうけ雷《かみなり》をとらへんと阿部山のかたへ趨《はし》る**」と書いている。

『日本書紀』雄略天皇七年七月条には、雷を三諸岳《みもろがだけ》の神（大蛇）と記すのみであるが、『大和名所図会』は『日本霊異記』を引いて、次のようにさらに詳しく書いている。

雄略天皇の時代に小子部栖軽《ちいさこべのすがる》という男がいた。天皇は栖軽に「鳴る雷を捕えよ」と命じ、栖軽は豊浦寺と飯岡の間に雷が落ちたのを捕らえて帰った。天皇はその雷の落ちた地を雷丘《いかづちのおか》とし幣《ぬさ》を奉って祀ったという。

『日本霊異記』では、その後亡くなった栖軽の墓も雷丘付近に造られ、栖軽の墓に落ちた雷は卒塔婆にはさまったと伝えている。このように生きても死しても雷を捕えた栖軽の墓が、雷丘の上にあったという。残念ながら現在は、栖軽の墓とおぼしき物はない。

犬養孝『万葉の旅』（社会思想社、一九六四年）によると、天武天皇の頃、雷丘《いかずちのおか》と呼ばれていたと思われ、『万葉集』には、

大君は　神にしませば　天雲《あまくも》の　雷《いかずち》の上に　廬《いほ》らせるかも　柿本人麻呂（巻三―二三五）

の歌があり、「天皇雷丘に御遊《いでま》しし時」に天武（あるいは持統）天皇の権威を歌った柿本人麻呂の作である。「天雲

雷丘

の中に鳴りとどろく雷の上にさえいおりをしておいでになる」という表現によって、天皇の絶対的な権威とそれへの礼讃の思いを歌っている。

栖軽伝説（巻之五）

天文指南云
雷《らい》ハ陽氣《やうき》に
して火《ひ》に属《ぞく》
は冬ハ地氣
上り昇る時ハ日
仍《ゆき》て天頂《てんちやう》に迫
づき泥を凝《こら》しく
熱《ねつ》をうれハ時ハ雷《らい》あり其
勢ひ猛く相逼《せまつ》て搏激し
雲竅《うんかう》を張つて破《やぶつ》て或ハ繒《かとりきぬ》
を裂《さく》が如く又鼓《つゞみ》を鳴《なら》しく
聲かうるハが如くこへ

79 衣通姫家地

『大和名所図会』高市郡で「衣通姫家地」があげられる。

衣通媛家地《そとおりひめのいえところ》在所不詳 **衣通媛ハいとうるハしき形容《みすがた》衣よりとをりぬれば、かくこそいふなめれ、稚渟毛二岐皇子《わかぬけふたまたのみこ》の御女《おんむすめ》なり、允恭天皇の后の忍坂大中姫《おしさかおお》の御いもうとにぞ、**

衣通姫家地は在所不詳であるが、允恭天皇の后の妹ということで飛鳥・藤原京周辺に想定したのであろう。

衣通姫とは、『日本書紀』によれば、允恭天皇皇后忍坂大中姫の妹、弟姫のこととある。そこには「弟姫の容姿絶妙比無し、其艶色衣を徹して晃る、是を以って時の人衣通郎姫《そとおりのいらつめ》と号して曰う也」（『日本書紀』日本古典文学大系、岩波書店）とある。すなわちその容姿は絶妙で、肌が衣を通して光り輝いていたという。

允恭天皇七年、允恭天皇が新しい宮殿で宴を催した時、皇后が舞い終り当時の風習として妹の「衣通姫」を天皇に献ったという。天皇は早速近江国坂田に居た姫を召そうとしたが、衣通姫は姉の心情を思って参上しなかった。そこで舎人の中臣烏賊津使主が遣わされ、やっとのことで姫を伴い大和に上った。天皇は藤原に姫を居住させたが、姉の皇后の嫉妬はおさまらず、さらに河内国茅渟《ちぬ》に造った別宮に姫を居住させたという。

茅渟宮の衣通姫については、『和泉名所図会』でもとりあげている。

『大和名所図会』の「衣通姫家地」の挿絵には、次の文がある。

允恭帝《いんぎょうてい》の皇妃におとゝひ《（弟妃）》を具《ぐ》し、衣通媛は聖武帝の御時玉津嶋《たまつしま》明神とあらハれ、舜帝《しゅんてい》の妃《ひ》尭《ぎょう》の二女娥皇女《がこうじょ》

藤原京跡

衣通姫（巻之五）

英《えい》は帝の南巡し給ふを慕ひ洞庭に至り、涙ハ竹を染、斑竹となりつゐに湘水《しようすい》の神となる、いづれも聖主の俤《おもかげ》ゆえと、もろこしも異ならず、

すなわち、「允恭帝の皇妃の弟姫が衣通姫という名であった。衣通姫は、聖武帝の時代に、玉津島明神として現われた。中国では、舜帝の妃で尭の二人の娘娥皇と女英は、帝の南巡に慕い行き、洞庭湖まで至り、その涙は斑竹を染め、ついに湖水の神となったという。いずれも聖主の俤《おもかげ》を偲んでのことで、唐《もろこし》の国でも異なることはない」と、書いている。

現在和歌山市和歌浦の玉津島神社では、和歌の三神の一人として衣通姫を祀っている。

80 大原（小原）の里

『万葉集』巻二に次の相聞歌がある。

わが里に　大雪降れり　大原の　古《ふ》りにし里に　ふらまくは後《のち》　天武天皇

わが岡の　おかみに言ひて　ふらしめし　雪の摧《くだ》けし　そこに散りけむ　藤原夫人

（巻二―一〇三、一〇四）

天武天皇が大原の里に雪の降ったことを告げると、藤原夫人は雨雪の神に頼んで降らした雪のとばっちりがそこに散ったんだと答えるユーモアあふれる相聞歌である。（犬養孝『万葉の旅』社会思想社、一九六四年）

大原《おおはら》は現在明日香村小原。ここには中臣鎌足ゆかりの産湯井跡や誕生山があり、誕生山には鎌足の生母大伴夫人の墓が伝えられている。飛鳥時代藤原鎌足一族の本拠地であったと思われる。

『大和名所図会』は、大原に大織冠社と鎌足の産湯井の跡それに藤原祖先墳《つか》を描いて、次のように解説する。

（略）**藤原のほとりに大織冠《たいしょくかん》の誕生《たんじょう》の地《ち》とてしげりたる岡あり、そのもとの埋《うもれ》井は産湯の井といへり、これ即藤原の御井《みい》の清水《しみず》にや侍りなん。**

『奈良県の地名』（平凡社）によれば、藤原（中臣）鎌足の生誕地と伝える場所は、飛鳥坐神社東南の森の中にあり、母大伴夫人と伝える墓が残っている。江戸時代まで鎌足誕生地とされる産湯井があったという。その東に鎮座する小原神社裏にも伝鎌足の産湯井があるとする。

大織冠社（巻之五）

81 気都和既神社

気都和既《けつわき》神社は高市郡明日香村冬野川上流にある。

『大和名所図会』に、

気都和既神社《けつわきのじんじゃ》　上村茂古杜《もこのもり》にあり、傍に瀑布《たき》あり高三丈計、細川上居尾曾《おそ》の三村氏神を共にす。

とある。

『奈良県の地名』（平凡社）によると、「飛鳥古跡考」に「鎮守。モウコの森といふ。守屋、太子を此森迄追たりしに、此所にてやみぬ。されはしかいふと申伝ふ。然らは古き書物に最不来とみゆ」とあり、モウコノ森については、入鹿の首に追われた藤原鎌足が、ここまで逃げてきて「もう来ぬだろう」といったことに由来すると伝える。屋代弘賢の「道の幸」に「鷺とめの社」ともいい、「こかは《粉河》大明神」を祀る、と記しているとのこと。

『大和名所図会』には聖徳太子、藤原鎌足に関する伝説は記されておらず、村人の口承により、伝説が形成されてきた可能性はあろう。もとより史実とは言い難い。

また、「飛鳥「モウコンの森」を訪ねて　キツワキの神の謎」（関口靖之氏『ならら』二〇〇八年六月号）では、次のような別説を展開している。

「気都和既　キツワケ」とはミズワケである。そしてミズワケは水分であり、すなわちミクマリである。また「モウコンの」とは「モコモリ（茂古森）」であり、これは「ミコモリ（水分）」の名が変化したと考えられる。

としてモコモリ又はミコモリは水分の意であるとする。

気都和既神社

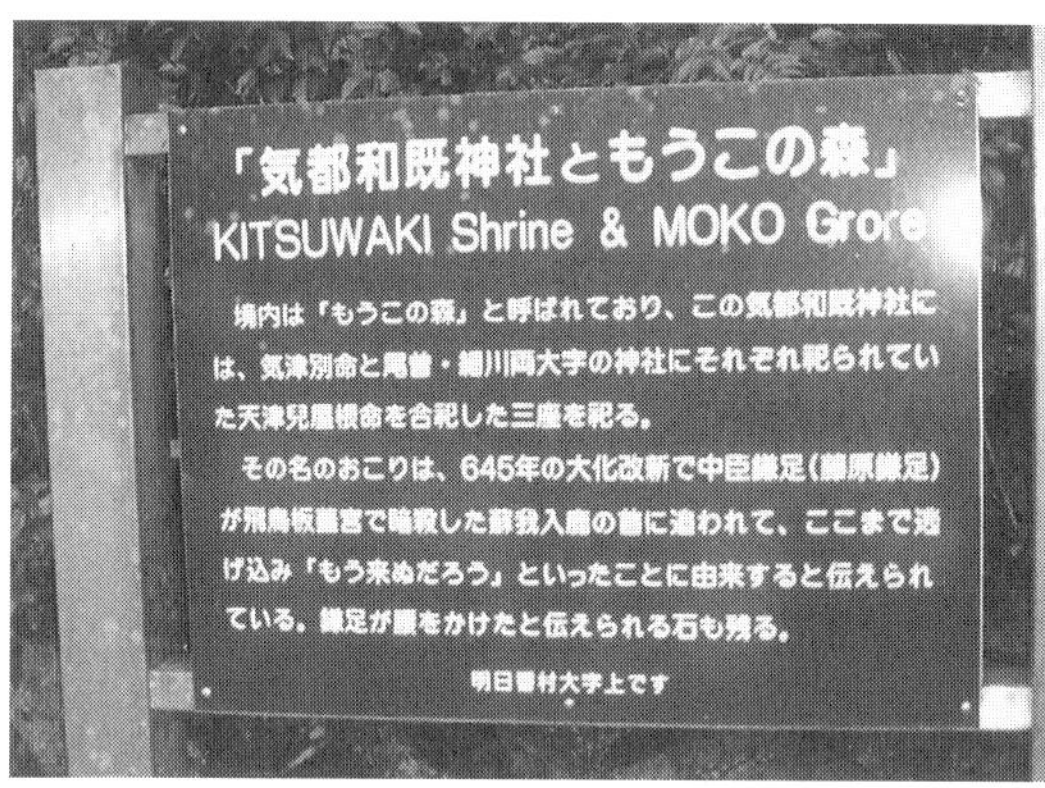

気都和既神社解説（もうこの森の伝承を記す）

82 斉明天皇陵

『大和名所図会』は、次の一文を載せる。

斉明天皇陵　北越智村の東北にあり、俗に升塚といふ。

斉明《さいめい》天皇は、推古天皇二年（五九四）に、茅渟《ちぬ》王と吉備姫《きびひめ》王を父母として生まれ、六四二年～六四五年皇極天皇、のち六五五年～六六一年斉明天皇として在位、中大兄皇子（天智天皇）と大海人皇子（天武天皇）の母である。

現在、宮内庁が比定する斉明天皇陵は、この北越智村の古墳で、高取町大字車木越智岡上丘陵の頂に位置し「越智崗上陵《おちおかのへ》」と呼ばれる。

『日本書紀』天智天皇六年（六六七）二月二十七日条に、「天豊財重日足姫天皇と間人皇女とを、小市岡上陵に合せ葬せり、是日に皇孫大田皇女を、陵の前の墓に葬す」（『日本書紀』日本古典文学大系、岩波書店）とある。

一方、平成二十二年（二〇一〇）九月、明日香村越の牽牛子《けんごし》塚古墳が、発掘調査の結果八角形の天皇級古墳で、巨大石柱や石室二室の存在などから、斉明天皇陵の可能性が極めて高いと発表されている。

その石室は巨大な凝灰石をくり抜いた構造で、重さ推定七〇トン、中央を壁で仕切り、二人用の合葬墓として造られていた。また石室を囲む柱はいずれも高さ二・八メートル、幅一・七メートル、厚さ七〇センチであった。

牽牛子塚古墳では大正時代初めと昭和五十二年の調査で、石室内から漆を塗った麻や絹などの布を重ねた「夾《きょう》紵《ちょ》棺」、七宝焼の飾金具、人骨などが発見されている。従って『日本書紀』に斉明天皇が娘の間人《はしひと》皇女と合葬された記録があるので、牽牛子塚古墳は斉明天皇陵である可能性が今回の発見で高まったと言えよう。

83

中尾山古墳

『大和名所図会』には、

文武天皇陵　平田村の西にあり、俗に中尾の石墓といふ、陵図考ニ曰、字ハ高松山高サ二間二尺廻《まわり》二十間

と紹介する。

中尾山《なかおやま》古墳は高松塚古墳の北側の丘陵上にある。すでに昭和二年（一九二七）四月に、特殊な古墳として史跡に指定されている。

石槨は僅か九〇センチ立方程度の内法で、火葬墳と考えられる。

昭和四十九年（一九七四）の調査により、八角三成の墳丘とそれを廻る八角二重の外部施設を持つことが明らかとなっている。内部は、横口式石槨構造をもつ。盗掘されており、瓦器の小片があっただけで、その他の遺物はなかった。

文武天皇の「檜隈《ひのくまの》安《あ》古岡《このおか》丘《の》陵《べ》」は、現在宮内庁指定陵であるが、当中尾山古墳を文武天皇陵とする説もある。牽牛子塚古墳が八角形の天皇級古墳で斉明天皇陵の可能性が極めて高くなったことから、この八角形の中尾山古墳も文武天皇陵の可能性が高くなったと言えよう。

中尾山古墳

84

岡寺

明日香村岡に、西国三十三番観音札所巡りで有名な岡寺がある。

『大和名所図会』では、

東光山龍蓋寺一名岡寺　舒明天皇の皇居岡本宮の地なればかくいふとぞ

として以下に「岡寺」を紹介している。

それによると、義淵僧正の開基で天智天皇の御願寺として建立されたという。本尊は如意輪観世音である。

中世以降、西国三十三番観音札所巡りの寺として参詣人がたえず、二月初午の日には厄除けのため当寺へ参詣する習慣がある。

現在真言宗豊山派、東光山真珠院龍蓋寺と称する。

江戸時代この寺を訪れた本居宣長は、その紀行『菅笠日記』の中で、多くの老若男女が御堂の観音を参拝して大声をあげて御詠歌を歌うなど、人々でにぎわっていた様子を記している。

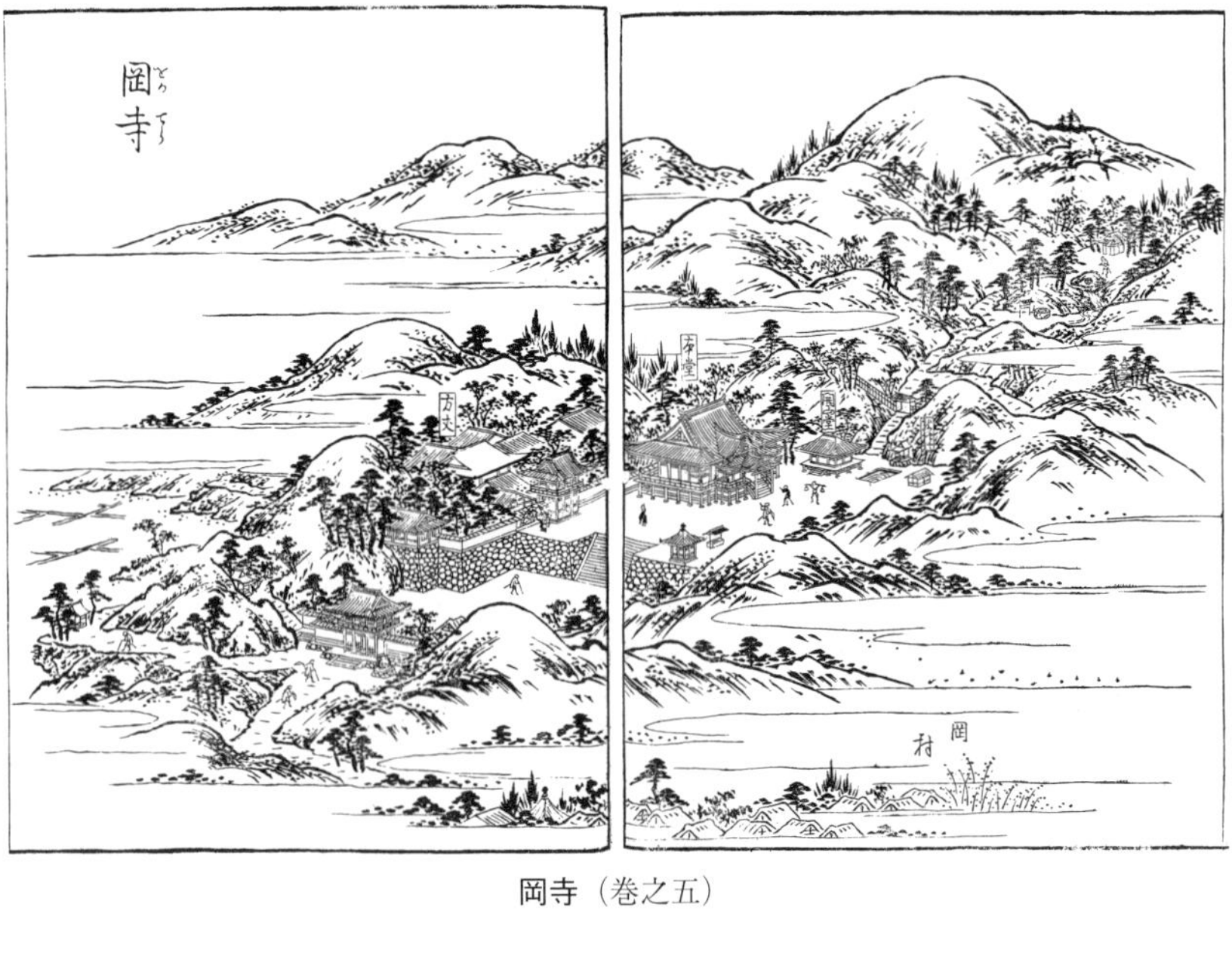

岡寺（巻之五）

85 益田岩船

貝吹山から東北方向の尾根上に「益田岩船」という巨石がある。『大和名所図会』は、挿絵を添えて、山の景勝地として紹介している。『奈良県の地名』（平凡社）によれば、東西の長さは約一一メートル、南北の長さは約八メートルにおよぶ巨大なものである。石の上面に約一・六メートル四方の穴が、狭い間隔をおいて二個並び、穴の深さは約一・三メートルあるという。

『大和名所図会』の挿絵には、岩船の上下に登る人々を描き、次の文章を載せている。

暮行春《くれゆく》のかたみには深山《み》の花のまた散のこり、岩つゝじ咲乱るゝ頃、里人此岩船《いわふね》のうへにて風光を臨ミ、なかき日のならひ、海棠《かいどう》の花のねむれるおりふし、時鳥《ほととぎす》の初声におどろきけるも一興とやいわん、

ここは遊興の名所であった。人々は岩船の上から周囲の風光を臨んで時鳥《ほととぎす》の声を聞くなどの楽しみがあったことがわかる。

益田岩船については研究者が考察を続けているが、未だ定説はできていない。

藪田嘉一郎氏の占星台説（「益田石船考」『史跡と美術』第三三一号）、川勝政太郎氏の火葬墓説（「益田岩船補考」『史跡と美術』第四〇一号）、松本清張氏の拝火教の祭壇説（小説『火の路』）、喜谷美宣氏（『考古学研究』九五）、神戸四郎次氏（『古代学研究』八七号）、間壁忠彦・葭子氏（『石宝殿』）、猪熊兼勝氏（『飛鳥時代石造物の研究』）などの墳墓説などの研究がある。

いずれにしても飛鳥地域に残された石造物や古墳の総合的研究の中で、今後も考察されなければならない遺跡（遺物）である。飛鳥のロマンの解明は、まだまだ終章と行かない。

益田岩船（巻之五）

筆もまたの咲くみすれは
深山の花乃さかく
散のこり岩ねはなし
咲乱るゝ流ろう
里人
岩船のうへ
みるく
風光へ臨く
かすみ日の
すさひ
海棠の花の
枝もたわ
りつし
村雨の初あさに
おとろきさわるも
一興とやいはん

86 倭彦命窟・鬼厠・鬼俎板・亀石

近鉄吉野線飛鳥駅から、そう遠くない距離に、天武・持統天皇陵・鬼《おにの》雪隠《せっちん》・鬼俎板《おにのまないた》・亀石《かめいし》などがある。付近には、欽明天皇陵・吉備姫王墓それに猿石などもある。

『大和名所図会』の本文中には次のようにある。

鬼厠《おにのせっちん》　鬼俎板《おにのまないた》（略）**大和志曰倭彦命の墓、石棺窟中方丈余あり、大石五片をもつてす、磨礲精功《まろうせいくう》にして今半は毀る、石棺石蓋路傍に棄たり、土人鬼厠鬼俎板と呼ぶ、**

また、『大和名所図会』には、「**倭《やまと》彦《ひこ》命《のみことの》窟《いわや》・鬼厠《おにのせっちん》・鬼俎板《おにのまないた》・亀《かめ》石《いし》**」としての風景を描く挿絵がある。これは現在の近鉄飛鳥駅から欽明天皇陵を経て亀石に至る付近の情景である。

まず鬼厠・鬼俎板であるが、現在も飛鳥の謎の石造物として、人気の旧跡である。古くはこの付近の山に鬼が住み、殺した人をこの俎の上で料理して食らい、下の鬼厠で用を足したと伝えられる。現在では学術的解明が進み、上方の鬼俎板の上に石棺が組まれていた古墳であったが、その石棺部分が山から下に崩れ落ち、鬼の厠と呼ばれる所に留まったと考えられている。

一方亀石についても、飛鳥の地を守る亀石であるが、この石が動いて向きを変えると、洪水がおこるという伝説があった。『奈良県の地名』（平凡社）によれば、現在までに諸説が発表されていて、大字檜前《ひのくま》から飛鳥への入口に

天武・持統天皇陵

あたる位置にあることから、飛鳥京域の守護または結界の石であるとする説、川原寺《かわはら》の寺領の西南隅にあたることから、それを示す牓示石とする説、古代飛鳥に住んだ渡来系住民の土俗信仰にかかわるとする説、また朝鮮にある亀趺《きふ》と同様の石造品の未完成品であるとする説などであるという。

『大和名所図会』には倭彦命《やまとひこのみこと》は**「垂仁天皇の母后の御弟なり、同御宇二十八年十月にかくれ給ひて十一月身狭《むさ》桃花鳥坂《つきさか》の陵にこめられけり」**とあるが、現在橿原市の桝山古墳が倭彦命の身狭桃花鳥坂墓に比定されている。

なお、『大和名所図会』は、『大和志』を引いて鬼の雪隠、鬼の俎板の近くの墓が「倭彦命の墓」であると記しているが、現在この墓は、天武・持統陵に比定されている。

❖天武持統陵（檜隈大内陵）

明日香村野口に宮内庁が指定する「天武・持統陵」がある。「檜隈大内陵《ひのくまおおうち》」と呼ばれる。

天武天皇は六七二年～六八六年在位、六八六年崩御。持統天皇は六八六年～六九七年在位、七〇二年に崩御し、天武天皇の陵に合葬された。

『大和名所図会』には、「倭彦命窟」として、入口の見える古墳が丘陵上に描かれており、位置関係からこれが今の天武・持統陵と考えられる。挿絵より当時は倭彦命の墓と考えられていたが、入口も露出するなど荒廃していたことがわかる。

倭彦命窟・鬼厠・鬼俎・亀石（巻之五）

鬼の雪隠

鬼の俎

亀石

87

吉備姫王墓と猿石

吉備姫王《きびひめ》とは、茅渟王《ちぬ》の妃となった女性で、その子が皇極《こうぎょく》天皇（五九四〜六六一）のち重祚して斉明《さいめい》天皇である。さらに二人の間には孝徳天皇（五九六〜六五四）も生まれている。吉備姫王は欽明天皇の孫にあたる。

ところで吉備姫王墓の前には四体の猿石が祀られている。

元禄十五年（一七〇二）欽明陵の南側の池田という所から、四つの石造物が掘り出された。これが吉備姫王墓前に安置された四体の猿石である。

これについて、大正十二年（一九二三）に刊行された『奈良県高市郡古墳志』の「欽明天皇桧隈坂合陵」の項に、次のように書かれている。

『今昔物語』に此石像は元欽明天皇御陵周濠の堤上に立て、在つたとある。然るに其の後陵地南方の字池田と称せる稲田中に埋没してあつたが、元禄十五年十月五日発掘して欽明天皇御陵の西南の中腹段状の所に置かれて、さらに陵地修理の際一旦他に移し、其の後当御墓（吉備姫王墓）御治定あつて、修築された時、更に此処に置かれたのである。斯る石造物は他にも類品があるから、元来欽明天皇御陵に付随した物ではなく、即ち何等かの機会に他から紛れ来たものであらう。

　而して其形態から考察すると、猿が生殖器を露はしたもので、本来は庚申の神として作られたものであらう。さればにや、里俗今に至るも、尚、山王権現と伝えて居るのである。

これによると、猿石は吉備姫王墓の付属物ではなく、付近の欽明天皇陵辺から運ばれて祀られていることがわかる。亀石などと同じく渡来系の工人によって造られた信仰にかかわる石像と考えられる。

吉備姫王墓

猿石（吉備姫王墓域）

猿石（吉備姫王墓域）

欽明天皇陵（吉備姫王墓に隣接している）

88 逝回丘

『万葉集』巻八・一五五七に「故郷の豊浦の寺の尼の私房に宴する歌三首」のうち、丹比真人国人の歌として、

明日香川行き廻る岡の秋萩は今日降る雨に散りか過ぎなむ
（『万葉集』日本古典文学大系、岩波書店）

とある。

飛鳥村と岡村の境界付近に「逝回丘《ゆききのおか》」と称される丘があり、秋萩の名所であったと伝えられる。

『大和名所図会』にも

逝回丘岡飛鳥二村の間にあり

万葉　明日香河逝回岳の秋萩ハけふ降雨にちりかすぎなん　丹比真人

と紹介している。

従って江戸時代中期には岡村と飛鳥村の間にある逝回丘が有名であり、人々の遊興の地であったとわかる。

挿絵は桜花爛漫の春の日、酒食を楽しみながら花見をする男や一服する女を描き、『風雅和歌集』巻二・春中の歌を添えている。

風雅

旅人のゆきゝの岡は名のみして花にとゞまる春の木の本　為家

逝回丘（巻之五）

89

南淵請安の墓

『大和名所図会』に、次の一文がある。

南淵先生墓《なんえんせんせいのはか》　稲淵村にあり、今明神塚といふ、先生ハ諱《いみな》漢人《からひと》といふ、推古帝十六年勅《ちょく》をうけて入唐《にっとう》し、周孔《しゅうこう》の教を学び熟業《じゅくぎょう》して本朝に還る、中臣鎌子連《むらじ》と蘇我入鹿《そがのいるか》の逆意《ぎゃくい》を顕しこれを滅さんと共に謀る。

南淵請安《みなぶちのしょうあん》は、推古朝十六年中国に渡り周孔の教えを習得して帰国し、中臣鎌足が蘇我入鹿を滅そうとした時に共に政変を謀ったと記している。大化改新（乙巳《いっし》の変）を実行した中大兄皇子と中臣鎌足が、請安の邸宅に通って中国の学問や文化を学んだことで有名である。

飛鳥稲淵の小丘の上に、寛文二年（一六六二）建立の石碑「南淵先生之墓」と、大正十一年（一九二二）建立の「南淵先生碑」が立っている。『大和志』に「南淵先生ノ墓稲淵村今称明神塚」とあり、もと朝風垣内にセイサン塚と呼ばれる南淵請安の墓があったが、『大和志』の著者並河永がこれを明神塚にあてて以来、この地を請安墓とするようになったといわれる。飛鳥観光の人々もこの墓まではなかなかやって来ないが、静かなたたずまいの中に、古代のロマンを感じる。

南淵請安墓

南淵先生墓道標

90 飛鳥京遺跡

『大和名所図会』に、次の一文がある。

岡本宮《おかもとのみや》　舒明《じよめい》天皇の皇居《こうきよ》也、又斉明《さいめい》天皇も岡本宮に遷り給ふよし日本紀に見へたり、玉林抄に曰岡本宮ハ橘寺のひかし逝回岡《ゆききのおか》即今の岡寺の地に礎《いしずえ》のこれり、

板蓋宮《いたぶきのみや》　飛鳥《あすか》・岡《おか》二村《ふたむら》の間にあり、斉明帝即位《さいめいていそくい》し給ふ皇居の址《あと》なり

飛鳥川東岸岡の平坦部に飛鳥板蓋宮跡《あすかいたぶきのみや》がある。この遺跡は、一期以上の重層遺跡であり、この遺跡付近に、飛鳥《あすか》岡本宮《おかもとのみや》・飛鳥板蓋宮・後飛鳥岡本宮《のちのあすかおかもとのみや》・飛鳥浄御原宮《あすかきよみはらのみや》などが営まれたと考えられている。

約百年間の飛鳥時代の飛鳥京の中心地であるということは、当時の日本の中心地の宮殿跡である。

❖飛鳥岡本宮

『日本書紀』によると、舒明天皇は同天皇二年（六三〇）十月、飛鳥の中枢部岡に宮を営み、岡本宮といったが、同八年六月、岡本宮は焼亡、田中宮に移った（六三六〜六四〇）。

❖飛鳥板蓋宮

『日本書紀』によると、皇極天皇は同天皇二年（六四三）四月、一時皇居とした小墾田宮《おはりだのみや》から飛鳥板蓋宮に移った。ここが蘇我入鹿暗殺事件の舞台となったのである。弟の孝徳天皇の死後、重祚して斉明天皇となり、斉明天皇元年（六五五）正月、飛鳥板蓋宮で即位した。しかし、その冬に飛鳥板蓋宮は焼失、飛鳥川原宮に遷宮した。

❖後飛鳥岡本宮

斉明天皇二年（六五六）、斉明天皇は夫舒明天皇の宮があった飛鳥岡を改めて宮地と定め、後飛鳥岡本宮を造った。

❖飛鳥浄御原宮

壬申の乱で大友皇子に勝利した大海人《おおあまの》皇子（天武天皇）は飛鳥に戻り、島宮ついで後飛鳥岡本宮に移った。その年の冬に後飛鳥岡本宮の南に飛鳥浄御原《あすかきよみはら》宮を造営（『日本書紀』天武天皇元年条）して、翌二年に即位した。

飛鳥京遺跡

飛鳥京苑池跡

91

飛鳥川上坐宇須多岐比売命神社

高市郡明日香村大字稲淵の飛鳥川上《あすかのかわかみ》坐《にいます》宇《う》須《す》多《た》岐《き》比売命《ひめのみこと》神社《じんじゃ》は、文字通り飛鳥川の上流地点にあり、山道を登ること三〇分、うっそうと繁る森の中にある。『大和名所図会』も「**稲淵村にあり今宇佐宮と称す、三ケ村の氏神也、神名帳出**」とその存在を紹介するが、現在の観光客はめったに訪れない。稲淵村ら三ケ村の氏神として、古来から地元の人々によって祀られてきた古社である。

奥飛鳥

飛鳥川飛石（古代人も行き交った）

宇須多岐比売命神社

92 山田寺跡

桜井市山田に山田寺跡がある。この寺は、蘇我氏の一族倉山田石川麻呂《くらやまだいしかわまろ》が建立した氏寺で、『大和名所図会』には「**山田寺《やまだじ》　山田村にあり一名華《け》厳《ごん》寺、孝徳天皇五年蘇我倉山田大臣建る、文武帝三年山田寺封三百戸を施入す**」とある。『日本書紀』孝徳天皇大化五年三月条には石川麻呂は、乙《いっ》巳《し》の変（六四五年）後の孝徳朝に右大臣となったが、大化五年（六四九）に、異母弟の日向《ひむか》に讒言され、造営半ばの山田寺で自殺、のち疑いが晴れたと書かれる。その後造営は続き、天智天皇二年（六六三）に塔が、天武天皇六年（六七七）に丈六仏像が造られ、同十三年に開眼して山田寺と称したという。『奈良県の地名』より、次のようなことがわかる。

今は小堂と庫裏があるだけだが、境内には往時の伽藍遺構をとどめる。伽藍配置は、門・塔・金堂・講堂を南から北に並べた四天王寺式をとり、昭和五二年（一九七七）から奈良国立文化財研究所が発掘調査を続けている。（略）塔の東側から焼土や焼けた瓦を出土するところから、塔は焼失したと推定され、創建時の建物は一二世紀までにそのほとんどを失ったらしい。（略）

山田寺の発掘成果で注目すべきものは、東面回廊が発見されたことである。ほぼ完全な形で埋もれていたため、古い諸技術の解明に役立った。

山田寺跡

93 壺坂山南法華寺（壺阪寺）

高取山の西、壺坂峠の下に位置する壺阪寺《つぼさかでら》は、南法華寺《みなみほっけじ》ともいい、大宝三年（七〇三）弁基上人の開基で、聖武天皇が帰依し、承和十四年（八四七）には朝廷の保護を受ける定額寺となったと伝える。十一面千手観音菩薩像を本尊とする観音霊場で、西国三十三ケ所第六番の札所となっている。今もこの寺が有名なのは、お里・沢市の物語として浄瑠璃でもおなじみの『壺坂霊験記』によってである。高取町内には、お里・沢市の墓と伝えられる地もある。そこには供養堂とお里・沢市の墓石が残っている。

『大和名所図会』は、次のように記している。

清水谷村の東壺坂山にあり、本尊ハ千手観世音にして開創《かいそう》は南都の道基《どうき》上人なり拾介抄、（略）又大宝三年に佐伯姫足子《さえきひめたらし》の尼善心《あまぜんしん》建立せしともいふ帝王編年記、鎮守祠《ちんじゅのやしろ》龍蔵権現《りゅうぞうごんげん》ハ吉野《よしの》川赤根《あかね》が淵《ふち》より出現《しゅつげん》し給ふ龍神なりとかや

また『南都名所集』巻十でも、

○壺坂奈良より南七里

寺号は南法花寺といふ、本尊は丈六の観世音なり、文武天皇の御宇に元正天皇の御建立、開山は海弁といふ人とかや、鎮守は龍蔵権現なり、ここは順礼観音なり、

たゞへてやくむつぼさかの花み酒

（近世文芸叢書『名所記』第二、国書刊行会）

といずれも観音霊場として紹介しているが、お里・沢市の故事は現われていない。この『霊験記』が世に知られるのは、次に述べる明治に入っての新作浄瑠璃によるからである。

❖壺坂霊験記

お里、沢市の物語『壺坂霊験記』については、『関西黎明期の群像』（馬場憲二・管宗次編、和泉書院、二〇〇〇年）所収の「豊澤団平・加古千賀夫妻―浄瑠璃『壺坂霊験記』―」（馬場憲二氏執筆）に詳しい。それによると、明治十二年（一八七九）十月、大江橋席において西国三十三所の観音霊験談を編集した新作浄瑠璃『西国三拾三所観音霊場記』の一段として上演されたのが始まりで、作曲は豊澤団平（二代）であった。その後明治二十年（一八八七）二月に稲荷彦六座で『観音霊験記三拾三所花野山』として再び上演され、豊澤団平が新案の節をつけ、竹本大隅太夫が語りを勤めた。『壺坂霊験記』が一段物で独立して上演された最初は、明治三十二年（一八九九）四月の堀江名楽座で、番付口上には、「千賀女作の観音霊験記壺坂」とあり、豊澤団平・加古千賀夫妻の追善劇として上演されたとの事である。

歌舞伎に取り入れられたのは、『名作歌舞伎全集第七巻』（東京創元社、一九六九年）の解説によれば、明治二十六年坂東簑助が沢市の他に雁九郎という悪人を書き足して二役を演じたのが最初との事である。

物語は、お里・沢市の純愛談である。文楽で人気演目の一つ『壺坂観音霊験記』は次のような物語である。

結婚して三年、お里は針仕事をして家計を助け、盲目の沢市の世話をしているが、毎朝未明に夫に黙って家を抜け出しどこかへ行く。沢市は、こんな自分に愛想をつかし他の男とあっているのでは、と不審を抱きつつもなかなか言い出せない。あるとき思い切って問いただすと、壺坂寺の観音様は眼の病を治してくれると聞き、願掛けに通っているとのお里の返答。お里の気持ちもわからず邪推していた我が身の恥ずかしさに何にも言えない沢市だが、お里の気持ちにほだされ一緒に壺坂寺へお参りに行くこととなる。が、このままでは苦労ばかり掛けると、お里のいない間に壺坂寺の谷へ身を投げ、お里は、谷底で変わり果てた夫を見つけ後を追う。ところが、お里の献身ぶりと信心に観音様は、二人の命を助け、沢市の眼も見えるようにしてくださった。沢市は、お里をみて思わず「はじめてお目にかかります」。観音様のご利生に感謝し合う二人だった。

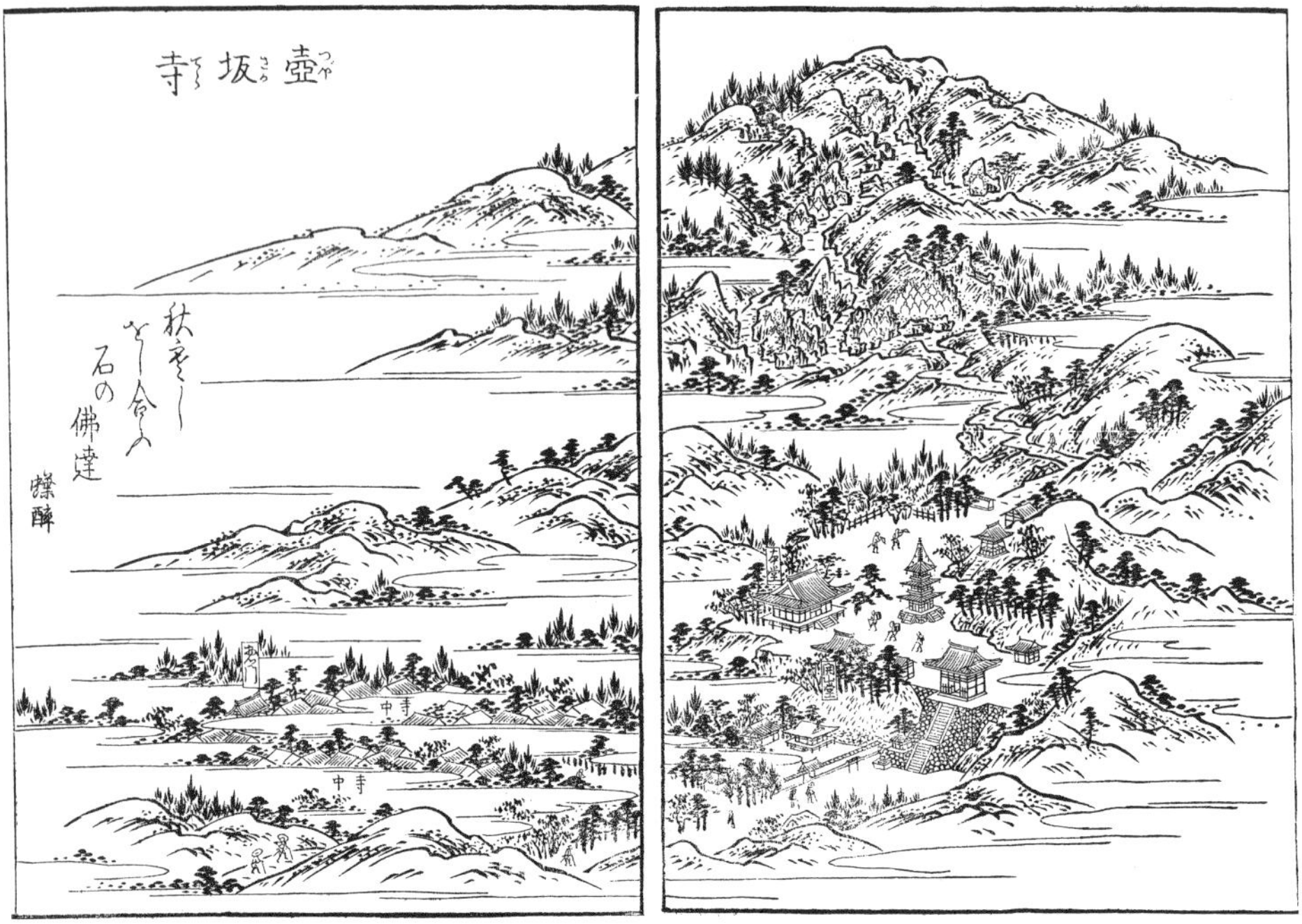

壺坂寺（巻之五）

お里・沢市の供養堂（高取町）

お里・沢市の墓（高取町）

94 高取城跡

高取城《たかとりじょう》跡は奈良盆地と吉野地方を隔てる標高五八三メートルの高取山の峰にあり、江戸時代の藩主の居城としては最高所にある最大の山城である。『大和名所図会』にも「高取山城」として、「（略）**坂路羊腸《ようちょう》たり、是要害の地、南朝こゝに築て北兵を禦《ふせ》ぐといふ**」と書かれている。

『角川日本地名大辞典・奈良県』によれば、中世には越智《おち》氏の居城で、築城は元弘二年（正慶元年・一三三二）と伝える。天正八年（一五八〇）織田信長の大和一国破城令によって破却されたが、同十二年筒井順慶が詰城として復興、翌年筒井氏転封後に大和に入った豊臣秀長は、山城のこの城を重視し、配下の大名脇坂氏、本多氏が城主に任ぜられた。寛永十七年（一六四〇）植村家政が入城し、その後明治維新まで続いたが、明治政府により廃城となった。

現在、城郭は石垣と共にその大半を残し、城下に植村家屋敷（元家老屋敷）が残っている。

また城下町の町割や町屋が麓に残され、武家屋敷も現存するものがあり、かつての高取藩の雰囲気がただよっている。

高取城跡へは、近鉄壺阪山駅より行くことができる。城下町の土佐町を抜けて、やがて植村家の住む家老屋敷へ到達する。家老屋敷から高取山の登山口を抜けて約五キロ進むと、山内に「猿石」が忽然と現われる。この「猿石」は飛鳥から運ばれて来たと伝えられ、おそらくは城郭の魔除けとして城の入口付近に置かれたものであろう。

やがて城門跡にたどりつき、三ノ丸、二ノ丸と進んで最上部の本丸跡に立つことができる。

高取城跡の猿石

高取城跡

95 久米仙人と久米寺

『大和名所図会』の挿絵には、「久米寺《くめでら》」の図と並んで、久米の仙人の絵を描いている。

上段には『元亨釈書《げんこうしゃくしょ》』と、『徒然草』の一節を引用している。

釈書曰、久米の仙者、和州上の郡の人、深山に入て仙法を学ふ、松葉を食、薜茘《へいれい》を服す、一旦空に騰て故里を過り、会《たまたま》婦人足を以て衣を踏み洗ふ、基脛、甚た白し、急《たちまち》染心を生して即時に墜落す、

つれ〳〵艸《（草）》に云、久米の仙人の物あらふ女のはきのしろきを見て、通《つう》をうしなひけんハまことに手あしはだへなどのきよらに肥《こえ》あぶらづきたらんハ、外の色ならねば、さもあらんかし、

挿絵を見ると、川の中で芋を洗う若き娘、天上から雲に乗ってこれを見つめている仙人。有名な久米の仙人である。久米寺はこの久米の仙人が造ったという伝説がある。

「久米寺」について『奈良県の地名』（平凡社）は次のように解説する。

寺伝に推古天皇の勅願により、聖徳太子の弟来目皇子の建立とあり（和州久米寺流記）、また久米仙人の建立とする説話（扶桑略記、七大寺巡礼私記、多武峯略記）もある。久米寺は元来、久米部の本貫の地に建立された部族の私寺であったと思われる。

また、『大和名所図会』には「**釈書、旧名来目寺を弘法大師久米寺と改字せられしとなり**」とある。

この「久米の仙人」伝説とは、どのようなものであろうか。

『今昔物語集』は、「久米の仙人始めて久米寺を造る語《こと》」と題して「久米仙人伝説」を、次のように書いている。

久米仙人は洗濯女の白いはぎを見て、天上より落ち、その女を妻とした。その後都の造営に駆り出された久米仙人は、七日七夜の修行の後、材木を空を飛ばして都に運んだ。天皇より土地を与えられ、その地に久米寺を建立したという。

ところで、『徒然草』第八段には、次の文章がある。

世の人の心まどはす事、色欲にはしかず。人の心はおろかなるものかな。匂ひなどはかりのものなるに、しばらく衣裳に薫物すと知りながら、えならぬ匂ひには、必ず心ときめきするものなり。久米の仙人の物洗ふ女の脛の白きを見て、通を失ひけんは、誠に手足・はだへなどきよらに、肥えあぶらづきたらんは、外の色ならねば、さもあらんかし。

（『徒然草』日本古典文学全集、小学館）

すなわち、世の人々の心まどわすことは色欲であるとし、衣裳に薫き込めた匂いにも心ときめく時があることや、「久米の仙人」が女の白いはぎを見て神通力を失ったことをあげている。

吉田兼好の時代に、「久米の仙人」の逸話が人々に知られていたことがわかる。『大和名所図会』も冒頭に紹介したように『徒然草』の一節を引用している。

『今昔物語集』では仙人は衣を洗う女の白いはぎを見て神通力を失って地上に落ちたと書いているが、『大和名所図会』の挿絵をよく見ると、女は足で芋を洗っている。もう一つの挿絵「久米寺」にも久米仙人が天から落ちたことにかけて、**「雁落て稲穂あらすな久米の里　蕣福」**の句が添えられているが、その下あたりに「芋洗い川」や「芋洗い芝」が見える。

江戸時代では、仙人が見そめた女性として、「芋洗いの女」が認識されていたと思われる。

橿原神宮の真東、下ツ道に面して「いもあらい地蔵尊」の石標が立ち、久米の仙人墜落の地としての伝説を伝えている。

「芋洗地蔵」について「高市郡古跡略考」（『奈良県の地名』平凡社所収）に次の記述がある。

往還の東端田地の角に纔の芝有。石地蔵一軀有。これなん久米仙人墜落せし芋洗の芝ならん。久米の地にも続きて久米寺も二町斗西にミゆ。此所今に耕さず。（略）又一町ノ北往還端御坊の町の外れに地蔵一軀立り、これも芋洗の地蔵といへと爰にハ名あふ芝地もなく、石川の方古く残り芝地とハならずミゆ。御坊の地蔵もよしなき事にや、とし毎聖霊会に此地蔵に火をかくる。木殿・石川の両郁の俗に限れり。

すなわち、久米仙人墜落の地伝説として、二カ所の芋洗地蔵があったと記している。一カ所は、橿原神宮の真東下ツ道に面してあり、もう一カ所は北往還脇御坊の町の外れにあったという。

現在も下ツ道に面して芋洗地蔵が存在している。

芋洗地蔵石標

久米寺

厚磨く
稲穂
あらそふ
久米の里

蕣福

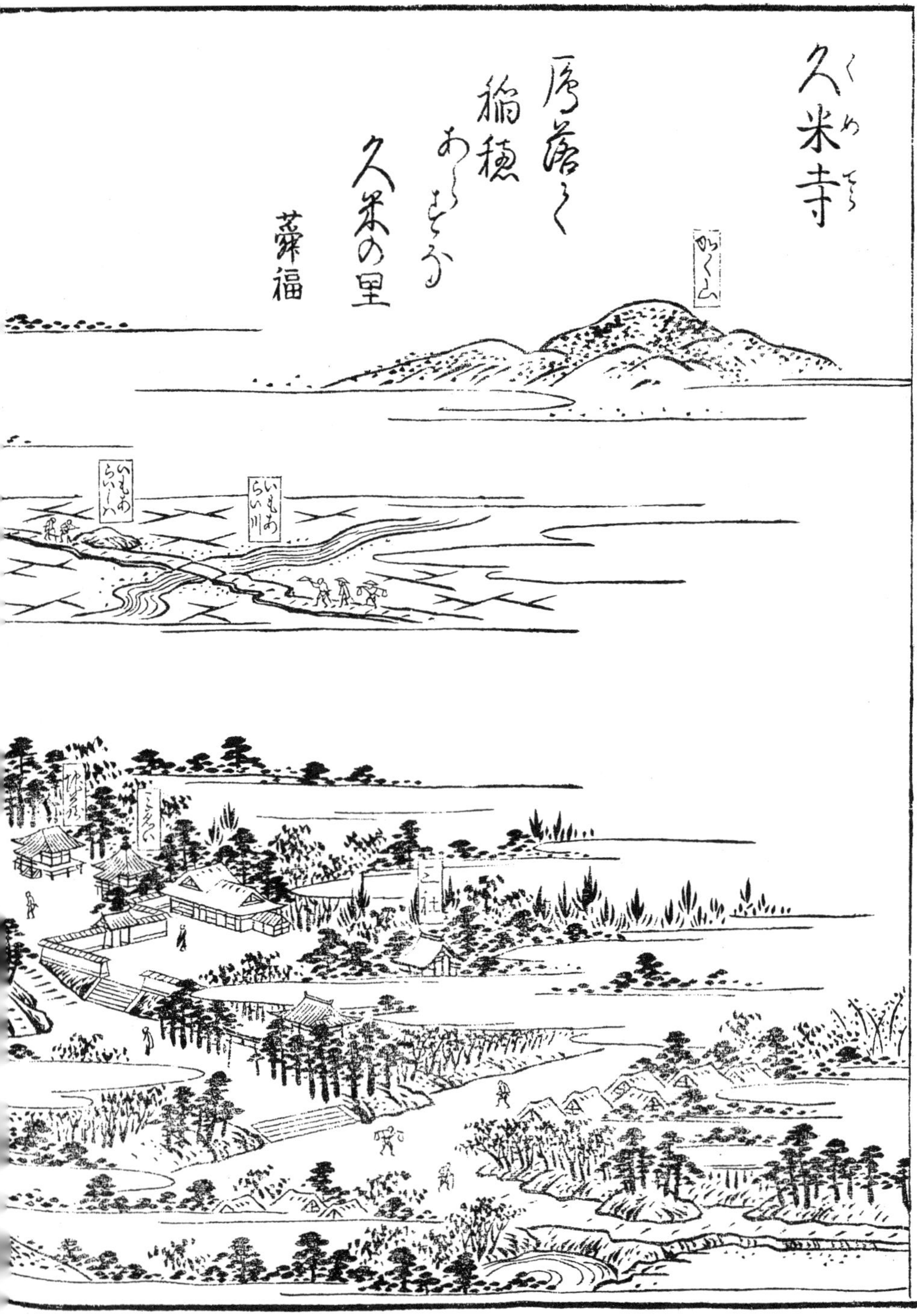

久米寺（巻之五）

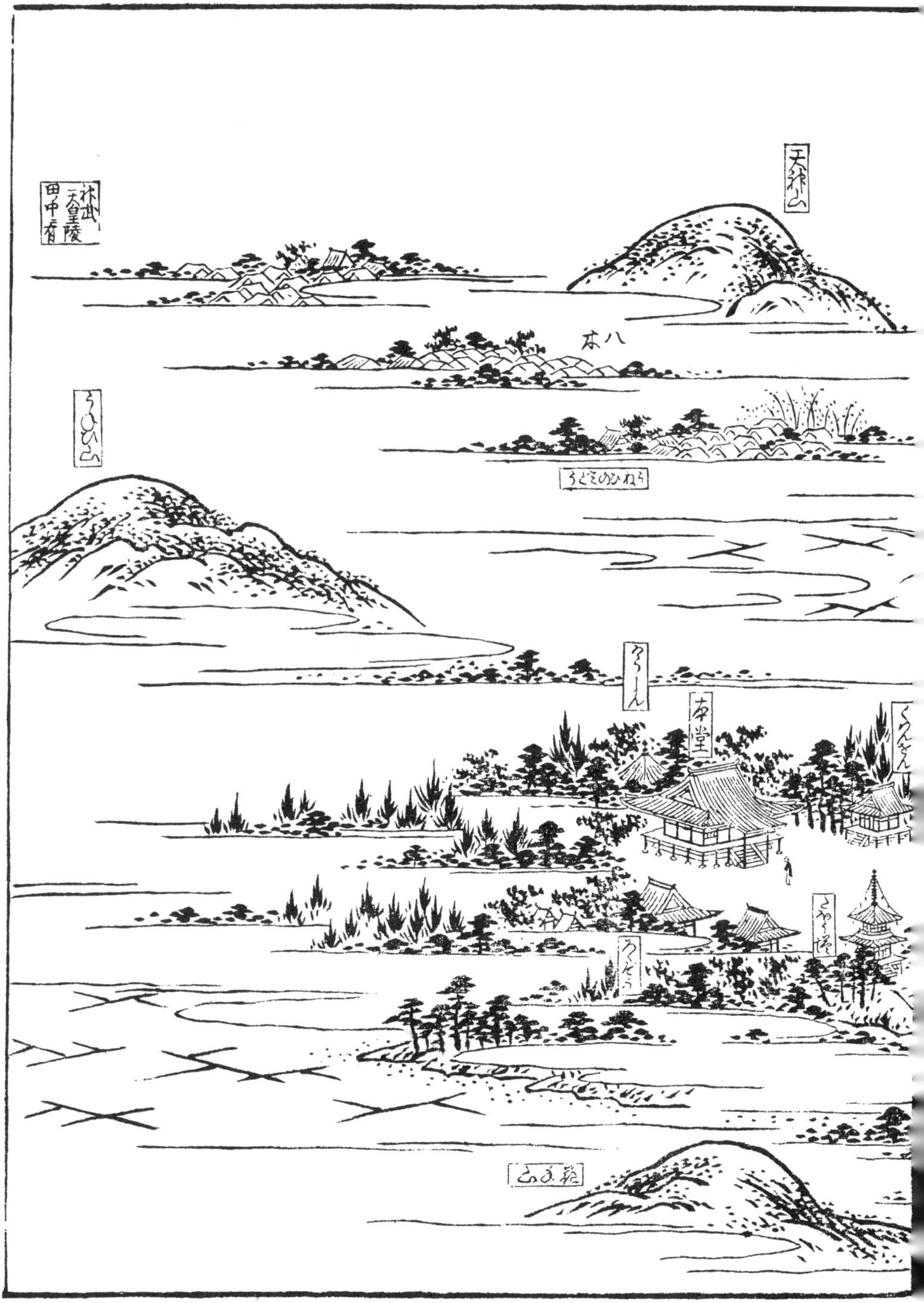

天神山
神武天皇陵 田中有
八木
本堂

釋書曰
久米仙者和州上郡人入深山学仙法食松葉服薜茘《ヘイレイ》一旦騰空過故里會婦人以足蹈浣衣其脛甚白忽生染心即時墜落

つれ〳〵艸云
久米の仙人の物
あらふ女のはぎの
しろきをみて通《つう》を
うしなひけんハまことに
てあしはだへなどの
きよらに肥《え》あぶらづき
たらんハ外の色
ならね○バさも
あらんかし

久米仙人（巻之五）

96

神武天皇陵（畝傍山東北陵）

『大和名所図会』は、「神武天皇陵」として次のように記している。

四条村にあり、祠廟は大窪村にあり、陵考曰、字ハ塚山といふ、即《すなわち》畝傍山の東北也、高七尺、根廻三十間、垣三十二間、（略）性霊集益田池碑銘序曰、畝傍ノ北ニ峙《（そばだつ）》、前王廟陵記曰、畝傍山は今奈良の西南六里久米寺の北なり、俗《ぞく》にいふ慈明寺《じみょうじ》山是也、東北の陵百年前これを壊《こぼ》って糞田《ふんでん》となす、土民其田《どみんそのた》を呼《よ》んで神武田《じんむた》と字《あざな》す、暴汚《ぼうお》となすこと痛哭《つうこく》すべきものか、又数畝《すうほ》を余《あま》んじて一封《ぼう》とし農夫《のうふ》これに登《のぼ》るに恬《やすく》して怪《あやしみ》とせずこれを観《みる》におよんで寒心《かんしん》せずといふ事なし、夫《それ》神武天皇ハ神代草昧《かみよそうまい》の蹤《あと》を継《つぎ》、東征《とうせい》して中州《ちゅうしゅう》をたいらげ、四門《しもん》を闢《ひらい》て八方を朝《ちょう》せしむ、王道の興治教《こうちきょう》の美実《びまこと》にこゝに創《はじま》る、我国《わがくに》の君臣億兆《くんしんおくちょう》に至るまで尊信《そんしん》いたすべき廟陵《びょうりょう》なり、日本紀曰神武天皇御宇七十六年三月橿原宮《かしはらのみや》にして崩《ほう》じ給ふ、寿齢《じゅれい》一百二十七歳、翌年此陵にかくし奉る、古事紀御《（ママ）》年一百三十七、

四条村にあるが、祠廟は大窪村にあるという。畝傍山の東北にあり、高さ七尺、根廻三十間、垣三十二間が江戸時代の大きさであった。神武天皇は東征して中央部の地域を平定し、八方の地を治めたという。日本の国をはじめて治めた天皇の陵として尊信すべき廟陵であるともしている。

『日本書紀』には、「畝傍山東北陵」とあり、『古事記』には、「御陵は畝火《うねび》山《やま》の北方白檮尾上《かしのおのうえ》に在り」と記すが、江戸時代の神武天皇陵に該当するかは、検討の余地がある。元禄十年（一六九七）には、神武天皇陵は今の綏靖天皇陵（桃花島田丘上陵）とされたが、文久三年（一八六三）以降現在地（橿原市大久保町）に比定されている。

97

多武峯本社（談山神社）

近鉄・JR桜井駅からバスにゆられて約三〇分、桜井市多武峰の談山《たんざん》神社に着く。明治初めの神仏分離令後、談山神社と称す。

『大和名所図会』では「談山妙楽寺護国院」とあり、談山の名の由来を、中大兄皇子と中臣鎌足が大化改新の計画を談《かたら》い所から「談《かたらい》峯《のみね》」、「談武峯《とうのみね》」と呼ばれるようになったと『御順礼記』を引いて説明している。

また、天智天皇八年（六六九）に没した藤原鎌足は、摂津阿威山（現、阿武山）に葬られたが、唐より帰った鎌足の長男定恵《じょうえ》が、阿武山の鎌足墓を多武峯に改葬したと伝え、定恵が唐の清涼山宝池院の十三層の塔を模して塔を造立し、鎌足の遺骸をその地底に安置したのがこの寺のはじまりだと書いている。

昭和九年（一九三四）に阿武山古墳から金糸をまとった六十歳位の男性人骨が発見されている。

挿絵では「**多武峯本社　桜お丶し**」として満開の桜の風景が拡がる。

現在では紅葉の名所としても有名である。

談山神社

多武峯本社（談山神社）（巻之六乾）

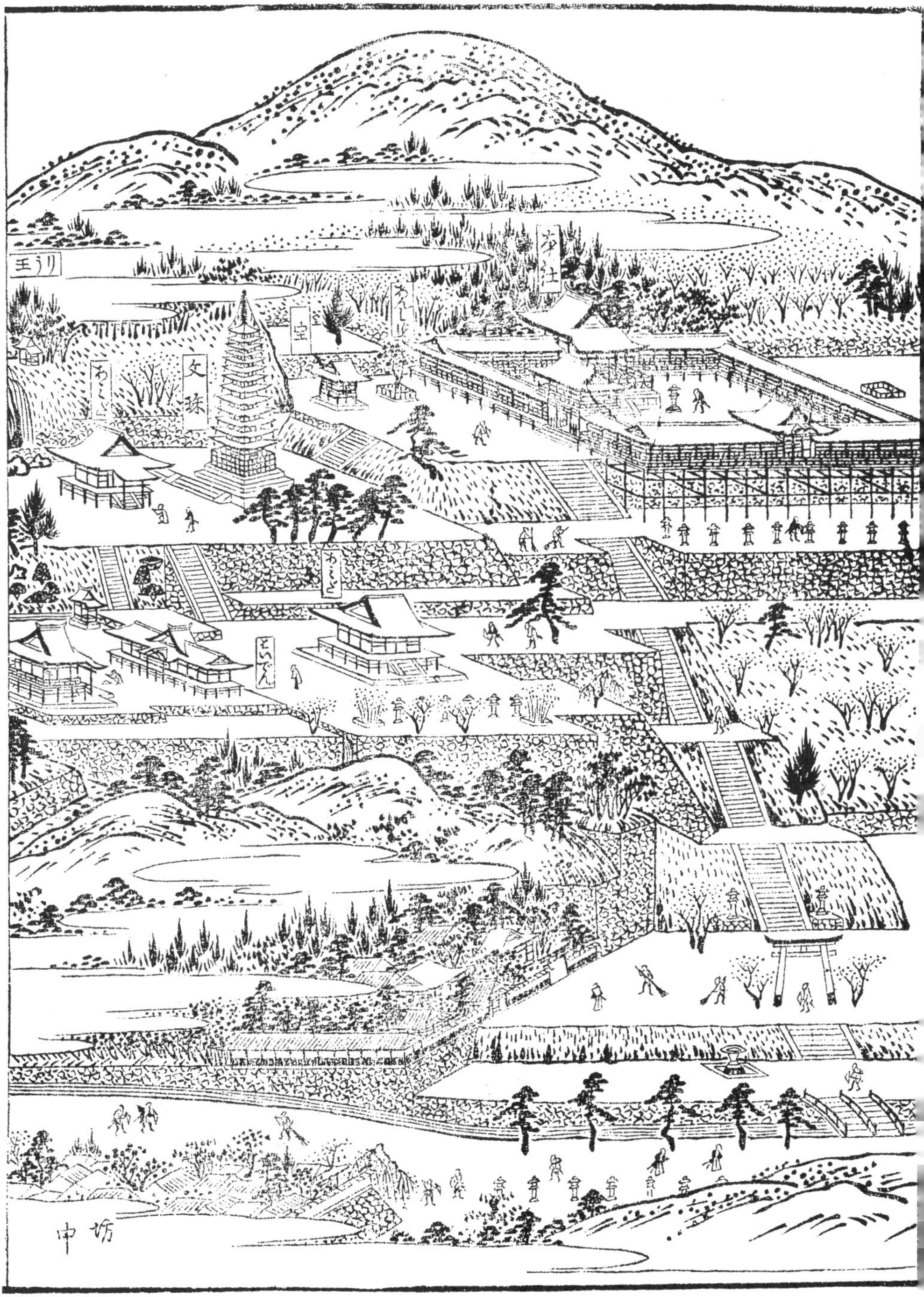
りう王
本社
宝
文殊
坊中

98 紫蓋寺跡と増賀上人

『大和名所図会』には、山内の庵で住まいする一人の僧が描かれ、「増賀上人」と書かれる。その挿絵に次のような文を添えて紹介している。

撰集抄曰

むかし増賀《ぞうか》聖人といふ人いまそかりける、いとけなかりけるより道心ふかくて天台山の根本中堂に千夜こもりて祈《いのり》給ひけれどもなを実《まこと》の心やいでかねて侍りけん　中略　終に大和国多武嶺といふ所にさそらへ入て智朗禅師《ちろうぜんじ》の庵《いおり》のかたばかり残けるにぞ居《きょ》をしめ給へりける。

この増賀上人とはどのような人物であろうか。『國史大辞典』（吉川弘文館）によると、増賀上人（九一七～一〇〇三）は、平安中期の天台僧で、「多武峯先徳」とも称され、応和三年（九六三）七月、如覚の勧めによって多武峯に赴き、山川風物が意にかないここを終焉の地と定めた。山月に対し三観を凝らし、磵泉を聴いて一心を澄まし、法華経を諷誦したというとある。その住まいを紫蓋寺《しがいじ》という。

『大和名所図会』の本文には、この上人は参議　橘《たちばなの》　恒平《つねひら》の子で、常に名利を嫌い、位官の昇進も望まず、上人の師が僧正に任ぜられた時は、干鮭を太刀にして女牛を骨で飾り前駈したなど数々の逸話を紹介している。『宇治拾遺集』、『発心集』、『増賀行業記』等に事績が見えるとしている。

『奈良県の地名』（平凡社）は、紫蓋寺跡を次のように解説する。

「大和志」の高市郡に「在尾曾村東、正堂一宇僧房六宇、堂傍有釈増賀墓碑、勒曰長保五年六月建」、「和漢三才図会」十市郡の条に「在多武峯之乾五町計是亦高市郡増賀上人墓所也」とある。天明三年（一七八三）の「本末幷分限御改書」（談山神社社家舟橋家文書）には「多武峯末寺念誦窟　紫蓋寺　天台宗　増賀上人霊堂　一宇　釈迦堂　一宇　坊中　六宇　往古十三坊之所　七ケ寺退転　称号計有之候」と記している。

紫蓋寺跡は、談山神社の境内から少し離れた山中に残り、「紫蓋寺跡」の石標が建てられている。跡地を訪れると、『大和名所図会』の挿絵の庵をしのぶことができる。

増賀上人（巻之六乾）

99 土舞台

土舞台について『大和名所図会』は、次のように記している。

長門村のほとりに高き岡あり、これを土舞台といへり、桜井の町の坤《ひつじさる》にあり、詮要抄《せんようしょう》曰、三輪《みわ》山の南桜井村といふ所に土舞台の跡ありといふ、推古天皇二十年百済国《はくさいこく》より味摩《みま》之といふ人来朝せり、みつから詞を出して呉国《ごのくに》の妓楽《ぎがく》を舞得たりとなり、これによりて勅して幼童《おさなわらべ》をあつめ桜井村にしてならハしめ給ふと日本紀に見へたり、

すなわち、長門村のほとりに高い岡がある、これを土舞台という。桜井の坤の方角に当たる。推古天皇二十年に百済から味摩之《みまし》という人が伎楽《ぎがく》を伝え、桜井で少年たちに習わせた場がこの土舞台であると、現在も、桜井市阿部の丘の上に、土舞台跡伝承地が残されている。

『日本書紀』推古天皇二十年条の「百済人味摩之《みまし》、帰化《もうきおもう》て、曰はく、呉に学びて、伎楽の儛を得たり、即ち桜井に安置らしめて、少年を集て、伎楽の儛を習はしむ」の記事により説明している。

伎楽は、奈良時代から平安時代にかけて雅楽寮を中心に発展した。天平勝宝四年（七五二）の東大寺大仏開眼供養には、四部の伎楽の行道（法会の行列）が行なわれたという。

伎楽面は正倉院・東大寺・春日大社・法隆寺・観世音寺（福岡県）などに、装束は正倉院に遺っている。

伎楽の芸能人は楽戸《がくこ》といわれ、散楽の散楽戸とともに、桜井周辺に居住した。後世散楽が猿楽（能楽）として発展するが、「大和四座」と呼ばれる観世・宝生・金春・金剛座もこの桜井周辺から芸能集団が発展して行く。その意味で、「土舞台」は古代日本の芸能発祥の原点であるといえよう。

100

天香久山

天香久山《あまのかぐやま》は、『古事記』には天香久山で鹿の骨とハハカの木（うわみず桜）で卜占をし、『日本書紀』には香久山の五百箇真坂樹《いほつまさかき》をもって幣帛《へいはく》（ぬさ）としたことや天香久山の埴土《はにつち》（赤土）で八十平瓮《やそひらか》（祭器）を作り天神地祇をまつったなどの記事があり、古代大和の人が常に神聖と畏敬の念を抱いていた山であった。

山の東北は磐余《いわれ》地方（桜井市南西部）、南は飛鳥で、歴代天皇の崇拝を受け、舒明天皇はここから国見をしたという。

永仁六年（一二九八）の『帝王編年記』には、香久山に香山寺《こうぜんじ》という寺があったと記され、鎌倉期には西大寺末、戦国期には興福寺六方末寺の丑寅方となっていた。

大和三山（香久山・耳成山・畝傍山）の一つであり、江戸時代の地誌類にしばしば記され、文人墨客の紀行文にも登場する。

新古今和歌集の天香久山の歌（巻之六乾）

天香久山にちなんで、『大和名所図会』には、『新古今和歌集』巻一・春上の後鳥羽院の歌と、正月風景の挿絵が描かれている。

ほの〲と春こそ空にきにけらし天のかく山霞たなびく　**太上天皇**

歌意は「ほのぼのとまさしく春は空に来たと思われる。夜明けの天香久山に霞がたなびいている」(『新古今和歌集』新日本古典文学大系、岩波書店)。

❖天岩戸神社

香久山の南麓には、天岩戸神社が鎮座し、天照皇太神が祀られている。『古事記』には、天照皇太神が天の岩戸に隠れ、外界がまっ暗になったという「天岩戸伝説」があり、あまりにも名高い。この神社は、天照皇太神が籠った天の岩戸と伝える岩穴を拝する形になっている。玉垣内に自生する真竹を昔より七本竹と称し、毎年七本ずつ生え変わると伝える。『大和名所図会』の挿絵には、「岩戸竹」が描かれているので、この付近に社があったのであろう。添えられた歌は『千載和歌集』巻十・賀、大宮前太政大臣の「**君か代は天のかく山出る日の照むかきりはつきしとそ思ふ**」である。

天岩戸神社

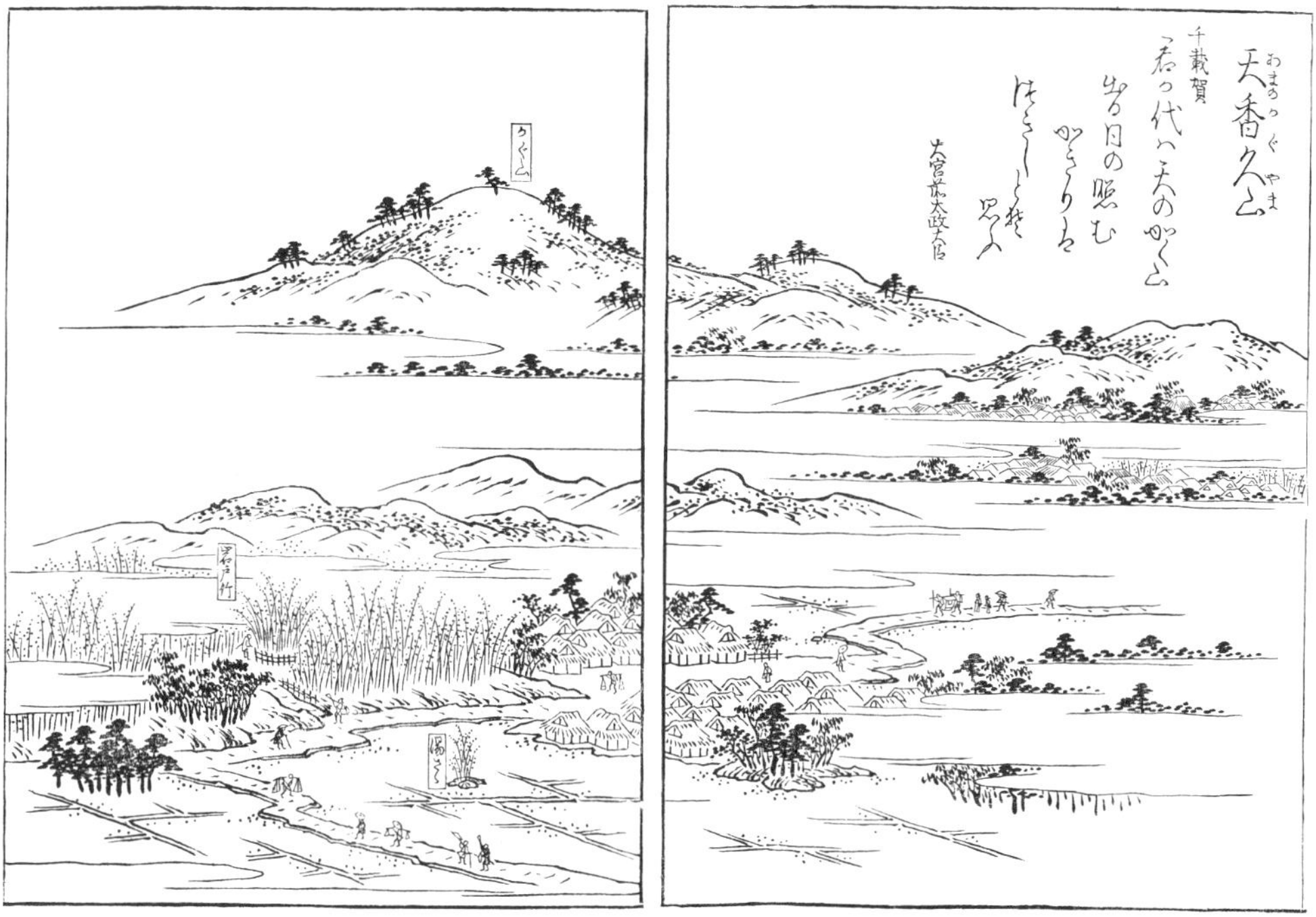

天香久山（巻之六乾）

天香久山

101

耳成山

耳成山《みみなしやま》は大和三山の一つ、現橿原市の一角（近鉄大阪線の大和八木駅と耳成駅との中間あたり北側）にある。古くは、「青菅山《あおすが》」それに「梔子山《くちなし》」とも呼ばれたという。

『大和名所図会』の挿絵には、「**山中に梔樹《くちなしのき》おほし、此ゆへにくちなし山ともいふ**」と書いて、「**古今誹諧見ゝなしの山のくちなしえてし哉思の色の下染にせん　読人しらず**」（『古今和歌集』第十九・雑体）の歌を添えている。『奈良県の地名』（平凡社）によれば、東方にはくちなし原の小字も残り、『延喜式』内蔵寮によると、大和国から毎年三十石の梔子《くちなし》を供進しており、遠江国に次いで多かったという。現在も梔子が自生しているとある。

耳成山は、畝傍山をめぐる香久山との妻争いで『万葉集』巻一—一三・一四の中大兄皇子の長歌と反歌に詠まれて有名である。

耳成山（巻之六乾）

102 吉野山

吉野の魅力は、四季の変化と辺境の山間の地の風情にあるだろう。春は爛漫の桜花が咲き乱れ、一山ことごとく花の霞の如くである。夏は若葉緑の世界に変化、秋は錦繡の紅葉に山々が染まる。冬の粉雪が舞う頃、山々は深い眠りにつく。

吉野の哀感――そこは歴史の舞台・栄華の座から追われた人々が隠棲したことによる。この吉野に、大海人《おおあまの》皇子・源義経・後醍醐天皇と大塔宮《おおとうのみや》護良親王らが隠棲している。

西行法師も奥吉野に庵を結んで隠棲した人物である。

『大和名所図会』も『新古今和歌集』巻一・春上の

よし野山去年《こぞ》の枝折《しおり》の道かへてまたミぬかたの花を尋ん　**西行**

の歌をかかげて、春の吉野山に花見する人々を描いている。

また、「吉野山」の挿絵には六田付近の吉野川が描かれ、『新拾遺和歌集』巻三・夏より次の和歌が添えられている。

吉野山 六田飯貝より大峯小篠に至る

新拾遺

けふミれは川波高しみよしの丶六田の淀の五月雨の頃　**義詮**

新古今

よしの山こぞのしをりの道かへて
まだ見ぬかたの花をたづねん
　　　　　西行

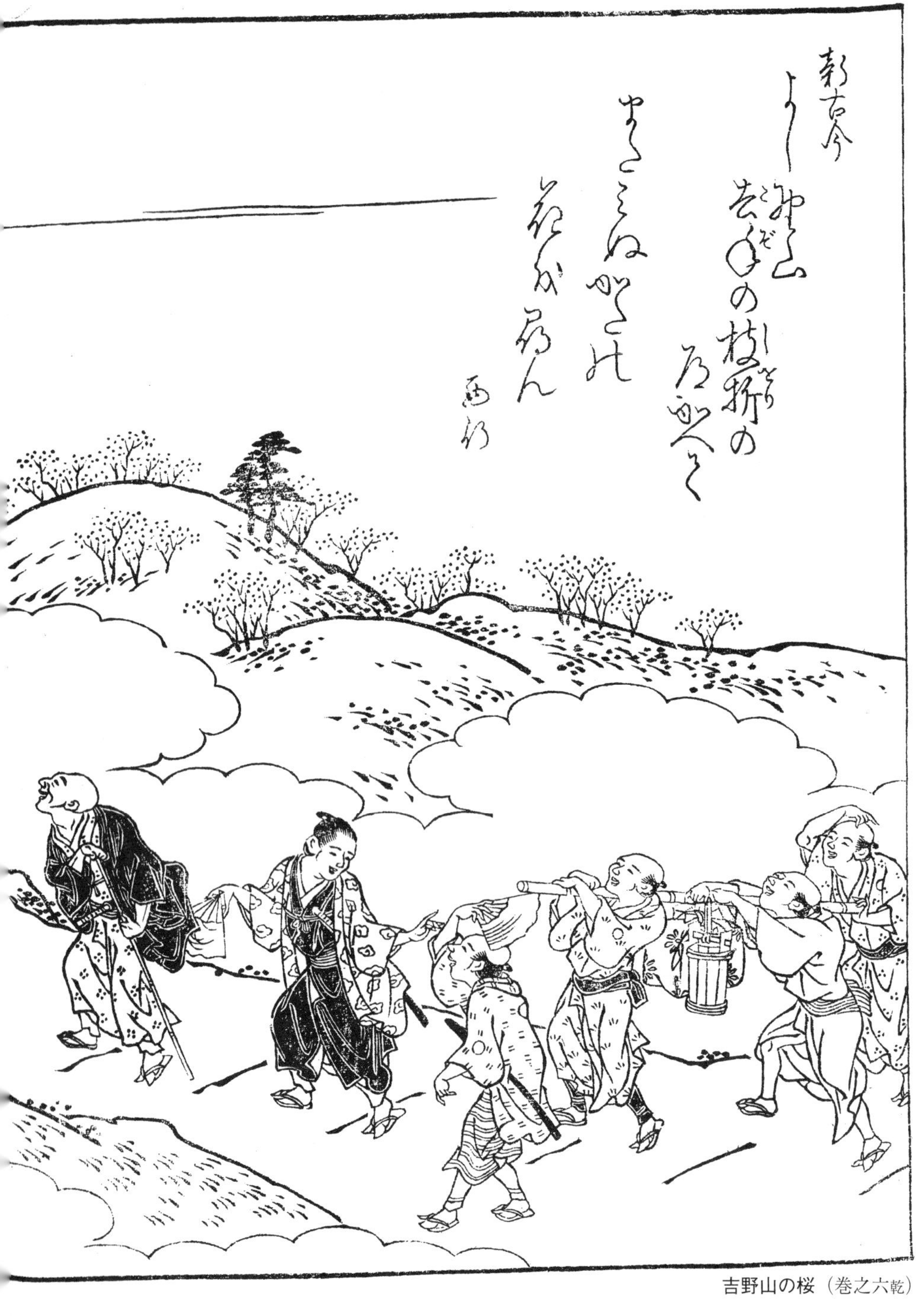

吉野山の桜（巻之六乾）

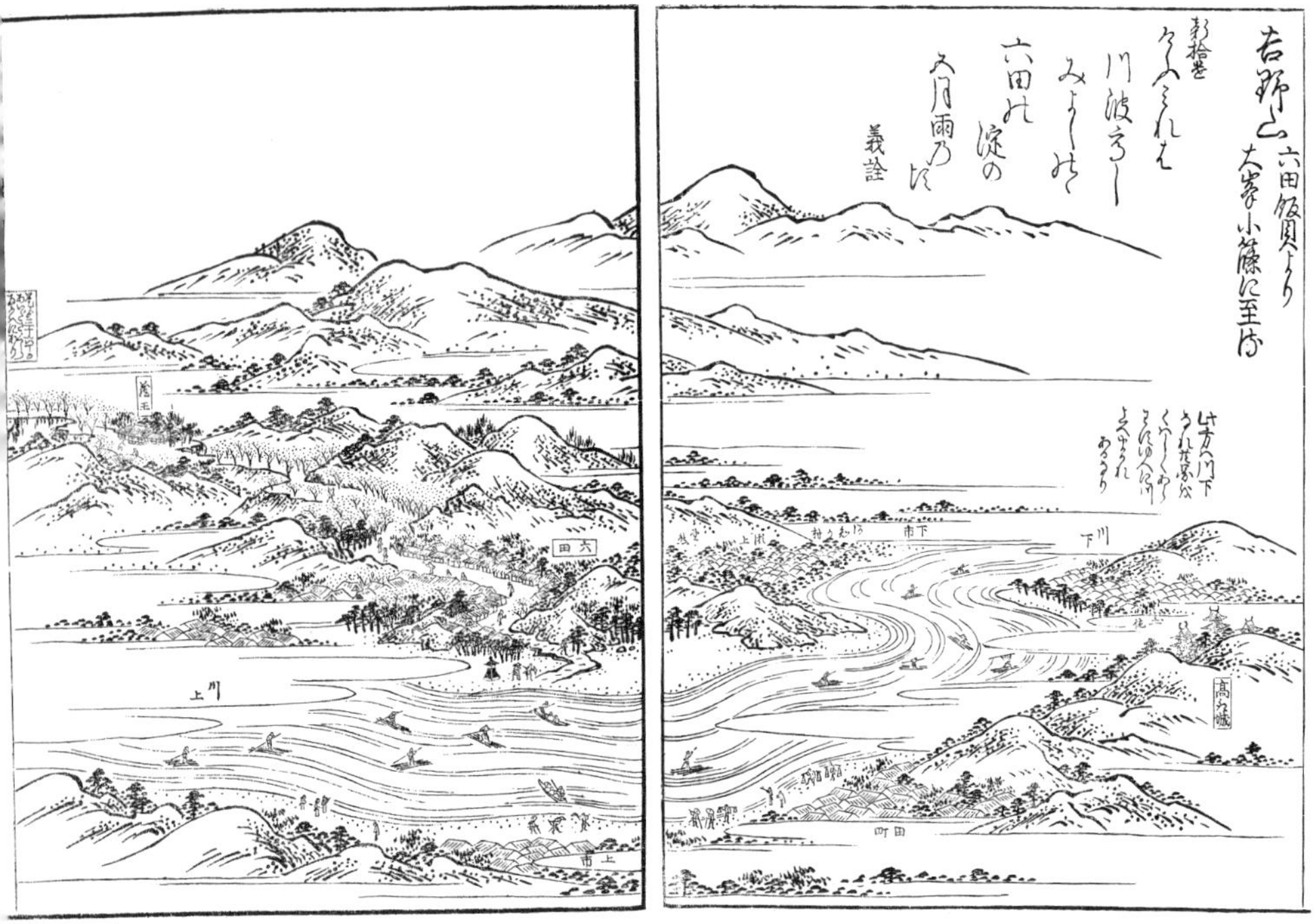
吉野山（巻之六乾）

吉野川

103 蔵王堂

蔵王堂《ざおうどう》は総本山金峯山寺《きんぷせんじ》の本堂。本尊は蔵王権現。『大和名所図会』には「**役行者遺像《ゆいぞう》を安置す、是当山の開基なり**」とある。吉野山から大峯山山上ケ岳までの一連の峰続きが金峯山と呼ばれ、修験道の開祖、役行者が修行した地として知られる。

『奈良県の地名』（平凡社）によれば、平安時代には、藤原道長・頼通などの貴族の御嶽詣でが盛行し、紫式部の夫藤原宣孝も参詣、白河上皇に至って頂点に達した。本堂蔵王堂は、平安初期には建立されたと思われるという。

『大和名所図会』の挿絵には「**蔵王堂、威徳天神、実城院**」と記し、

しばしなを夕辺をのこせ入相の
かねの御嶽の花のひかりに
大納言雅章

の歌を添えている。吉野山は古くから「金《かね》の御嶽《みたけ》」と呼ばれた。

仁王門外観

蔵王堂外観

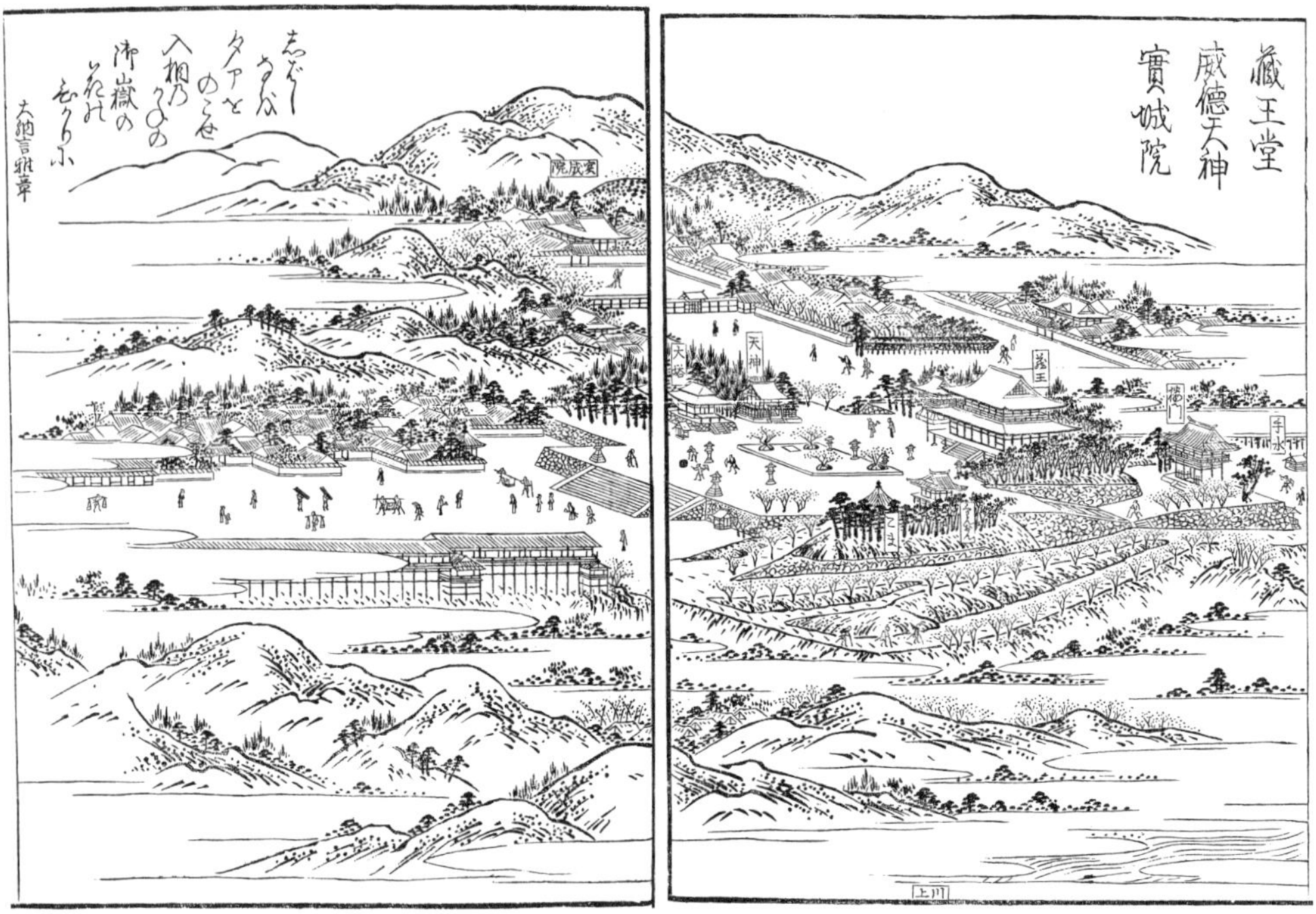

蔵王堂（巻之六乾）

104

大塔宮吉野城

『大和名所図会』には「大塔宮吉野城《おおとうのみやよしのじょう》」の挿絵と共に、次の一文を載せる。

元弘三年正月十六日、大塔宮吉野城に籠らせ給へハ、鎌倉勢六万余騎前後を囲《かこみ》て攻寄ける、大塔宮の御鎧《よろい》に立《たつ》矢ハ七筋、血の流るゝ事滝のごとし、もはや御最期《さいご》の酒宴《しゅえん》ある所へ村上彦四郎義輝《よしてる》錦《にしき》の御鎧《よろい》を賜り宮の御身かハりとなりて敵を欺《あざむ》き宮を安《やす》〳〵と高野山へ落し、其身ハ蔵王堂の前なる高矢櫓《やぐら》に上り腹十文字に掻《かき》切て伏にける、誠に本朝の英雄《えいゆう》にして前漢の紀信《きしん》にも劣《おと》るましき人なり

時は元弘三年（一三三三）正月、『太平記』巻七の「吉野城軍《いくさ》の事」で有名な戦いである。『太平記』によれば、

元弘三年正月十六日、二階堂出羽入道道蘊《どううん》、六万余騎の勢にて大塔宮の籠らせ給へる吉野の城へ押寄る。（中略）敵引ば、宮蔵王堂の大庭に並居させ給て、大幕打揚て、最後の御酒宴あり、（中略）村上父子が敵を防ぎ、討死しける其間に、宮は虎口に死を御遁有て、高野山へぞ落させ給ける。

（『太平記』日本古典文学大系、岩波書店）

元弘三年（一三三三）正月、鎌倉から二階堂道蘊《どううん》の率いる軍勢六万余騎が大塔宮（護良親王）の楯籠る吉野城を攻撃した。敵の退散に大塔宮は、蔵王堂の大庭に大幕を張り最期の酒宴を開いたという。村上義輝父子が宮の身代りとなり、攻輩を防いでいる間に、宮は高野山へ落ち延びたと記している。

大塔宮吉野城（巻之六乾）

元弘三年正月十六日
大塔宮吉野城よ
籠らせ給ふへは鎌倉勢
六萬餘騎前後を圍《かこ》らく
攻寄る大塔宮の御鎧《よろひ》
小立矢は七筋血の流るゝ
給ふてこらしのさるに最期《さいご》の
酒宴《しゆゑん》ある所へ村上彦四郎
義輝《よしてる》卿の御鎧を賜り
宮の御身がはりとなりて
敵へ欺《あざむ》き宮を安《やす》く〳〵と
高野山へ落しまゐらす身は
蔵王堂のあたる高矢櫓《やぐら》
に上り腹十文字に搔《かき》切て
伏にける誠に本朝の英《えい》
雄《ゆう》にしておゝ漢の紀信《きしん》
にも劣《おと》るましき人なり

105

勝手神社と静御前

吉野には多くの貴族が参詣した歴史がある。

源平争乱の最中、最後の別れとなった源義経と静御前も吉野で一時をすごしている。

静御前が金峯山衆徒の前で舞を舞った地が吉野勝手神社と伝えられ、境内には舞の庭という場所も残っている。

しかし、挿絵の勝手神社古地は、廃墟となっていた。本尊は本殿焼失のため付近の吉水神社に合祀され、殿舎の一部が残るのみである。境内は雑草におおわれ、すでに殿舎の屋根の一部は朽損状態であった。『大和名所図会』に描かれた勝手神社は今はない。時の流れを感じる勝手神社のたたずまいである。あわれ——今は静の舞の庭は、夏草の繁るのみ。

『奈良県の地名』（平凡社）は、勝手神社について、次のように説明する。

蔵王堂の南約五〇〇メートル、道のすぐ右の袖振《そでふり》山

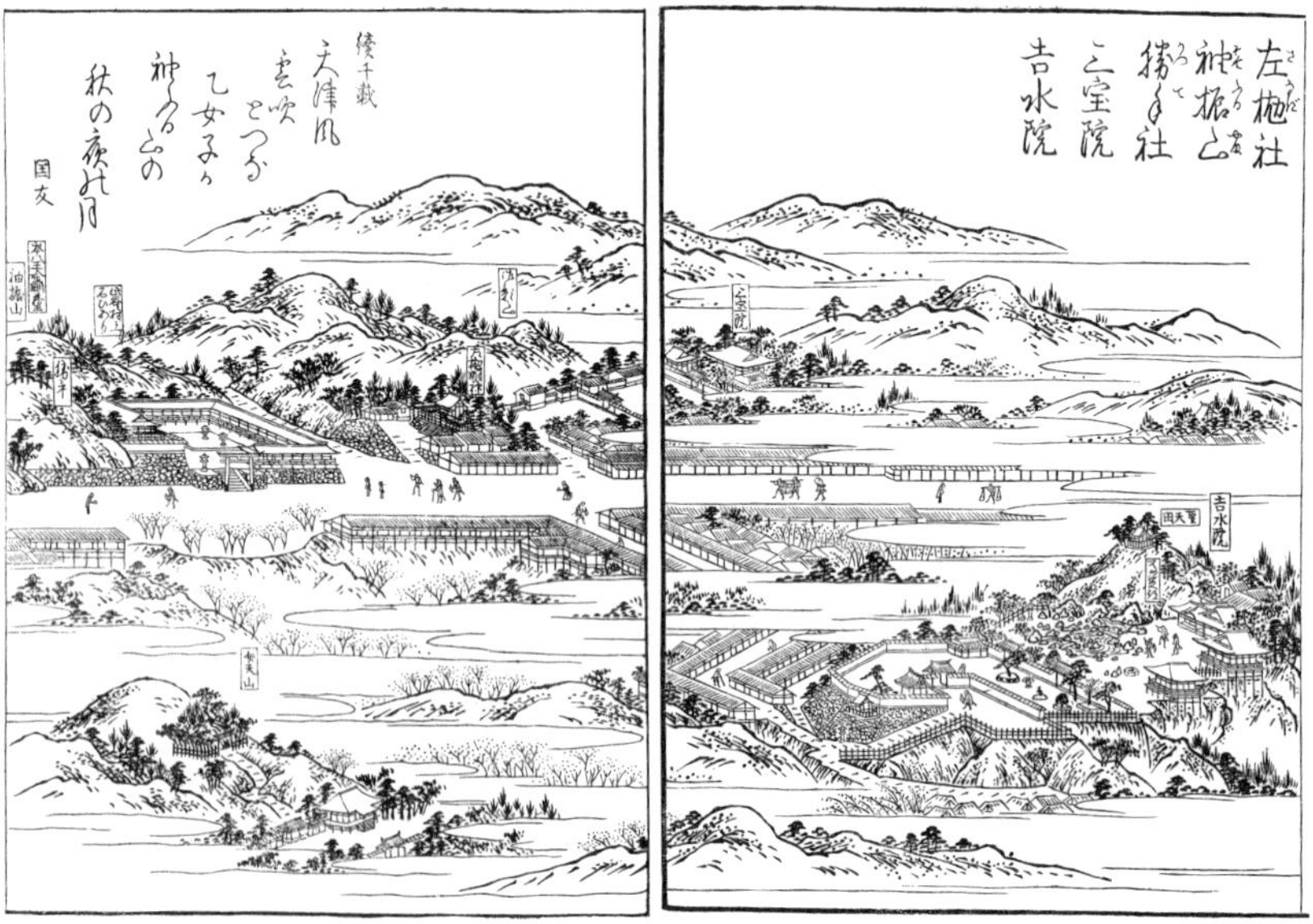

吉野山上（左端の袖振山の右下に勝手神社の建物が描かれている）（巻之六乾）

を背後に神域がある。現祭神は天忍穂耳尊・大山祇命・木花咲耶姫命・久久廼智命・苔虫命・葉野姫命。（略）吉野水分《よしのみくまり》神社に対して、山口神社ともいう。（略）神仏習合思想の強かった中世には、蔵王権現とともに修験者の信仰が厚かった。

❖静御前

『大和名所図会』「勝手の神祠」の挿絵には、美しい女性が舞をまい、僧兵達が見物する姿が描かれ、次の一文がある。

延尉《えんい》源義経公の愛妾《あいしょう》静御前ハ勝手《かつて》の神前《しんぜん》にて法楽《ほうらく》の舞を奏し衆徒《しゅと》のこゝろを蕩《とらか》し義経主従《しゅうじゅう》十二騎《き》を落《おと》せしハ、誠に刃《やいば》を用ずして勝《しょう》を全ふするハ六韜文伐《りくとうぶんばつ》の篇の奥義《おうぎ》ともいひつべきものか、

（注）六韜＝周の太公望の撰と称する兵法の書、文韜・武韜・竜韜・虎韜・豹韜・犬韜の六巻

『義経記』によると、吉野山で義経と静御前は泣く泣く義経の秘蔵の初音という鼓と鏡などを形見として賜り、呼び合う声が山彦となるまで名残を惜しんだという。里も近くなった頃、供人は皆逃げ去り、静御前はただ一人雪の中をさまよい蔵王堂の付近にたどり着いた。その日は縁日であり、道者が多く参って馴子舞《なれこまい》をしていた。静御前も白拍子舞を舞った。その地が勝手神社の神前であったという。吉野法師たちは静御前と見破るが、北白川まで送り届けてくれたという。

廷尉《ゑんゐ》源義経公の愛妾《あいせう》
静御前《しづかごぜん》ハ儛手《まいて》の神前《しんぜん》にて
法楽《ほうらく》の舞《まひ》を奏し衆徒《しゆと》
のこゝろを蕩《とろ》し義経主
従十二騎を落《おと》せしハ誠に
刃《やいば》を用ずして勝ハ全く
まさしく六韜文伐《りくとうぶんばつ》の篇なれ
奥義《おうぎ》ともいひつべき
ものか

静御前（巻之六乾）

106

如意輪寺

吉野山中塔《とうの》尾《お》山に浄土宗如意輪寺《にょいりんじ》がある。本尊は如意輪観世音菩薩。延喜年間（九〇一〜九二三）日蔵道賢の開基という。金峯山寺塔頭満堂派に属し、吉野朝勅願寺。

後醍醐天皇陵は如意輪寺の山腹にあり、延元陵・塔尾陵ともいう。

延元元年（一三三六）吉野に移り、南朝を樹立した後醍醐天皇は、

玉骨ハ縦南山ノ苔ニ埋ルトモ、魂魄《こんぱく》ハ常ニ北闕《けつ》ノ天ヲ望ント思フ

（『太平記』巻第二十一、日本古典文学大系、岩波書店、以下同じ）

との綸旨を残し、左手に経巻右手に剣を按じて崩御、とあり、遺言によって京都をにらむ北向きに葬られたという。

貞享元年（一六八四）『野ざらし紀行』の旅で芭蕉が詠んだ「御廟年を経てしのぶは何をしのぶ草」の句碑がある。

また、『太平記』（巻第二十六）によれば、楠木正行は、出陣前に如意輪寺に参詣した時、髻を埋めて、辞世の歌、「帰らじとかねて思へば梓弓なき数にいる名をぞ留むる」を扉に書いたと伝えている。

『大和名所図会』は、如意輪寺について、次のように書いている。

塔尾山如意輪寺　**勝手社より坤《ひつじさる》の谷にあり**　**本尊ハ如意輪観世音也、後醍醐帝御自作の木像、其御厨子《みずし》の扉に吉野より熊野までの画図あり、其上に後醍醐帝宸翰《しんかん》にて御讃の詩あり、又御手馴《おんてなれ》給ひし硯箱あり、**（略）

すなわち、後醍醐天皇自作の木像や厨子の扉絵、宸翰の詩、硯箱があると記している。また、

後醍醐天皇陵《みささぎ》　**如意輪寺のうしろにあり**　**後醍醐天皇南朝延元三年八月九日より御不豫《ふよ》の御事ありけるが次第におもらせ給ひ終**

に同十八日丑尅《うしのこく》に崩じ給ひき、蔵王堂の艮《うしとら》なる林の奥に円丘《えんきゆう》たかくつきて北向に葬《かくし》奉り、同十一月五日後醍醐《ごだいご》天皇と後の御名《みな》を奉りき太平記

と記しており、後醍醐天皇陵が如意輪寺のうしろの塔尾山に築かれたことを述べる。さらに、

楠木正行《くすのきまさつら》御廟に詣て討死の御暇乞なとなけき申て如意輪寺の過去《かこ》帳に、楠正行《まさつら》同正時《まさとき》同将監和田新発意《しんぼち》同舎弟新兵衛同紀六左衛門子息二人野田四郎子息二人西川子息関地良円、（略）

とも記しており、楠木正行が討死前の暇乞いに後醍醐天皇陵と如意輪寺を参詣したことを伝えている。

本居宣長は『菅笠日記』によると、明和九年（一七七二）三月十日に、如意輪寺を訪れている。

如意輪寺山門

如意輪寺本堂

十日。けふは吉野をたつ。きのふのかへるさに。如意輪寺にまうづべかりけるを。日暮て残しおきしかば。けさことさらにまうづ。（略）

それに。ごだいごのみかどの。御《ン》みづからこの絵の心をつくりて。かゝせ給へる御《ン》詩とておしたり。わきにこのみかどの御像《ミカタ》もおはします。これはた御《ン》てづからきざませ給へりとぞ。其外かゝせ給へる物。又御《ン》手ならし給ひし御硯やなにやと。とうでゝ見せたり。又楠《クスノキ》のまさつらが軍《イクサ》にいでたつとき。矢のさきして。塔のとびらに。かへらじとかねて思へば梓弓なきかずにいる名をぞとゞむる。といふ哥をゑりおきたるも。此くらにのこれり。

（尾崎知光・木下泰典編『菅笠日記』和泉書院）

本居宣長も『大和名所図会』に記された後醍醐天皇自作の木像、厨子の絵画や詩、硯箱、それに楠木正行の書いたという扉の和歌も見ている。

107

袖振山

『大和名所図会』は、天皇とおぼしき方の館に天女が飛来している挿絵を付して、次のように記している。

浄見原《きよみはらの》（天武）**天皇吉野の行宮《あんきゅう》にて琴を弾《だん》し給へバ、天人影向し曲に応して舞遊ひけり、それより袖振山といふ**

本文には、

右に御影山左に袖振山、此山の巓《いただき》を那良志山となんいふ、天女こゝに舞かなでしより袖振山の名あり、然れとも袖振山にハふるき書《ふみ》ともに説々多く侍る、

として、袖振山《そでふるやま》は『万葉集』では石上《いそのかみ》（袖を振ると布留山をかけている）、『八雲御抄《やくもみしょう》』では吉野にあり、また他書では対馬国にあるなど紹介している。

『奈良県の地名』（平凡社）によれば、大海人皇子（天武天皇）が勝手神社の神前で琴を弾いて歌った時、にわかに五色の雲がたなびき天女が天降って袖を翻して舞ったという伝説があるという。

袖振山（巻之六乾）

108 国栖

吉野に国栖荘《くずのしょう》とよばれる地があり『大和名所図会』は、

源平盛衰記曰吉野国栖《くず》とハ舞人なり、国栖ハ人の姓なり、浄見原《きよみはら》の天皇大伴《おおとも》(皇)王子に襲《おそわれ》て吉野の奥に籠《こも》り岩屋《いわや》の中にしのび御座《ましまし》けるに、国栖《くず》の翁粟《あわ》の御料にウグヒといふ魚を具して供御《くご》に備《そな》へ奉る、

と壬申の乱の折、国栖の人が大海人皇子を匿ったことを記している。その挿絵があり、次の歌を添えている。

みよしの丶国栖の翁のなかりせば
はらかの御調《みつき》誰かそなへん　清(浄御)見原天皇御製

浄御原天皇は、天武天皇を指している。

国栖は、『古事記』や『日本書紀』に見られる地名で、国栖人《くずびと》は、吉野地域の先住民を指すのではないかと考えられる。奈良・平安時代には、宮中の節会に国栖人が参内し、供物を献じ歌笛を奏することになっていて、国栖奏《くずのそう》と呼ばれていた。現在も浄御原神社境内で毎年旧正月十四日に国栖奏が演じられている。

天武天皇吉野行宮（巻之六坤）

109
宮滝

吉野町の宮滝遺跡は、縄文・弥生時代の遺物も出土するが、飛鳥時代の伝吉野宮の遺跡で有名である。

離宮がいつ造営されたかは不明であるが、『日本書紀』応神天皇十九年十月一日条の「吉野宮に幸《いでま》す」以来、雄略・斉明・天武・持統・文武・元正・聖武の各天皇にわたって行幸があった。壬申の乱の前には、大海人皇子が天智天皇の継承問題から、吉野に入って近江朝に対立、動乱に勝利して天武天皇として即位した。

『大和名所図会』は、

宮滝宮滝村にあり **両涯清麗《りょうがいせいれい》にして怪石磊砢《かいせきらいか》とし、南の岸に巨石《こせき》ありて壁の如し、流下《りゅうか》九重淵《じゅうのふち》に臨んで善水練《よくすいれん》なる者石頭《せきとう》より水中に投て流れに随《したが》ふて下流に出《いづ》、これを飛滝《たきとび》といふ、行人《こうじん》こゝを壮観とす、代々の帝もこゝに行幸《みゆき》あり、**

と記している。

また挿絵には、

和州巡覧記曰

宮滝ハ滝にあらず、両方に大岩あり、其間を吉野川ながるゝ也、両岸ハ大なる岩なり、岩の高さ五間はかり屛

吉野宮滝遺跡

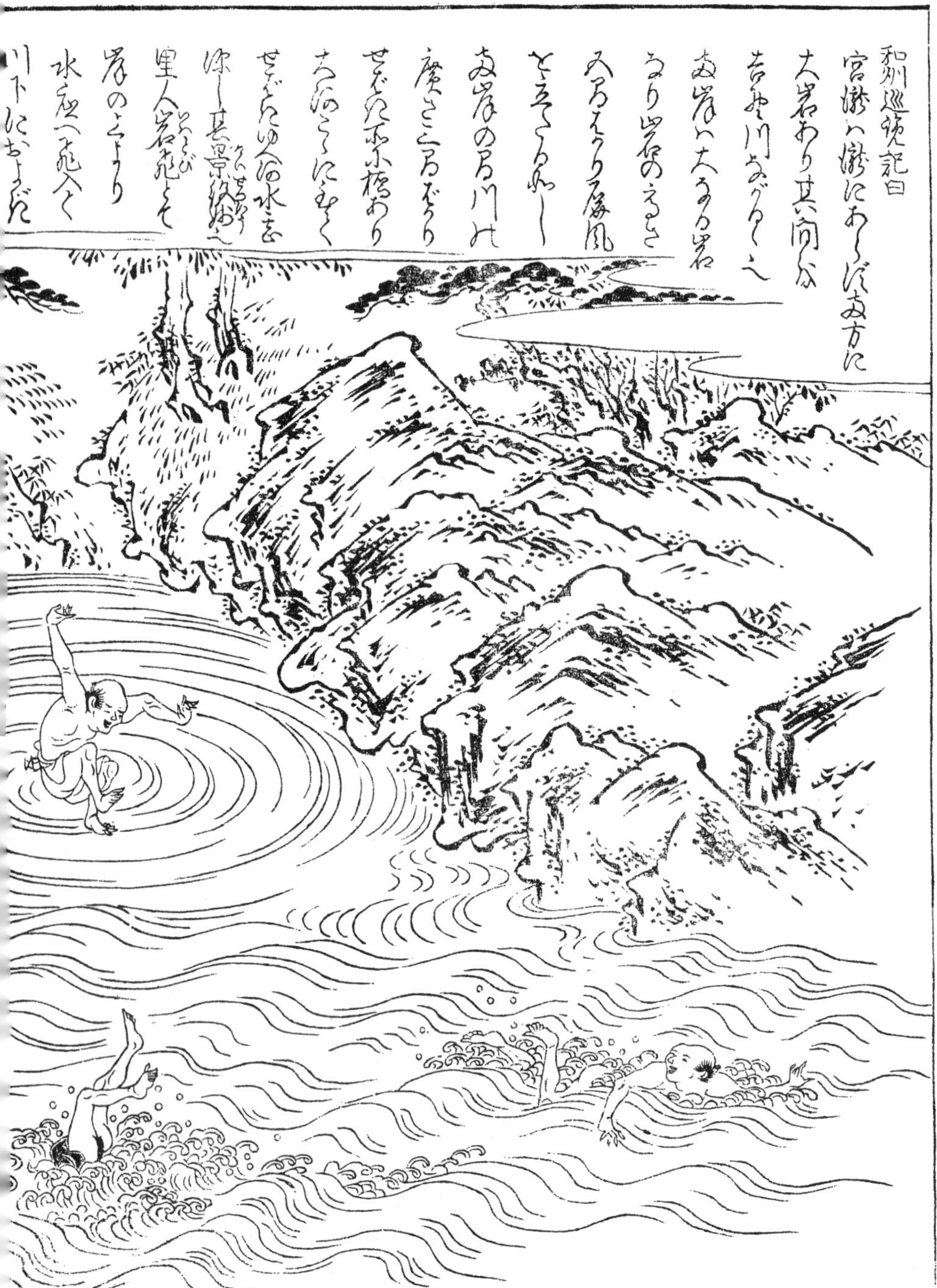
和州巡覧記曰
宮滝ハ滝にあらず両方に
大岩あり其間を
吉野川ながるゝ也
両岸ハ大なる岩
なり岩のかたち
みなたてたる屏風
のごとくなるべし
両岸の間川の
広さ三間ばかり
せばき所に小橋あり
土人これにわたる
せばき所ゆへ水至
深し其景絶妙《ぜつめう》也
里人岩飛《いはとび》とて
岸のうへより
水底へ飛入て
川下におよぎ

宮滝（巻之六坤）

ちく人ふりんを
銭をとりて飛
とれハあをりなと
すれとも人ある足
とあハせて飛入
水中に一丈あまり
入てあまりなと
まらしハ浮を
出るもしらへ

風を立たる如し、両岸の間、川の広さ三間ばかりせばき所に橋あり、大河こゝに至てせばきゆへ河水甚深し、其景絶妙《けいぜつみよう》也、里人岩飛《いわとび》とて岸の上より水底へ飛入て川下におよぎ出て人に見せ銭をとる也、飛ときハ両手を身にそへ両足をあハせて飛入、水中に一丈はかり入て両手をはれバ浮ミ出るといふ

とあって、飛入る様子やそれを見物する人々を描いている。

❖宮滝遺跡

宮滝遺跡については、和田萃氏の『飛鳥—歴史と風土を歩く—』(岩波新書)に詳しい。

宮滝遺跡の発掘調査は、一九三〇年(昭和五)～三八年に末永雅雄博士により、また一九七五年から現在に至るまで奈良県立橿原考古学研究所により行なわれて来た。その結果、宮滝集落西部の河岸段丘第一段に、奈良時代の石敷が広がるのに対して、集落中央部の河岸段丘第二段からは、方位を同じくする柵列や建物群が検出されていて、天武・持統期の吉野宮であることが判明している。さらに一九九一年の調査では、集落東部から七世紀中頃にさかのぼる東西五〇メートル、南北二〇メートルという広大な池と、東西三五メートルの柵列がみつかり、出土した土器類から、ここが斉明朝の吉野宮であると断定された。

付近は吉野川上流の風光明媚な地であり、この付近が「宮滝遺跡」であることを示す石碑が建てられている。

110 御垣原

『大和名所図会』に次の文がある。

御垣原《みかきのはら》　清見原（天武）**天皇おハしましける所に御垣原とて名所ありといへとも、所ハさたかにしれがたし、河海抄曰御垣原《みかきがはら》は名所ならねとも御垣《みかき》によせていふなり、御かきの松ともよめり、**

下の挿絵があって、『続後拾遺和歌集』巻一・春上の

白妙の袖かとぞ思ふ若なつむ
御牆《（みかき）》が原の梅のはつ花　　**定家**

の一首を載せている。

御垣原は、所在地不明とするが、『大和名所図会』がこれを取り上げたのは、歌の名所であったからであろう。

挿絵は、藤原定家とおぼしき貴人が二人のお供を連れて雪の御垣原を進んでいる情景を描いている。そこには梅の初花が咲きかけていると思われ、この和歌の内容を絵に表わしている。

御垣ケ原（巻之六坤）

111 妹背山

妹背山は、『万葉集』巻七・一二四七にも歌われている。

大穴道少御神《おおなむち》の作らしし妹背の山を見らくしよしも

吉野川の、上市《かみいち》から上流の右岸に妹山、左岸に背山が相対する。『大和名所図会』の本文では、『袖中抄』には妹背山は紀州にあるとする説も紹介する。ただし、『名所図会』の挿絵には吉野の妹背山を描いて『古今和歌集』巻十五・恋五の次の歌を紹介している。

流れてハいもせの山の中に落る
よしの丶河のよしや世の中　　**読人しらず**

「とどのつまり最後は妹山・背山の間に割り込んで激しく流れ落ちてくる吉野山よ。えい、ままよ。仕方がない。男と女の世界というものは、こんなものよ」（『古今和歌集』新編日本古典文学全編、小学館）。

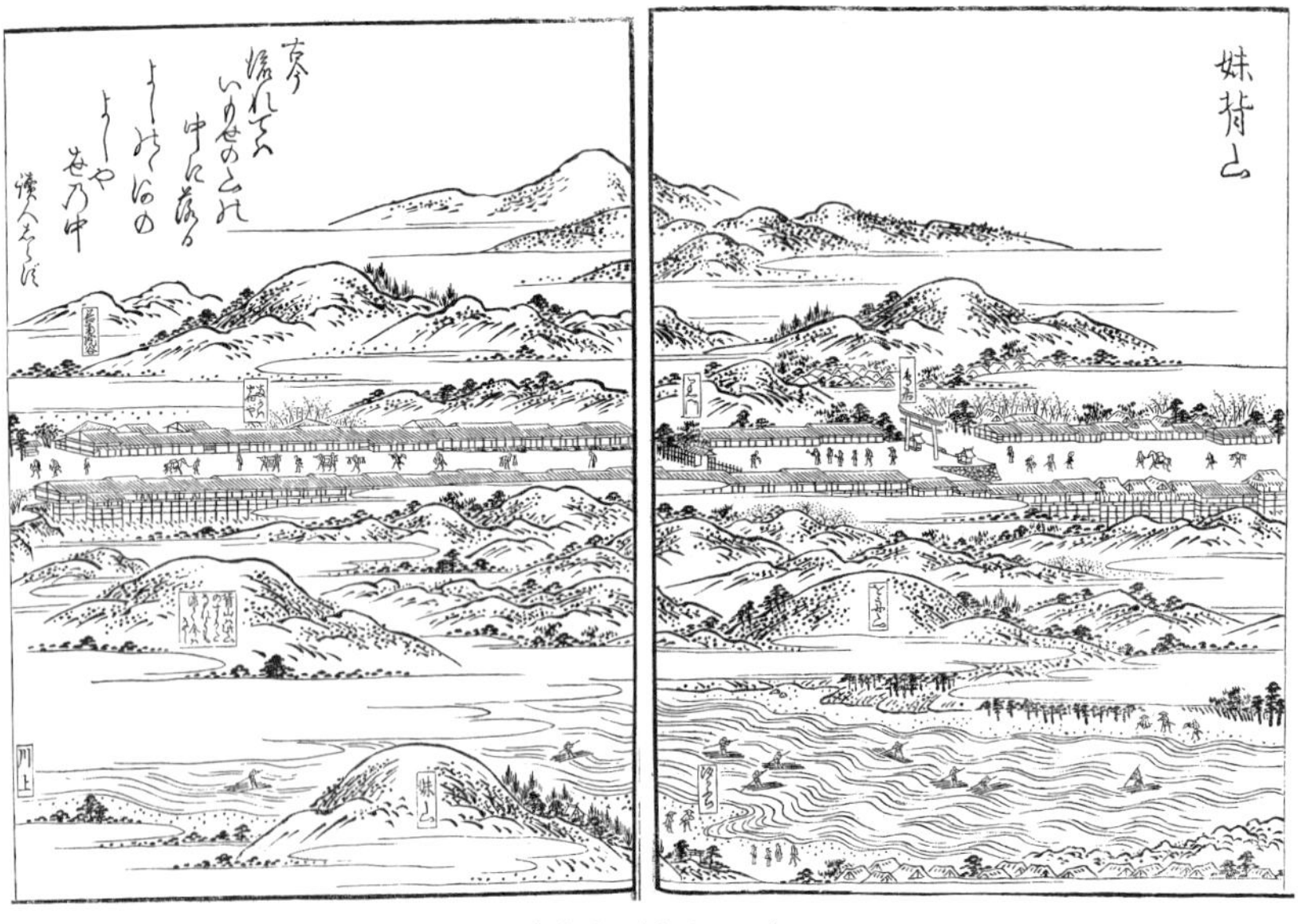

妹背山（巻之六乾）

112

西行庵・苔清水

西行庵は、西行法師が隠棲した所と伝えられている。金峯《きんぷ》神社の本社の裏手の谷間にあり、その谷を流れる渓流は「苔清水《こけしみず》」と呼ばれている。『大和名所図会』には挿絵に『山家集』よりとして次の歌を添えている。

とく〳〵と落る岩間の苔清水
くみほす程もなき住ゐかな　**西行法師**

この歌は実は西行法師の歌集『山家集』には存在しないが、当時はそのように伝えられていたのかもしれない。芭蕉は、貞享元年（一六八四）九月の『野ざらし紀行』の旅と、同五年春の『笈の小文』の旅でもここを訪れている。『野ざらし紀行』には、西行上人の庵跡を訪ねて、「露とく〳〵心みにうき世すゝがばや」と書いている。

また『大和名所図会』の「吉野山」の項には『万葉集』を始め数々の歌が紹介されているが、その一つに

「新古今　吉野山やかて出しと思ふ身を花ちりなハと人

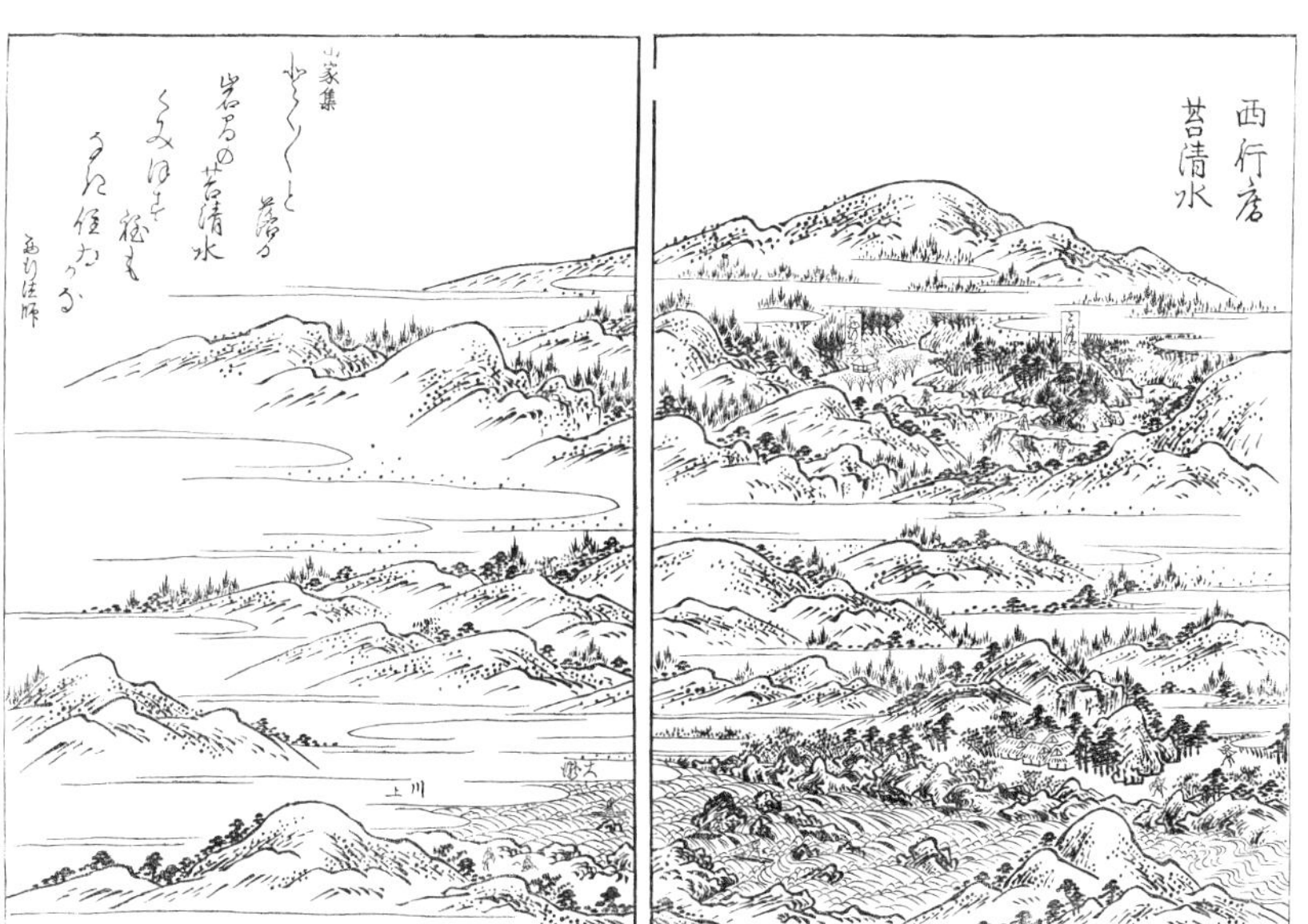

西行庵・苔清水（巻之六乾）

や待らん」の西行の歌を掲げている。吉野山で詠んだ歌で、歌意は「吉野山。もうこのまま出まいと思っている私を、花が散ったならとあの人は待っているのではなかろうか」（『新古今和歌集』新日本古典文学大系、岩波書店）。本居宣長も明和九年（一七七二）三月、ここを訪れ『菅笠日記』に次のように書いている。

木の下道を。二丁ばかりくだりたる谷陰に。苔清水《コケシミヅ》とて。岩間より水のしたゞり落る所あり。西行法師が哥とて。まねびいふをきくに。さらにかの法師が口つきにあらず。むげにいやしきえせ哥也。なほ一町ばかり分行て。かのすめりし跡といふは。すこしたひらなる所にて。一丈ばかりなる。かりそめのいほり。今もあり。

（尾崎知光・木下泰典編『菅笠日記』和泉書院）

宣長は、「とく〳〵の」の歌が西行の歌とはとても思えない、全く俗っぽいにせ歌だと意見を述べている。

❖苔清水

『大和名所図会』は、「西行の庵室」と「苔清水」について次のように書いている。

西行法師の庵室《あんしつ》あり、正面堂より西北にあたり、堂の後より路《みち》ありて山の岨《そば》を二町ほと行て下る、其間の小川に小《しよう》滝《たき》あり、これを苔清水《こけしみず》といふ、庵室に西行の画像あり、此所にての和歌多し、

金峯神社の裏山を下った所に、今も苔清水と伝えられる小清流がある。その少し上の台地には、写真のような西行庵が復元されている。ここにたたずむ時、八百年余の昔西行法師が隠棲した風情を偲ぶことができよう。

西行庵旧跡

苔清水付近

金峯神社

113

大塔宮と戸(殿)野兵衛

大塔宮《おおとうのみや》について、『大和名所図会』は挿絵に添えて次のように書いている。

殿野《との》兵衛宅《たく》八十二村の荘殿《しょうとの》村にあり、大塔宮一品親王山臥《やまぶし》の御すかたにて、熊野より落させ給ひ十津《とつ》川に御着《つき》おハしまして、竹原八郎入道の甥に戸野《との》兵衛といひしものゝ、家にしハらく入せ給ふよし、太平記に見へたり、その末葉*今の世にもありとぞ聞へし、(*まつよう=子孫のこと。末裔)

おそらく中央に描かれた貴公子が大塔宮護良親王、背後からつき従うのが戸(殿)野兵衛をあらわすのであろう。

元弘元年(一三三一)九月、笠置城は落ち、後醍醐天皇は落ち延びた。山城国多賀郡有王山の麓まで逃れたが、山城国住人深須入道と松井蔵人によって発見されて、京都六波羅へ運ばれ、のち隠岐に流された。

大塔宮護良親王は、笠置の城の安否を確かめるために、しばらく奈良の般若寺に隠れていたが、笠置の城は落ち、後醍醐天皇はすでに捕われの身となったことを知ると、熊野を目指して落ち延びて行った。その途上吉野にて戸野兵衛に匿われたのである。

楠木正成は千早城《ちはやじょう》で、護良親王は吉野で挙兵した。

吉野にあった護良親王は、吉野・熊野の山伏を使って、討幕の挙兵をうながす令旨を全国各地に送り、広範な反幕府戦線を築こうとした。

しかし翌元弘三年(一三三三)一月には、幕府軍に吉野を攻撃され、護良親王は千早城へと逃れ行く。

❖戸(殿)野兵衛

『太平記』第五「大塔宮熊野落の事」の一節に「戸野兵衛」が現われる。

宮をばとある辻堂の内に置きたてまつりて、（略）光林房玄尊《げんそん》、とある在家の是ぞさもある人の家なるらんと覚しき所に行て、童部《わらんべ》の出たる家主の名を問へば、「是は竹原八郎入道殿の甥に、戸野兵衛殿と申人の許《もと》にて候」と云ければ、さては是こそ、弓矢取てさる者と聞及ぶ者なれ、如何にもして是を憑まばやと思ければ、門の内へ入て事の様を見聞処に、……

（『太平記』日本古典文学大系、岩波書店）

吉野から熊野に逃れる途上、大塔宮一行は十津川近くで戸野兵衛の館を発見、匿ってくれるよう頼んだ。そして戸野兵衛の親切に、最後は大塔宮が身分を明かし、逗留しばらくの後、十津川を指して逃れて行った。

このように、忠義を尽くした戸野兵衛の名が後世伝えられたのである。

戸（殿）野兵衛の宅は、現在の大塔町西教寺付近にあったと伝えられる。

『奈良県の地名』（平凡社）によると、西教寺は殿野《との》集落の中央部にあり、もと真言宗であったが、文明七年（一四七五）浄土真宗に転じ、慶長十七年（一六一二）寺号を西教寺とした。山号仏光山、浄土真宗本願寺派。

開基は戸野兵衛尉定清の子と伝えられ、戸野兵衛の遺物という太刀を蔵する。寺の南方には伝戸野兵衛の墓がある。

戸野兵衛の墓標識

西教寺（戸野兵衛邸跡）

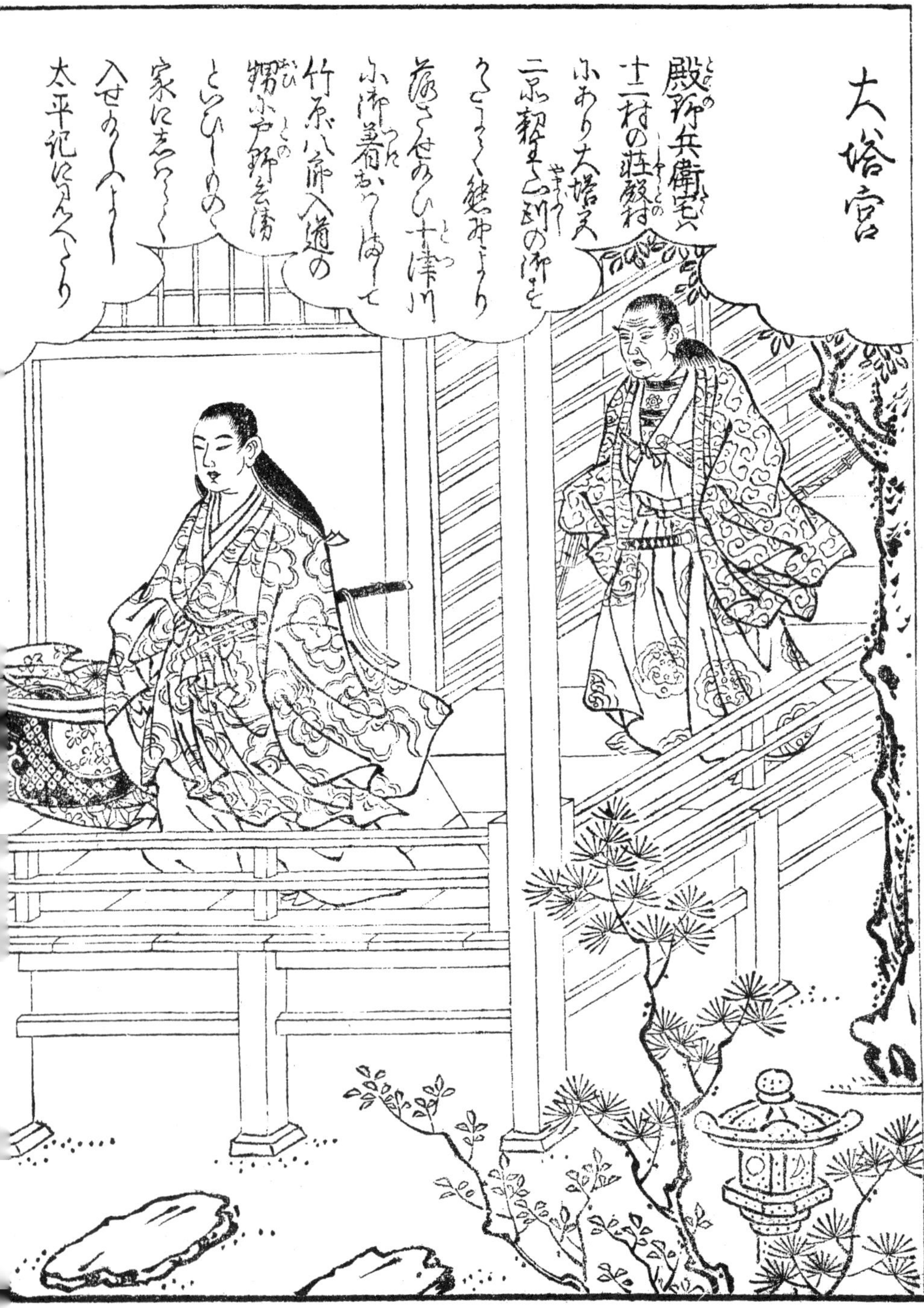

大塔宮（護良親王）と殿野兵衛（巻之六坤）

その末葉今の世にも
ありとぞ伝へし

114 役行者と山上嶽

山上嶽《さんじょうがだけ》（現在の表記は「山上ケ岳」）は吉野郡天川村、大峰山の一峰。修験道の山岳霊場で、頂上に大峰山上権現を祀っている。

『大和名所図会』の「山上嶽」の項では、谷川を走り渡る一人の僧が描かれ、次の文がある。

世説曰

嵩山《すうさん》の北に窟《いわや》あり、晋人《しんひと》こゝに入る事十日はかりにして室内明きこと昼の如し、時に碁を囲むの老翁二人あり、晋人に一盞《さん》の酒菓《しゅか》を進む、忽蜀中《たちまちしょくちゅう》に出て半年にして洛下に帰る、又張華《ちょうか》といふ人これを聞て所謂仙《いわゆるせん》館《かん》也、飲たるものハ玉漿《ぎょくしょう》喰ふたるものは龍穴《りゅうけつ》の石髄《せきずい》なり、果して長寿なりとかや我朝《わがちょう》の山上嶽《さんじょうがだけ》の岩窟《いわや》もこれらにや比《ひ》せん

この僧は役行者《えんのぎょうじゃ》（役小角《えんのおづぬ》・役優婆塞《えんのうばそく》とも）をあらわすのであろう。

「世説」を引いて、崇山《すうざん》の窟《いわや》を仙館として住む仙人がいたことをとり上げている。仙人は玉漿《ぎょくしょう》を飲み、龍穴の石髄《ずい》を食して、長寿を保ったという例をあげて、「我朝の山上嶽《さんじょうがだけ》の岩窟《いわや》」もこれに比較できるものであるとする。

本文には「**大和志曰吉野山より南六里、洞川《とろ》の東南にあり、**（略）**山頂に浄刹《じょうせつ》あり**（略）**本尊蔵王権現役優婆塞を安置す**」とある。

『続日本紀』によれば、役小角は、文武天皇三年（六九九）五月、韓国広足《からくにのひろたり》が小角の妖惑を訴える所により、伊豆島に流罪となったと書かれる。韓国広足はその弟子であったが、小角の「鬼神を使役し、命に従わない時は呪縛する」能力を妖惑として訴えたという。役小角は葛城山に住み、呪術に長けていたということがわかる。

このの ち、役小角に関する様々な伝説が生ずるが、その最たるものが、『日本霊異記』の「孔雀王の呪法をおこない持ちてあやしき験力を得て仙となり天に飛ぶ縁」である。それによれば、高賀茂朝臣《たかかものあそん》の賀茂役君《かものえんのきみ》であった役優婆塞は、孔雀の呪法という験術を行ない、金峯山《きんぷせん》と葛城山《かつらぎさん》に橋を掛けようとしたが、一言主《ひとことぬし》の神の「天皇を傾けむことを謀る」という讒言によって伊豆島に流された。しかし小角は仙術によって富士山にまで飛ぶ能力を得たという。のち道照法師が唐に渡った時、そこに「役優婆塞なり」と答える者が居たという。

後半は、伝説がかなり拡大するが、葛城山に住み、呪術に長けていた点は、『続日本紀』と共通する内容である。ところで一言主神は、今も葛城山麓に鎮座する（項目64「一言主神社」参照）が、役小角に呪縛されたという伝説を持つ。讒訴したのが一言主神であるという話は、当時小角の修験に対し、一言主神を祭祀する人々との対立があったともとれよう。讒訴が宗教的対立か政治的対立のためかは不詳であるが、その後流罪となった役小角に対する同情がさまざまな伝説を生んだのであろうか。

以上のように『続日本紀』にある役小角史料が正確な唯一の史料であるが、その後、前述の『日本霊異記』を始めとする様々な伝説が生まれたのであろう。

しかし、役小角のように、葛城山系に修行する修験者がすでに六九九年頃存在したという事実は否定しがたい。このような修験道が、次第に真言・天台の密教と結びついて教理や修法が固まっていったといわれる。

役行者は大和国内のみならず、近畿一帯の修験道のかかわりのある名所旧跡に登場する。修験道の発展が、葛城修験二十八宿や吉野、熊野信仰として多くの修験道寺院をもたらすが、そのほとんどに役行者が祀られている。役行者は、近畿一帯で最も人気のあった伝説上の修験者である。

世説曰嵩山の北小窟あり晋人ここに入ること十日ばかりありて室内明らかに盆のごとし一処に碁を圍むの老者二人あり晋人ゆへに一盞の酒漿と進む忽蜀中に出でずしくに年ふる洛下小ゆるみ張華ととへこれ又仙館ヒいふく所謂化館といふ龍穴の石髓とうり粲と長壽うりとんの朸翰の山土嶽の岩窟もえらし

役行者（巻之六坤）

りく比《ひ》せん

あとがき

私は大和が好きである。名実ともに「日本のふる里」である。

歴史を紐解けば、遠く三世紀の幻の邪馬台国に始まって、古墳時代、飛鳥・藤原京時代、平城京時代へと続く「古代ロマン」の宝庫である。現代においても、これらの歴史遺跡や寺社がいたる所に残されており、現代文明と古代文明が併存する不思議な魅力がある。

写真家入江泰吉氏や万葉学者犬養孝氏は、この「大和の魅力」をあまねく人々に知らしめた。

奈良市立写真美術館に収められた入江泰吉氏の写真や明日香村の犬養万葉記念館で進められる『万葉集』研究に導かれて、私もまた「大和の魅力」にひきつけられた一人である。ハイキング仲間や万葉集研究者らとたびたび大和の地を巡った。

『大和名所図会』は、江戸時代の名所案内であるけれども、そこには「大和の魅力」がそこかしこにとりこまれている。

『大和名所図会』に見る歴史と文学のロマンを探ってきたが、私の専門が歴史学であるので、文学の解釈や理解には不十分な点が多いことをお詫び申し上げる。読書諸氏がこの書を手がかりに大和の歴史と文学にさらなるご探究を深めて下さることを期待申し上げたい。

なお、掲載写真については次の機関よりご提供いただいた。深謝申し上げる。

称名寺・帯解寺・正暦寺・矢田寺・大神神社・平等寺・宇陀市教育委員会（掲載順）

小著が世に出るにあたって、和泉書院社長廣橋研三氏をはじめ社員の方々に大変お世話になったことを、文末ながら心から御礼申し上げたい。

平成二十六年十一月二十四日

森田恭二

編著者略歴

森田　恭二（もりた　きょうじ）

関西学院大学大学院文学研究科博士課程単位修了、
博士（歴史学）、専攻日本中世史、帝塚山学院大学教
授を経て森田歴史・美術研究所所長。

主要著書

『足利義政の研究』（和泉書院）
『戦国期歴代細川氏の研究』（和泉書院）
『大乗院寺社雑事記の研究』（和泉書院）
『青雲の志　龍馬回想』（和泉書院）
『悲劇のヒーロー　豊臣秀頼』（和泉書院）
『おもしろ日本史』（和泉書院）
『『河内名所図会』『和泉名所図会』のおもしろさ』
（和泉書院）

『大和名所図会』のおもしろさ 上方文庫別巻シリーズ5	
2015年4月25日　初版第1刷発行	
編著者	森田恭二
発行者	廣橋研三
発行所	和泉書院 〒543-0037　大阪市天王寺区上之宮町7-6 電話06-6771-1467　振替00970-8-15043
印刷・製本	亜細亜印刷　装訂　森本良成
ISBN978-4-7576-0742-2 C0321　定価はカバーに表示	